U0860763

"十三五"国家重点图书出版规划项目
建设现代化经济体系丛书

区域协调发展战略

QUYU XIETIAO FAZHAN ZHANLÜE

郝寿义 倪鹏飞◎编著

·广州·

图书在版编目（CIP）数据

区域协调发展战略 / 郝寿义，倪鹏飞编著. —广州：广东经济出版社，2020.7

（建设现代化经济体系丛书）

ISBN 978-7-5454-7253-0

Ⅰ.①区… Ⅱ.①郝… ②倪… Ⅲ.①区域经济发展－协调发展－研究－中国 Ⅳ.①F127

中国版本图书馆CIP数据核字（2020）第101766号

责任编辑：韩文君　宋昱莹
责任技编：陆俊帆

区域协调发展战略
QUYU XIETIAO FAZHAN ZHANLÜE

出版人	李　鹏
出　版 发　行	广东经济出版社（广州市环市东路水荫路11号11~12楼）
经　销	全国新华书店
印　刷	广东海沣印刷有限公司 （佛山市南海区里水镇和桂工业园A区和安南路1号F栋1~2楼）
开　本	787毫米×1092毫米　1/16
印　张	23.5　2插页
字　数	325千字
版　次	2020年7月第1版
印　次	2020年7月第1次
书　号	ISBN 978-7-5454-7253-0
定　价	68.00元

图书营销中心地址：广州市环市东路水荫路11号11楼
电话：（020）87393830　邮政编码：510075
如发现印装质量问题，影响阅读，请与本社联系
广东经济出版社常年法律顾问：胡志海律师
·版权所有　翻印必究·

建设现代化经济体系丛书
编│委│会

张卓元　高培勇

（按姓氏汉语拼音排序）

迟福林　郝寿义　黄群慧

倪鹏飞　王一鸣　袁富华

张　平　张晓山　张永山

总　序

呈现在读者面前的，是一套以"建设现代化经济体系"为主题的学术丛书。

从党的十九大根据我国社会主要矛盾以及经济发展阶段发生的重大变化作出建设现代化经济体系的战略部署，到党的十九届四中全会从制度建设意义上赋予建设现代化经济体系推动经济高质量发展的制度保障新内涵，在中国，围绕建设现代化经济体系的理论和实践探索一直在持续。

建设现代化经济体系不仅是跨越转变发展方式、优化经济结构、转换增长动力等关口的迫切要求，而且是关乎我国发展的战略目标。作为推动经济高质量发展的制度保障，建设现代化经济体系不仅是推动经济高质量发展的基础性和支撑性要素，而且在其制度体系中居于"四梁八柱"地位。

现代化经济体系，是由社会经济活动各个环节、各个层面、各个领域的相互关系和内在联系构成的一个有机整体。这一体系所覆盖的内容相当广泛，既包括创新引领、协同发展的产业体系，也包括统一开放、竞争有序的市场体系；既包括体现效率、促进公平的收入分配体系，也包括彰显优势、协调联动的城乡区域发展体系；既包括资源节约、环境友好的绿色发展体系，也包括多元平衡、安全高效的全面开放体系；等等。因而，围绕现代化经济体系的建设，是一项复杂的系统工程，牵涉领域广，影响范围大，亟须站在历史新的更高起点上，对建设现代化经济体系所涉及的一系列重大理论和实践问题展开深入而系统的研究。以此为基础，为建设现代化经济体系提供学理支撑和方法论支持。此乃本套丛书的立意与宗旨。

本套学术丛书的编辑出版设想，可追溯至2017年末。当时党的十九大闭幕不久，广东经济出版社的领导和几位编辑就专程赴京，邀请张卓元教授和高培勇教授担任主编，并安排《经济研究》编辑部具体负责，计划组织、编辑一套建设现代化经济体系丛书。认识到建设现代化经济体系的极端重要性，主编和编辑部随即组织研究了编辑出版方案。初步确定本套丛书由七本书构成，包括一本总论和六本分论（根据党的十九大报告第五部分《贯彻新发展理念，建设现代化经济体系》的六个小标题而定），并请对这一问题有深厚研究基础的专家执笔撰写。

2018年2月4日，丛书编辑委员会在北京举行了论证会议。出席会议的委员共有8人，分别是（按姓氏汉语拼音排序）：迟福林、高培勇、郝寿义、黄群慧、王一鸣、袁富华、张晓山、张卓元。会议由张卓元教授和高培勇教授主持，就如下一些重要问题达成了高度共识：

第一，关于丛书的意义与定位。委员们高度认可丛书的编辑出版工作，认为这是一项直面新时代中国重大经济问题的出版工程，对于推动经济高质量发展具有重大理论和实践意义。

第二，关于丛书的主要内容。委员们认可丛书的内容体系。除总论之外，其余六本的内容方向分别为：深化供给侧结构性改革、加快建设创新型国家、实施乡村振兴战略、实施区域协调发展战略、加快完善社会主义市场经济体制、推动形成全面开放新格局。

第三，关于丛书的特色。委员们认为，要厘清理论依据、理论体系，同时，要处理好丛书各分册选题所代表的各相关领域之间以及各相关领域同现代化经济体系之间的逻辑关系。既注重用理论解释现实，又力求对实践经验作出理论概括。

第四，关于丛书的主编和作者。本套丛书由张卓元和高培勇主编，各分册的书名和作者分别为：

《建设现代化经济体系论纲》，王一鸣。

《深化供给侧结构性改革》，张平、袁富华。

《创新发展理念与创新型国家建设》，黄群慧、贺俊、杨超。

《乡村振兴战略》，张晓山。

《区域协调发展战略》，郝寿义、倪鹏飞。

《加快完善社会主义市场经济体制》，高培勇、常欣、杨新铭。

《推动形成全面开放新格局》，迟福林、张飞、郭达。

第五，关于丛书的文风。委员们主张，丛书应具有较强的理论性、学术性和可读性，坚持文笔流畅、深入浅出、朴实无华、简洁生动。

理论来源于实践，理论又具有前瞻性。现在看来，当初编辑出版建设现代化经济体系丛书，确是一件颇具眼光的事情。

广东经济出版社的领导和编辑，《经济研究》编辑部的张永山、王红梅等同志为本套丛书做了大量组稿、审稿、校对、联络等出版工作，在此一并致谢！

时光荏苒。从2018年2月算起，本套丛书的组织编写已历时两年，这套丛书凝聚了各位作者和编者的汗水与心血。我们自知，正如中国史诗般改革与发展的伟大进程一样，经济理论也处于深刻的演进变革之中。由于建设现代化经济体系刚刚起步，积累的经验尚不丰富，加上写作时间仓促，水平所限，书中不足之处和错误在所难免，敬请广大读者批评指正！

建设现代化经济体系丛书编辑委员会

2020年2月

目 录

第一章 区域协调发展的理论分析/1
  第一节 区域协调发展的概念界定与内涵阐释/2
  第二节 区域协调发展的特征、内容与目标/9
  第三节 新时代区域协调发展的新使命/22

第二章 区域发展战略演进与现代化经济体系建设/33
  第一节 区域发展战略的理论基础与应用/34
  第二节 区域均衡发展战略的简要考察/47
  第三节 区域非均衡发展战略的简要考察/54
  第四节 区域协调发展战略的逐步实施/61
  第五节 与现代化经济体系相匹配的区域协调发展战略/78

第三章 区域协调发展战略的体系构建/97
  第一节 区域协调发展的总体战略：四大板块/98
  第二节 区域协调发展的全国战略规划/102
  第三节 区域协调发展的具体实施策略/110
  第四节 区域协调发展的主要机制/115

第四章 支持老少边穷地区发展/123

第一节 老少边穷地区发展的现状、问题与成因/124

第二节 老少边穷地区发展问题的形成机理/132

第三节 老少边穷地区发展问题的解决对策/140

第五章 构建多中心、群网化的城市体系/151

第一节 构建多中心、群网化城市体系的背景与经验/152

第二节 支撑现代化经济和区域协调的未来城市体系/159

第三节 构建未来中国城市体系的对策与建议/169

第六章 促进陆海统筹协调发展/175

第一节 陆海统筹协调发展的内涵、现状与问题/176

第二节 陆海统筹协调发展在建设现代化经济体系中的作用/184

第三节 推进陆海统筹协调发展的对策建议/191

第七章 推动长江经济带发展/201

第一节 长江经济带的基本状况/202

第二节 长江经济带发展与区域协调发展战略的理论基础/209

第三节 长江经济带发展在区域协调发展战略中的作用/216

第四节 长江经济带绿色开发与建设/227

第五节 长江经济带发展的推进策略/237

第八章 参与"一带一路"的开放发展/247

第一节 区域经济开放性与区域协调发展的关系/248

第二节 "一带一路"倡议的提出与区域协调发展战略的实施/256

第三节 "一带一路"建设的推进策略/274

第九章　京津冀协同发展/281

第一节　跨界问题与区域协调机制/282

第二节　京津冀区域协调机制的历史演变/293

第三节　京津冀区域协同机制的形成和完善/300

第四节　完善京津冀协同发展机制的措施/312

第十章　区域治理机制的若干案例/323

第一节　区域治理机制的理论和政策/324

第二节　中国区域治理机制案例/341

第三节　中国区域治理机制的完善/355

第一章
区域协调发展的理论分析

贯彻落实党的十九大精神,推动区域协调发展,需要从我国国情和现阶段的实际出发,充分认识我国新时代区域发展的新形势,从理论上明确推动区域协调发展的概念、内涵、特征和重点等问题。本章对这些问题进行了较系统的讨论。

第一节　区域协调发展的概念界定与内涵阐释

区域协调发展是一项综合研究，关于它的概念和内涵一直处于探讨之中，至今尚未作出科学、详细和公认的界定与阐释。因此，本节尝试在回顾已有研究的基础上，对区域协调发展的概念和内涵进行界定与阐释。

一、协调与协调发展的概念

正确地理解"协调"一词是分析区域协调发展本质的前提。"协调"作为形容词，是和谐（harmonious）的意思；作为动词，是协同、融合、协作（coordinate）的意思，即统筹。其概念都涉及两个或两个以上客体之间的关系，描述了系统内部各要素的良性互动关系，强调系统内部的协调。因此，协调与否，就是关系处理得怎样，实质是利益的追求和分配，即效率和公平的平衡。

从语义上讲，"协调"中的"协"和"调"同义，都具有和谐、统筹、均衡等富有理想色彩的哲学含义，"协调"即配合得当，指尊重客观规律，强调事物之间的联系，坚持对立统一，取中正立场，避免忽左忽右两种极端的理想状态[1]。

从语用上讲，"协调"一是指事物之间关系的理想状态，一是指实现这种理想状态的过程。关于协调与协调发展的思想古来有之，主要以哲学思想的形式出现，"天人合一""中庸之道"和"兼容并包"都是我国古代关于协调与协调发展思想的最好诠释；同样，西方的"物竞天择，适者生存"以及"以人为中心"的哲学思想也在一定程度上体现了协调理念。这些哲学思想为早期的经济发展理论奠定了深厚的理论基础。

---

[1] 崔满红. 金融资源理论［M］. 北京：中国财政经济出版社，2002；孔祥毅. 金融票号史论［M］. 北京：中国金融出版社，2003.

政治经济学的开创者威廉·配第（William Petty）认为，等价交换意味着协调。在亚当·斯密的古典经济学中，协调意味着经济人在专业分工基础上的自由选择、自愿合作以及自愿交换，在这种经济模式中，"看不见的手"是协调的最好工具，"自由放任"是协调的最好政策①。

现代意义上的协调与协调发展则是在对人类社会发展深刻反思的基础上发展起来的。在很长一段时间内，经济快速增长都是世界各国竭力追求的目标，而经济快速增长无疑会产生一定的外部性，这些外部性包括资源的消耗以及生态环境破坏等内容②。

1972年，罗马俱乐部发表了《增长的极限：罗马俱乐部关于人类困境的研究报告》，对高速经济增长所引起的负面外部性表示了担忧。1987年，联合国世界环境与发展委员会在《我们共同的未来》中提出了"可持续发展"的概念，认为可持续发展是"既能满足当代人的需求，又不危及后代人的需求的一种发展模式"③，其核心是经济、社会、人口、环境、资源以及科技各个方面相互协调、共同发展④。

从可持续发展的概念来看，协调和均衡思想是可持续发展最本质和最深刻的内容。当然，可持续发展并不等同于协调发展，吴殿廷等也区分了可持续发展与协调发展的概念，虽然二者之间有着密切的联系，但二者的侧重点是不同的：可持续发展侧重于强调发展的过程，其本质是处理代际关系，从某种程度上来讲，要解决的是一个时间序列上的问题；而协调发展则着眼于处理人地关系、人人关系、经济发展与社会发展的关系，甚至

---

① 斯密. 国富论 [M]. 郭大力，王亚南，译. 南京：译林出版社，2011.
② 范柏乃，邵青，张维维. 我国经济社会协调发展的动态监测与政策支撑体系研究 [M]. 北京：中国财政经济出版社，2017.
③ BRUNDLAND G H. Our common future [M]. New York: Oxford University Press, 1987.
④ 中国21世纪议程管理中心. 中国21世纪议程 [M]. 北京：中国环境科学出版社，1994；赵景柱，梁秀英，张旭东. 可持续发展概念的系统分析 [J]. 生态学报，1999（3）：393-398；冯年华. 中国社会可持续发展的内涵与战略框架 [J]. 中国人口·资源与环境，2001（2）：30-31；保建云. 西方可持续发展概念论争 [J]. 经济学动态，2002（1）：70-72；莫法特. 可持续发展：原则、分析和政策 [M]. 宋国君，译. 北京：经济科学出版社，2002.

是效率和公平的关系,这些关系可以看作是一个时间剖面上的关系[①]。

由此可见,可以将协调的概念界定为配合适当、步调一致,并将协调发展的概念界定为促进有关发展各系统的均衡、协调,充分发挥各要素的优势和潜力,使每个发展要素均满足其他发展要素的要求,发挥整体功能,实现经济社会持续、均衡、健康发展[②]。

二、区域协调发展的概念界定

目前,关于区域协调发展的研究文献很多。一般而言,对区域协调发展的概念主要有以下几种观点:①区域协调发展是一个过程;②区域协调发展是一种状态;③区域协调发展不仅是一个过程,也是一种状态;④区域协调发展是一种模式;⑤区域协调发展是一种战略;⑥区域协调发展是效率与公平的不同组合。具体如表1-1所示。

表1-1 对区域协调发展概念的几种认识

观点	核心思想
区域协调发展是一个过程	覃成林定义区域协调发展是区域之间在经济交往上日益密切、相互依赖日益加深、发展上关联互动,从而达到各区域的经济均持续发展的过程[③] 张可云定义区域协调发展是在区域经济非均衡发展过程中不断追求区域间的相对平衡和动态协调的发展过程,其最终目标是实现区域和谐[④]

[①] 吴殿廷,何龙娟,任春艳. 从可持续发展到协调发展:区域发展观念的新解读[J]. 北京师范大学学报(社会科学版),2006(4):140-143.
[②] 范恒山,孙久文,陈宣庆,等. 中国区域协调发展研究[M]. 北京:商务印书馆,2012.
[③] 覃成林. 区域协调发展机制体系研究[J]. 经济学家,2011(4):63-69.
[④] 张可云. 论区域和谐的战略意义与实现途径[J]. 创新,2007(4):5-9.

续表

观点	核心思想
区域协调发展是一种状态	区域协调发展是不同区域基于自身要素禀赋的特点，确定不同要素约束条件下的开发模式，形成合理的分工，同时在政府的调控下，保持区域之间的发展条件、人民生活水平的差距在合理的范围内，人与自然之间保持和谐状态下的发展状态[1]
区域协调发展不仅是一个过程，也是一种状态	区域之间相互开放、经济交往日益密切、区域分工趋于合理，既保持区域经济整体高效增长，又把区域之间经济发展的差距控制在合理、适度的范围内并逐步收敛，达到区域之间经济发展的正向促进、良性互动的状态和过程[2]
区域协调发展是一种模式	区域协调发展是指在国民经济的发展过程中，既要保持国民经济的高效运转和适度增长，又要促进各区域的经济发展，使区域间的经济差异稳定在合理、适度的范围内，达到各区域优势互补、共同发展和共同繁荣的一种区域经济发展模式[3]
区域协调发展是一种战略	把区域协调发展理解为一种不同于平衡发展战略和不平衡发展战略的第三条区域经济发展战略[4]
区域协调发展是效率与公平的不同组合	区域协调发展就是协调区域发展中的效率与公平，实现区域利益的"分享式改进"，最终实现共同富裕[5]

资料来源：赵西君，何龙娟，吴殿廷. 统筹区域协调发展的中国模式 [M]. 南京：东南大学出版社，2013.

由表1-1可以看出，目前学术界关于区域协调发展概念的几种认识可以归结为三方面的争议：一是关于区域协调发展是状态还是过程的争议；

---

[1] 姜文仙，覃成林. 区域协调发展研究的进展与方向 [J]. 经济与管理研究，2009（10）：90-94.
[2] 彭荣胜. 区域经济协调发展内涵的新见解 [J]. 学术交流，2009（3）：101-104.
[3] 陈秀山，刘红. 区域协调发展要健全区域互动机制 [J]. 党政干部学刊，2006（1）：26-28.
[4] 殷存毅. 区域协调发展：一种制度性的分析 [J]. 公共管理评论，2004（2）：26-53.
[5] 杨伟民. 区域协调发展的再认识：树立经济、社会、自然三者空间均衡的理念 [N]. 中国经济导报，2009-03-24（B01）.

二是关于区域协调发展目的的争议；三是关于区域协调发展所涉及范围的争议。

第一个方面的争议在于，区域协调发展追求的究竟是状态的协调还是过程的协调，抑或是两者兼备。这个争议的关键在于从何种视角去观察区域问题。若采用动态的视角去观察区域问题，协调应当是发展过程中的协调，是连续的过程；若采用静态的视角去观察区域问题，协调则是一种状态，是一种可以转化成采用相关数据进行比较的形式。因此，就实质而言，区域协调发展是动态与静态相结合的协调，是过程和状态兼备的协调。

第二个方面的争议在于，区域协调发展是为了达到区域之间的平衡发展，还是区域之间保持一定差距的非平衡发展，抑或是为了达到区域整体快速发展。协调就本义而言，具有和谐、平衡之意。从字面意思来看，人们很容易将"协调发展"等同于"平衡发展"。因此，区域协调发展应当是以区域整体的发展为目标，各区域之间求大同、存小异，共同努力将区域之间的发展差距缩小或保持在合理的范围内。

第三个方面的争议在于，区域协调发展是只涉及经济领域的协调发展，还是涉及区域经济、社会等方面的协调发展。由于经济发展是区域发展的基础，也决定了区域中社会的发展，所以目前许多学者对于区域协调发展的研究主要集中于经济领域，甚至认为区域协调发展就是区域经济协调发展。而从辩证的观点出发，区域协调发展应该是一个包括经济、社会、生态环境等多方面协调发展的整体性概念。

结合各方学者观点，我们可以将区域协调发展概念界定为：从国家战略发展的视角，以区域整体发展和效率、公平兼顾为目标，充分发挥区域内各要素的优势和潜力，使一国内各个区域都具有较强的自我发展能力和潜力，区域间要素能够按照市场经济规则自由流动，每个区域均满足其他区域的发展要求，发挥整体功能，并将区域差异保持在一个社会可容忍限度内或逐步呈现缩小趋势，区域间经济、社会、生态环境等方面的合作日益增强的一种动态化的区域发展格局。

三、区域协调发展的内涵阐释

一般而言，区域协调发展的内涵主要指区域经济发展在质与量两方面的相互平衡，以及经济结构与产业结构等经济要素的相互协调。近年来，随着发展观念的变化，人们对区域协调发展的理解也在不断深化。最初，人们往往从平衡发展或空间均衡的角度来理解区域协调发展。平衡布局、平衡增长以及地区经济发展差距特别是人均国内生产总值（GDP）差距的缩小，曾经是学术界和政府部门高度关注的问题。但这种单纯从生产或产出角度的考察，具有较大的局限性。因为在市场经济中，经济生产和产业活动分布本身就是空间不均衡的。后来，人们逐步把着眼点扩大到社会发展、生态环境和人的全面发展等方面，强调追求居民收入、消费水平、公共服务和生活质量差距的缩小，强调提高人自身发展的可行能力，促进自由[1]。

当前，中国区域协调发展已经进入一个重要的转型时期。面对国际国内环境的变化和新形势，区域协调发展将具有更加丰富的内涵。区域协调发展不单纯是经济的协调发展，追求经济发展差距的缩小，而是经济、社会的全面协调发展，是兼顾当前利益与长远利益、经济发展与生态环境保护有机融合的可持续协调发展。这样，除了过去强调的经济协调发展之外，还需要强调社会文化的协调发展，强调提高发展的可持续性和人的全面发展。具体而言，区域协调发展的内涵主要体现在以下几方面[2]。

（一）全面的协调发展

区域协调发展，不仅包括地区间经济、社会和生态环境等的协调发展，而且包括城乡协调发展、人与自然和谐发展、经济与社会协调发展等内容。尽管经济增长的重要性毋庸置疑，但诸多因素相互依赖、互为因

---

[1] 森.以自由看待发展[M].任赜，于真，译.北京：中国人民大学出版社，2002.
[2] 魏后凯.中国区域协调发展研究[M].北京：中国社会科学出版社，2012.

果，不应视经济增长为唯一内容，教育、卫生、社会保障等公共服务也是区域协调发展的重要内容。

不同地区因发展条件存在差异，不可能齐头并进推进工业化和城市化，一些地区作为重要的生态功能区需要实行限制和禁止开发，因而经济活动分布不可能是均衡的。但作为中国公民，不管居住在什么地方，都应该享受均等化的基本公共服务，保持生活质量大体一致。

（二）可持续的协调发展

区域协调发展应该建立在可持续发展的基础上，采用资源节约和环境友好的技术，制定科学的规章制度和政策措施，促进地区间和区域内资源高效集约利用，推动形成生产、生活、生态协调发展的格局。

一方面，在各个地区内部，要实行生态环境保护优先，推进绿色发展计划，促进人与自然的和谐共生；另一方面，要推进地区之间的生态环境保护合作，建立健全区域生态补偿机制，构建一体化的生态廊道和生态网络体系，促进区域生态协调发展。

（三）创新型的协调发展

推动区域协调发展，必须建立一系列有效的创新型协调机制。区域协调机制是利益相关群体共同参与，商讨解决生态补偿、基础设施、重大项目等跨地区问题的制度安排，是协调区域冲突的根本途径。

同时，应通过建立创新型的社会管理模式，引入更多利益相关群体以缓解可能发生的区域利益冲突，实现社会和谐，促进区域社会、经济和生态的协调发展。

第二节　区域协调发展的特征、内容与目标

本节在第一节的基础上，较为系统地阐述了区域协调发展的一些重要问题，主要包括区域协调发展的基本特征、主要内容以及战略目标等。

一、区域协调发展的基本特征

一般而言，区域协调发展具有空间性、功能性、相对性、动态性、综合性等几方面的基本特征。下面我们进行简要阐述[①]。

（一）区域协调发展的空间性

从区域经济的理论出发，区域经济是特定区域的经济活动和经济关系的总和。如果我们把国民经济看作一个整体，那么区域经济就是整体的一个部分。对于国家的经济来说，整体系统涵盖了部门体系，也涵盖了区域体系（在市场条件下，部门体系实际上是融合于区域体系中运行的），区域是它的一个实体，是一个子系统。区域体系是由无数个区域实体组成的，而且每一个实体都有其自身的特点和运行规律。我们把国家宏观经济管理职能下面的按照地域范围划分的经济实体及其运行，都看作区域经济的运行。

区域协调发展的空间性特征表明，如果抛开区域与国家的关系来考虑区域的发展，就会将一个区域孤立起来。用单个区域的经济增长的叠加来计算整体的增长，以增长掩盖各种关系的对立，这是错误的，也是很危险的，这样发展的最终结果就会是由于区域发展外部环境的破坏而阻碍区域自身的发展。因此，从这个意义上讲，不同层次的区域应该有不同的协调标准和任务要求，低层次区域的发展要服从和服务于高层次区域的发展，高层次区域的发展也要兼顾低层次区域的发展。

[①] 范恒山，孙久文，陈宣庆，等. 中国区域协调发展研究 [M]. 北京：商务印书馆，2012；赵西君，何龙娟，吴殿廷. 统筹区域协调发展的中国模式 [M]. 南京：东南大学出版社，2013.

（二）区域协调发展的功能性

区域协调发展的功能性主要是通过区划来体现的。区划就其概念来说，就是整体的一种不断进行的分解，一种地理区划就是地表不断地分解为它的部分[①]。也就是说，我们首先把国民经济看作一个整体，然后对其进行逐层分解，形成一个完整的区域系统。

整体的分解，按不同的分解办法可以分解成不同的系统，一般分为类型区和系统区两类。这两类系统对于我们认识区域协调发展是十分重要的。

1. 类型区

类型区是依据区域的相同性或相异性的关系，即区内的相同性和区际的相异性来划分的，显然，这是一种静态的排列。类型区的划分需要有明确的标识，这种标识可以是自然的，也可以是经济的，然后通过主成分法去提炼和归纳。类型区在区域研究中之所以显得重要，关键在于它所表现出来的是一个区域在自然景观和经济景观方面的类型差异性。差异研究是区域研究的生命，有差异才有类型。

2. 系统区

系统区是区域之间位置关系和相互作用关系的一种表现形式。系统区的划分是将位置相连的区域放在一起，并不强求自然和经济的统一性，而仅仅是去研究它们之间的相互关系。所在位置上的相连，使我们可以把它们看作一个整体来研究。先研究整体的特征，再研究各部分的特征。

由于区域协调发展的功能性的要求，各类区域之间的发展必须有一个互动的过程。在某些时候，区域发展不能促进区域协调的原因并不是发展本身的问题，而是缺乏必要的带动意识和政策配套。

（三）区域协调发展的相对性

协调的本质是效率与公平的统一。而效率是相对的，公平也是相对

---

① 赫特纳. 地理学 [M]. 北京：商务印书馆，1983：308.

的。因此，协调只是相对于某一理想状态，相对于某种价值观的诉求。不同的区域，有不同的理想效率标准和公平标准；处在不同发展阶段的区域，理想效率标准和公平标准不同，效率和公平的对比关系也不同。

对于略大一些的地区来说，经济发展不可能是均衡的。有的地区水平高些，有的地区水平低些；有些地区发展快些，有些地区发展慢些。一个国家、一个省、一个县都有类似的问题。对于决策者来说，把资金投在发达地区，效率高些，但地区间的差距会被拉大；投到落后地区，可缩小差距，但又可能会影响效率。所以，区域经济有一个公平与效率的问题。如果一项区域发展政策能够实现区域的帕累托改进，这项政策就是可行的。

将区域因素地方化是区域发展中最大的问题。它造成的结果要么是少数区域的局部膨胀，要么是不顾客观条件而盲目开发。区域的不平衡和区域的均衡并不是自然而然的，都有其社会和政策背景。要想在强调少数区域优先发展的同时解决发展区域化的问题，就必须对发展战略进行新的调整。区域协调发展正是对区域发展导向的纠正和干预，旨在建立整体和区域协调发展的关系。

（四）区域协调发展的动态性

一般来说，处在初级发展阶段的区域对效率的追求比较强烈，而处在高级发展阶段的区域则更关注公平。区域协调发展与区域经济发展阶段具有一定的对称性，区域协调发展可以分为初级阶段、中级阶段和高级阶段。

1. 区域协调发展的初级阶段

在区域经济发展早期和水平较低阶段，经济自给自足，几乎很少与外界发生联系，协调重在建立区域内部各要素间的良性互动关系。在此阶段，主要是通过外界主动"输血"等方式（资金、技术、人才的支持）促进落后地区的发展，逐步缩小区域之间发展水平的差距，目标是要实现区域的快速发展。

2. 区域协调发展的中级阶段

工业化时代，经济发展具备一定的基础，区域协调强调相同或不同层次规模的经济行为主体之间的良好协作。在此阶段开始注重区域与外部的联系、合作与协调，是对区域协调发展内容的拓展。

3. 区域协调发展的高级阶段

信息时代的经济高度发达，跨国公司大量涌入，追求区域利益的最大化成为区域协调发展的主要目标。这是一种高度和谐的状态，即达到区域内部的和谐及与外部区域的共生，区域内外部之间的各要素均实现包容性增长[①]和协调发展，这是全面意义上的区域协调发展。

（五）区域协调发展的综合性

区域协调发展是区域发展和区域协调的统一，也是区域发展综合性的一种体现。具体到区域发展问题上，就是要解决区域发展与区域协调统一的问题。区域的发展不能仅仅对统计意义上的整体作贡献，还要真正惠及由各个区域组成的有机整体。真正的发展是目标与手段、个体与整体、区域发展和区域协调的统一，它不仅不会破坏区域关系，反而会对区域关系的协调作出贡献。"发展是硬道理"并不是说发展之后才能找到解决问题的办法，而是说发展本身就是促进和谐的力量，和谐是发展的题中之义。

任何发展都是在一定关系之下的发展，如果将发展与协调对立起来，或者将协调视为发展之后才能解决的问题，那么区域协调就难以实现。区域分化实际上是区域分割式的发展模式所内含的，这种发展使得财富在少数区域形成掠夺式的聚集，越是发展，对区域关系的破坏也就越大。少数地区先富起来然后带动其他地区的发展，这种政策本身并没有多大的问

---

①包容性增长这一概念由亚洲开发银行在2007年首次提出，其最基本的含义是公平合理地分享经济增长，寻求的应是社会和经济协调发展、可持续发展，与单纯追求经济增长相对立。包容性增长包括以下一些含义：让更多的人享受全球化成果；让弱势群体得到保护；加强中小企业和个人能力建设；在经济增长过程中保持平衡；强调投资和贸易自由化，反对投资和贸易保护主义；重视社会稳定；等等。

题,但如果以积极的态度促进少数地区的发展,而将带动其他地区发展的任务交给市场,等待其自发调节,那么所谓的先富效应就不会是先富带动后富,而是富者更富、穷者更穷[①]。

此外,区域协调发展既是一个过程,也是一种手段,是在确保各地区、各部门利益关系协调的基础上追求区域整体利益极大化的重要举措。

二、区域协调发展的主要内容

区域协调发展的主要内容:从狭义上看,是指区域间经济方面发展的协调;从广义上看,则包括区域之间以及区域内部经济、社会、环境等各方面发展的协调。从一国的区域发展战略层面来看,广义视角下的区域协调发展内容更为合理和现实。基于此,我们下面从经济和社会两大方面来讨论区域协调发展的主要内容。

(一)区域经济协调发展

区域经济协调发展要求在区域经济的发展中兼顾效率目标与平衡目标,以实现区域经济趋于高水平、良性的循环发展。既不能为了过度追求经济增长的高速度和投资效益的最优化而置最低限度的平衡于不顾,也不能以牺牲全国经济增长的速度和效益为代价,来实现区域平衡。正确的选择是把区域间经济水平的差距保持在既能维持全国经济又好又快地增长,又能保证民族团结与社会稳定的范围内[②]。区域经济协调发展的内容十分丰富。区域经济协调发展,应当包括区域经济总量的协调、区域产业结构的协调、区域经济布局的协调、区域经济关系的协调和区域经济发展时序的协调。

1. 区域经济总量的协调

区域经济总量的协调是指在考虑各区域所处的位置、拥有的人口和目

[①] 陈新,殷铬,张林海. 区域发展与区域协调的统一:科学发展观视野下的区域发展战略[J]. 中州学刊,2005(3):110-113.
[②] 严汉平. 区域协调发展:大国崛起的必然选择[M]. 北京:中国经济出版社,2011.

前的发展水平的前提下，实现各区域在发展规模上的协调，也就是通常意义上的区域协调发展的含义。进一步，我们可以将区域经济总量的协调分解为区域发展规模的协调和区域经济水平的协调。

区域发展规模的协调是一个综合性、组合式的概念，是指在各地区的比较优势和特殊功能都能得到科学、有效的发挥，形成体现因地制宜、分工合理、优势互补、共同发展的特色区域经济的条件下，区域应当具有的发展规模。

区域经济水平的协调是指各地区城乡居民的可支配购买力及享受基本公共产品和服务的人均差距能够限定在合理范围之内，从而以人均国内生产总值衡量的发展水平的差距逐步缩小。

2. 区域产业结构的协调

区域产业结构的协调有非常严格的衡量标准，判断区域产业结构是否协调主要有以下标准。

（1）合理地利用区域的自然资源。产业的形成和发展都不可能脱离物质基础，只有在合理利用区域自然资源的基础上形成的区域产业结构，才能取得最佳的经济效益。

（2）区域内各产业的发展特色突出。各产业在发展中能够按照区域分工的要求，形成本区域的特色产业。

（3）区域产业能够提供与区域发展水平相吻合的产品和服务。

（4）区域产业能够合理开发和利用国内外的成熟技术，充分吸收当代最新科学技术成果，具有一定的产业创新能力。

（5）区域产业发展能够使当地的生态环境得到保护。

3. 区域经济布局的协调

优化地域经济空间结构，实现区域经济布局的协调，是区域经济协调发展的中心环节和核心任务。根据区域经济协调发展需要，在综合评价区域发展的优势和制约因素的基础上，充分考虑市场的需求和区际的经济联系，实现区域经济景观（实体）的优化配置，是区域经济布局协调的主要方向。

区域经济布局的协调,包括中心城市与周边区域的发展协调、主要基础设施建设在区域间的协调,以及区域的产业功能分布的协调等。我们要特别关注产业功能分布在大的经济地带或经济板块间的协调。

4. **区域经济关系的协调**

区域经济关系协调的目标是各地区之间基于市场经济导向的经济技术合作能够实现全方位、多领域和新水平的目标,形成各区域、各民族之间全面团结和互助合作的新型区域经济关系。

这些关系可以归纳为以下两类。

(1) 竞争关系。竞争关系主要出现在特点相似的区域之间,这些区域的产业特点很相近,结构趋同,竞争不可避免。在任何情况下都可能发生区域竞争,区域竞争既包括争夺市场,也包括争夺资源。但是在一般情况下,区域竞争往往是局部性的问题,因为在全国统一的大市场已经形成或正在形成的情形下,地方政府对于趋利避害一般会有理性的判断,而各地区自然条件和经济发展差异的客观现实要求更多的是合作,这就使区域竞争一般局限在一个有限的空间或领域内。

(2) 合作关系。虽然存在区域竞争,但区域合作仍然是区域关系的主流。这是区域关系中一种活动的产出表现为另一种活动的投入时所结成的相互吸引的关系,对区域合作双方的发展都有好处,因为合作的内容经常是两个区域之间劣势生产要素的互补,或者是互为市场以扩大生产的规模。区域之间产业上的生产联系十分普遍,这成为区域合作的基本形式。产业合作带动了其他方面的合作,所以开展区域合作应当从产业的合作开始。

5. **区域经济发展时序的协调**

区域经济发展历来都有一个时序问题,就是说有先发地区与后发地区的区别。我国在改革开放初期制定的"两步走"的区域经济发展时序,即沿海地区首先发展,然后回过头来支援内地的发展,无疑是十分正确的。

新时期需要解决的发展时序问题,是我国的区域经济发展进入"沿海支援内地"的发展阶段以后，选择一条什么样的向西推进的路线，以及这条路线在时间上如何安排。

（二）区域社会协调发展

虽然经济发展是社会发展的基础，但社会发展对经济发展具有反作用，因此社会发展的协调程度在很大程度上决定了区域发展的协调程度。在社会发展方面的协调中，主要应关注区域中非经济方面的协调，比如制度、公共产品供给、生态环境与社会发展等方面的协调。

1. 制度的协调

在制度经济学中，制度可分为正式制度与非正式制度。正式制度指国家或地方政府出台的，有强制约束力的法律法规；非正式制度指长期以来形成的，存在于人们思维中的观念及道德约束。基于此，制度方面的协调包括正式制度的协调和非正式制度的协调，而在正式制度的协调中，又可以分为中央政府的制度协调和地方政府的制度协调。

中央政府的制度协调指中央政府从宏观角度协调统筹各地的发展，采用有目的的政策措施促进地区间的全面协调发展，主要包括人均收入、公共产品数量、福利水平等方面。

地方政府的制度协调主要有以下几方面内容：首先，地方政府要根据本地区产业或资源的比较优势，因地制宜，促进本地经济平稳较快增长；其次，地方政府要促进投资环境的改进，吸引外部资金以带动本部经济发展；最后，地方政府需要协调与其他地区之间的关系，充分利用优势促进共同发展。地方政府的制度协调的目标主要包括两方面，一是本地区内的协调发展，二是与其他地区间的协调发展。

非正式制度的协调则主要指人们的观念以及教育水平等方面的协调。例如，西部地区人们缺乏市场经济意识，导致长期所有制结构单一，经济发展缓慢。因此，政府通过教育以及经济刺激措施增强人们的市场经济意识也是非正式制度的协调的主要内容。

2. 公共产品供给的协调

公共产品供给的均等化是区域协调发展中很重要的目的之一。公共产品在消费中存在非竞争性和非排他性的特性，这决定了公共产品由政府提供的特性；而各地区之间经济发展存在差距，造成政府财政收入的不同，决定了各地区人们享有公共产品数量的不同。具体的公共产品包括医疗、教育、治安、社会保障等方面。

良好的医疗条件、教育环境、治安状况以及完善的社会保障体系是人生存发展的基本要求，因此公共产品供给的数量和质量是人们生活水平的重要决定性因素之一。如果各区域间的公共产品供给存在较大的差异，将必然导致区域间的人口迁移，特别是高能力、高学历的人才由公共产品低供给地区转向公共产品高供给地区，即由不发达地区转向发达地区。而人力资源在信息化发展中处于重要的地位，地区间人口的迁移必然会造成马太效应[①]，即发展快的地区持续快速发展，发展慢的地区因为缺乏后续动力而更加落后，这样将形成恶性循环，因此保证地区间公共产品供给的均等是促进地区协调发展的重要因素。

协调公共产品供给主要应从以下两方面入手：首先，通过中央政府建立完善的社会保障体系，建立专项基金保障各区域间公共产品的供给，减小地区间公共产品供给的差距，进而避免上述马太效应的产生；其次，提高各区域对公共产品供给的重要性的认识，以促进各区域采用引进民间资本、公私合营等方法提高本区域公共产品供给的质量，增加本区域公共产品供给的数量。

3. 生态环境与社会发展的协调

传统的社会发展模式是以资源换取社会的进步，即利用资源进行加工以满足人的需要。一般的进程是社会的进步和发展伴随着自然资源的减少

---

① 马太效应（Matthew effect），指强者愈强、弱者愈弱的现象，广泛应用于社会心理学、教育、金融以及科学等众多领域。其名字来自《圣经·新约·马太福音》中的一则寓言："凡有的，还要加倍给他叫他多余；没有的，连他所有的也要夺过来。"马太效应与平衡之道相悖，是十分重要的自然法则。

以及环境的破坏。但随着工业化进程的推进、消耗资源的不断增多以及人们生存环境的恶化，生态环境问题已经成为亟待解决的问题。

从辩证的角度来看，社会发展与生态环境的关系，是一种相互作用的关系。当社会发展程度提高时，人们对生态环境的要求也会相应提高，对生态环境保护治理的力度也会加大。对于生态环境而言，良好的生态环境以及丰富的资源能吸引投资，促进社会发展。因此，生态环境与社会发展同等重要，不能因为社会发展而置生态环境于不顾，也不能因为保护生态环境而阻碍社会发展。这就需要正确地对待生态环境与社会发展的关系。

1987年由世界环境与发展委员会发表的《我们共同的未来》提出了可持续发展的定义，即在满足当代人需求的前提下，又不对后代人满足其需求的能力构成危害的发展。可持续发展要求既达到社会发展的目的，又保护好人类赖以生存的大气、淡水、海洋、土地和森林等自然资源和生态环境，使子孙后代能够永续发展和安居乐业。可持续发展的核心是发展，但要求在严格控制人口、提高人口素质和保护生态环境、资源永续利用的前提下进行经济和社会的发展。因此，解决生态环境与社会发展的协调问题的关键是坚持可持续发展的原则，以科学发展观指导发展，协调生态环境与社会发展的关系，促进科学的发展①。

三、区域协调发展的战略目标

区域协调发展不仅要注重区域内部的协调发展，更要注重区域之间的协调发展，与之相应，区域协调发展的战略目标应该包括经济、社会和生态环境等多方面。具体而言，区域协调发展的战略目标主要包括以下五方面②。

---

①严汉平. 区域协调发展：大国崛起的必然选择[M]. 北京：中国经济出版社，2011.
②魏后凯. 中国区域协调发展研究[M]. 北京：中国社会科学出版社，2012；陈秀山，杨艳. 我国区域发展战略的演变与区域协调发展的目标选择[J]. 教学与研究，2008（5）：5-12；赵西君，何龙娟，吴殿廷. 统筹区域协调发展的中国模式[M]. 南京：东南大学出版社，2013.

（一）充分发挥区域比较优势，形成良性的区域产业分工格局

由于发展阶段、资源禀赋和社会经济特点的差异，每一个区域均具有自身的优势和劣势条件，呈现出明显的非均质性。充分发挥优势，扬长避（补）短，积极培育一批具有竞争力的主导优势产业，参与国际和区际分工，逐步形成优势互补、协同协作的区域产业分工格局，是实现区域协调发展的重要基础和前提。

可见，只有不同区域的比较优势都充分发挥了，才能实现全国整体利益的最大化，才能消除区域间的利益冲突，实现区域间的优势互补，互惠互利，促进区域协调发展。

因此，在实际工作中，各区域应根据自身发展基础、资源禀赋、潜在优势等具体特点，明确其区域定位和比较优势，在此基础上，深化区域间的专业化分工，并加强区域间的经济技术和人才等多方面的合作和互助，形成各具特色、优势互补、共同发展的区域关系新格局，从而提升空间经济效率。

（二）区域间城乡居民收入差距逐步缩小，并保持在合理的范围内

当前，中国区域间城乡居民收入差距仍然过大，缩小区域间城乡居民收入差距，走共同富裕之路，将是一项长期的、艰巨的任务。实践中，如果区域间城乡居民收入差距趋于缩小，说明区域发展的协调程度在不断提高。但必须注意的是，在任何国家，区域间居民收入差距都是客观存在的，我们不可能消灭这种差距。问题是这种差距不能太大，必须保持在人们心理所能承受的合理范围之内。

区域间城乡居民收入差距要控制在合理范围内，从长期看要促进区域向均衡方向发展。这就要求既注重区域间的当前利益协调，又注重区域间的长远利益协调。

（三）实现区域间基本公共服务均等化和居民生活质量等值化

不能把促进区域协调发展简单地理解为缩小区域间地区生产总值的差距。随着人口的流动和欠发达地区的经济发展，各区域人均地区生产总值

的差距是可以缩小的。基本公共服务不能因区域的不同、人均地区生产总值的不同而有明显的差异。

基本公共服务均等化意味着不同区域的人们都能够分享改革发展的成果,在基础设施、义务教育、医疗卫生、社会保障等方面享受到质量和数量都大体相当的基本公共服务,从而保障落后地区居民最基本的生存权和发展权,全面提高当地人口素质,增强落后地区长期的自我发展能力。

因此,在全国范围内推进基本公共服务的均等化,使无论居住在城市还是乡村、东部还是西部地区的居民,均能普遍享受一致的义务教育、基本医疗卫生服务、社会保障和安全等服务,这既是社会主义的本质要求,也是区域协调发展的战略目标之一。

除此之外,从长远发展看,还应该使城乡和各区域居民拥有大体一致的生活质量,即实现居民生活质量等值化。只有这样,才能真正做到让广大民众分享改革开放和发展的成果,实现共享式发展。

(四)有效协调区域间的行政关系,形成全国统一大市场

行政关系的协调是通过讨论、协商、调整等方式达到协调的一种行之有效的手段,旨在追求一种整体和谐的状态。如何协调好区域间的行政关系,加强行政协调,对于推进区域间的协调发展具有十分重要的意义。

在地方利益、部门利益的驱使下,各种行政主体的决策都不可避免地带有利己性和片面性,而由于政府在地区发展中的重要地位,其决策不仅对区域内部的经济、社会和空间的发展有着巨大的影响,也对区域间的市场一体化进程产生显著的影响。

目前,地方政府参与区域经济的程度很深,生产要素流动的行政导向十分明显,行政区划对区域经济的分割现象仍然存在。因此,必须有效协调区域间的行政关系,消除各种形式的地方保护主义和地区贸易保护与贸易壁垒,从体制上消除限制区域之间要素自由流动的制度根源,加强区域间的贸易联系,加大区域间的开放程度,促成区域间要素市场的统一,提

升市场一体化水平，逐步形成全国统一大市场[①]。

（五）保持区域间人口、经济、资源、环境的协调发展，形成人与自然和谐发展的局面

对任何一个地区来说，经济发展都不能以牺牲生态环境为代价，走"先污染后治理"的老路。要在注重经济发展的同时，更加注重社会发展和生态环境改善，努力实现经济发展与生态环境保护高度融合、人与自然和谐共生。如果后发地区经济的高速增长是以牺牲生态环境为代价的，尽管其与发达地区的经济差距可能缩小了，但从全面的、可持续的协调发展理念看，这种"协调"是不全面、不可取的。

我国生态环境整体上比较脆弱，许多地区的经济和人口承载能力比较低，在促进欠发达地区的经济发展，努力缩小地区差距的同时，也要做到开发有度、开发有序、开发可持续，切实保护好生态环境[②]。

因此，各地区的经济发展、人口数量、产业布局要与本地区的资源承载力相适应，保证经济发展与人口、资源、环境相协调。宜发展则发展，不宜发展则不发展。一方面，要保持地区人口分布与经济布局相协调，促进人口与产业协同集聚；另一方面，要保持地区人口、经济、资源、环境相协调，使地区人口、经济、资源、环境的承载能力相适应。这两个协调也是区域协调发展的战略目标之一。

以上五大目标是互相联系、互为促进、有机统一的。充分发挥区域比较优势是区域协调发展的基本内涵和首要评判标准；区域间城乡居民收入差距控制在合理范围内是区域协调发展的必然要求；基本公共服务均等化和居民生活质量等值化是实现区域协调发展的基础保障；形成全国统一大市场是提升资源配置效率、实现空间最优的重要驱动力；形成人与自然和谐发展的局面是实现区域协调发展的落脚点和归宿。

---

①孙海燕.区域协调发展理论与实证研究［M］.北京：科学出版社，2008.
②满强.基于主体功能区划的区域协调发展研究［D］.长春：东北师范大学，2011.

第三节　新时代区域协调发展的新使命

党的十九大报告指出，要"实施区域协调发展战略""建立更加有效的区域协调发展新机制"。由于发展不平衡不充分的问题在区域经济层面具有突出表现，促进区域协调发展构成了解决新时代中国特色社会主义社会主要矛盾的重要方略，中国区域政策的目标也由此更加清晰精准。基于此，本节在论述新时代的丰富内涵的基础上，初步阐释了新时代区域协调发展的新内涵。

一、新时代的丰富内涵

在当代中国，坚持和发展中国特色社会主义，必须把握时代特点、直面时代课题，在体现时代性、把握规律性、富于创造性中不断展现蓬勃的生机活力。中国特色社会主义进入了新时代这一重大政治判断，正是在准确把握我国发展所处的新的历史方位的基础上作出的，具有丰富的时代内涵。具体表现在以下几方面[1]。

（一）中国特色社会主义进入新的发展阶段

党的十八大以来，党中央科学把握国内外发展大势，顺应实践要求和人民愿望，以巨大的政治勇气和强烈的责任担当，举旗定向、谋篇布局，迎难而上、开拓进取，取得了改革开放和社会主义现代化建设的历史性成就，推动了党和国家事业的历史性变革。

这些变革力度之大、范围之广、效果之显著、影响之深远，在党的历史上、在新中国发展史上、在中华民族发展史上都具有开创性意义。这表明，在新中国成立以来特别是改革开放以来我国发展取得的重大成就的基

---

[1] 国家行政学院经济学教研部. 新时代中国特色社会主义政治经济学 [M]. 北京：人民出版社，2018.

础上，我国发展站在了新的历史起点上，中国特色社会主义进入了新的发展阶段。

这个新的发展阶段，既同改革开放40多年来的发展一脉相承，又有很多与时俱进的新特征，比如，党的理论创新实现了新飞跃，党的执政方式和执政方略有重大创新，党推动发展的理念和方式有重大转变，我国发展的环境和条件有重大变化，对发展水平和质量的要求比以往更高，等等。科学认识和全面把握中国特色社会主义新的发展阶段，需要从新的历史方位、新的时代坐标来思考、来谋划。

（二）我国社会主要矛盾发生了新变化

党的十九大提出，我国社会主要矛盾已经转化为人民日益增长的美好生活需要和不平衡不充分的发展之间的矛盾。这个论断，反映了我国发展的实际状况，揭示了我国发展受到制约的症结所在，指明了解决当代中国发展问题的根本着力点。

经过改革开放40多年来的努力，我国稳定解决了十几亿人的温饱问题，总体上实现了小康，人民美好生活需要日益广泛，不仅对物质文化生活提出了更高要求，而且在民主、法治、公平、正义、安全、环境等方面的要求也日益增长。同时，我国社会生产力水平显著提高，社会生产能力在很多方面进入世界前列，当前和今后面临的突出问题是发展不平衡不充分，这已经成为满足人民美好生活需要的主要制约因素。

我国社会主要矛盾发生变化，对我国发展全局必将产生广泛而深刻的影响。科学认识和全面把握我国社会主要矛盾的变化，也需要从新的历史方位、新的时代坐标来思考、来谋划。

（三）党的奋斗目标有了新要求

从党的十九大到党的二十大，是"两个一百年"奋斗目标的历史交汇期，我们既要全面建成小康社会、实现第一个百年奋斗目标，又要乘势而上开启全面建设社会主义现代化国家新征程，向第二个百年奋斗目标进军，使命光荣、责任重大，有必要进一步进行顶层设计和精心谋划。

党的十九大综合分析国际国内形势和我国发展条件，对决胜全面建成小康社会提出明确要求，将实现第二个百年奋斗目标分为两个阶段安排。从2020年到2035年，在全面建成小康社会的基础上，再奋斗15年，基本实现社会主义现代化；在基本实现现代化的基础上，再奋斗15年，到21世纪中叶把我国建成富强民主文明和谐美丽的社会主义现代化强国。这是新时代中国特色社会主义发展的战略安排，不仅使实现"两个一百年"奋斗目标的路线图、时间表更加清晰，而且意味着原定的我国基本实现现代化的目标将提前15年完成。

因此，科学认识和全面把握这一既鼓舞人心又切实可行的奋斗目标、宏伟新蓝图，同样需要从新的历史方位、新的时代坐标来思考、来谋划。

（四）我国面临的国际环境出现了新动向

世界正处于大发展、大变革、大调整时期，我国发展仍处于重要战略机遇期，前景十分光明，挑战也十分严峻。我国正处在从大国走向强国的关键时期，"树大招风"效应日益显现，外部环境更加复杂，一些国家和国际势力对我们的阻遏、忧惧、施压有所增大，这同样是需要面对的重大问题。

现在，我国的发展同外部世界的交融性、关联性、互动性不断增强，中国正日益走向世界舞台的中央。因此，作出中国特色社会主义进入新时代的判断，也充分考量了国际局势和周边环境出现的新动向。

总体来说，中国特色社会主义进入了新时代这一重大政治判断，是在科学把握时代趋势和国际局势重大变化，科学把握世情、国情、党情的深刻变化，科学把握实现"两个一百年"奋斗目标历史交汇期已经遇到、将要遇到、可能遇到和难以预料的新情况、新问题、新矛盾的基础上作出的。这一判断，符合中国特色社会主义实际，也是我们党团结带领全国各族人民开创光明未来的必然要求。

二、新时代的五大发展理念

新时代必须贯彻新发展理念。坚持创新发展、协调发展、绿色发展、开放发展、共享发展，是关系我国发展全局的一场深刻变革。创新、协调、绿色、开放、共享的新发展理念是具有内在联系的集合体，是新时代我国发展思路、发展方向、发展着力点的集中体现，必须贯穿于新时代经济社会发展的各领域、各环节。党的十九大报告明确指出，发展是解决我国一切问题的基础和关键，发展必须是科学发展，必须坚定不移贯彻创新、协调、绿色、开放、共享的发展理念。

（一）五大发展理念的内涵解读

下面我们对创新、协调、绿色、开放、共享等五大发展理念进行简要解读①。

1. 创新是引领发展的第一动力

创新是经济增长和发展的原动力，没有创新就没有发展。当前，中国经济除了传统内需不足的难题始终没有得到很好解决之外，供给侧的新难题也日趋严峻。一方面传统工业产能过剩，价格下行，亏损严重；另一方面新旧增长动力"青黄不接"，新产品、新产业、新业态份额较低，不足以弥补传统行业增速下降的影响。在这种严峻形势下，要保持经济中高速增长，唯一的出路就是依靠创新。

坚持创新发展，把创新摆在国家发展全局的核心位置，不断推进理论创新、制度创新、科技创新、文化创新等各方面创新，让创新贯穿党和国家一切工作，让创新在全社会蔚然成风。

2. 协调是持续健康发展的内在要求

改革开放以来，我国经济社会发展取得了卓越成就，但也存在发展不平衡、不协调、不包容、不可持续等突出问题，区域发展不平衡、城乡发

---

① 国家行政学院经济学教研部. 新时代中国特色社会主义政治经济学[M]. 北京：人民出版社，2018.

展不协调、产业结构不合理、经济和社会发展不匹配等矛盾仍很突出。这些问题和矛盾，暴露出我国发展面临的一系列制约因素，使发展理念与增长方式发生深刻转变。

党的十八届五中全会提出"坚持协调发展"，要更加注重弥补经济社会发展领域中的薄弱环节，更加注重从实现资源均衡配置中实现全方位的协调发展。

3. 绿色是永续发展的必要条件

绿水青山就是金山银山。党的十八大以来，将生态文明建设融入经济建设、政治建设、文化建设、社会建设各方面和全过程，形成了"五位一体"的总体格局。

40多年来，中国经济在快速发展的同时，也出现了雾霾频发、河流污染、土地沙化、湖泊萎缩等严重的生态环境被破坏的现象。面对生态环境被破坏的严峻形势，必须正确处理好经济发展同生态环境保护的关系，树立尊重自然、顺应自然、保护自然的绿色发展理念。

坚持绿色发展，就是要坚持绿色富国、绿色惠民的基本国策，协同推进人民富裕、国家富强、中国美丽。

4. 开放是国家繁荣发展的必由之路

当前，中国已经发展为世界第二大经济体，全球第一大出口国和第二大进口国、世界第一大吸引外资国和第二大对外投资国、世界第一大外汇储备国，是一个名副其实的经济大国。经济新常态下中国的对外开放应进一步扩大。

坚持开放发展，要丰富对外开放内涵，提高对外开放水平，协同推进战略互信、经贸合作、人文交流，构建以合作共赢为核心的新型国际关系，努力形成深度融合的互利合作格局，开创对外开放新局面。

5. 共享是中国特色社会主义的本质要求

"天地之大，黎元为先。"改善民生，让人民共享发展成果，坚定不移走共同富裕的道路，是社会主义的本质要求，是社会主义制度优越性的集中体现,也是我们党坚持全心全意为人民服务根本宗旨的必然选择。我们党长期贯彻以民为本、以人为本的执政理念,发展理念也正在实现由国富、国强向民富转变。

坚持共享发展,就是要坚持发展为了人民、发展依靠人民、发展成果由人民共享,进行更有效的制度安排,使全体人民在共建共享发展中有更多获得感,朝着共同富裕的方向稳步前进。

(二)五大发展理念的相互关系

党的十八届五中全会提出的要坚持创新、协调、绿色、开放、共享的发展理念不是凭空得来的,是我们在深刻总结国内外发展经验教训的基础上形成的,也是在深刻分析国内外发展大势的基础上形成的,集中反映了我们党对经济社会发展规律认识的深化,也是针对我国发展中的突出矛盾和问题提出来的[①]。

第一,创新发展注重的是解决发展动力问题。我国创新能力不强,科技发展水平总体不高,科技对经济社会发展的支撑能力不足,科技对经济增长的贡献率远低于发达国家水平。新一轮科技革命带来的是更加激烈的科技竞争,必须把创新作为引领发展的第一动力,把人才作为支撑发展的第一资源,把创新摆在国家发展全局的核心位置,不断推进理论创新、制度创新、科技创新、文化创新等各方面创新。

第二,协调发展注重的是解决发展不平衡问题。我国发展不平衡是一个长期存在的突出问题,突出表现在区域、城乡、经济和社会、物质文明和精神文明、经济建设和国防建设等关系上。经济发展要注意协调平衡关系,注重发展整体效能,以防"木桶效应"愈加显现,避免社会矛盾不断加深。为此,必须正确协调处理发展中各方面的重大关系。

第三,绿色发展注重的是解决人与自然和谐问题。绿色循环低碳发展,是当今时代科技革命和产业变革的方向,我国在这方面的潜力相当

---

① 习近平. 在党的十八届五中全会第二次全体会议上的讲话(节选)[J]. 求是,2016(1):3-10.

大，可以形成很多新的经济增长点。我国资源约束趋紧、环境污染严重、生态系统退化的问题十分严峻，人民群众对清新空气、干净饮水、安全食品、优美环境的要求越来越强烈，保护生态环境功在当代、利在千秋。必须坚持节约资源和保护环境的基本国策，坚定走生产发展、生活富裕、生态良好的文明发展道路，加快建设资源节约型、环境友好型社会，推进美丽中国建设，为全球生态安全作出新贡献。

第四，开放发展注重的是解决发展内外联动问题。国际经济合作和竞争局面正在发生深刻变化，全球经济治理体系和规则正在面临重大调整，"引进来"和"走出去"的规模都与过去不可同日而语；同时，应对外部经济风险、维护国家经济安全的压力也大大增加。当前的重要问题是如何提高对外开放的质量和发展的内外联动性。我国对外开放水平总体上还不够高，用好国际国内两个市场、两种资源的能力还不够强，应对国际经贸摩擦、争取国际经济话语权的能力还比较弱，运用国际经贸规则的经验不足。必须坚持对外开放的基本国策，奉行互利共赢的开放战略，深化人文交流，完善对外开放区域布局、对外贸易布局、投资布局，形成对外开放新体制，发展更高层次的开放型经济，以扩大开放带动创新、推动改革、促进发展。

第五，共享发展注重的是解决社会公平正义问题。让广大人民群众共享改革发展成果，是社会主义的本质要求，是社会主义制度优越性的集中体现，是我们党坚持全心全意为人民服务根本宗旨的重要体现。只有这样，全体人民推动发展的积极性、主动性、创造性才能充分调动起来，国家发展才具有最深厚的伟力。我国分配不公问题比较突出，收入差距、城乡区域公共服务水平差距较大。在共享改革发展成果方面，存在相当多不完善的地方。必须坚持发展为了人民、发展依靠人民、发展成果由人民共享，作出更有效的制度安排，使全体人民朝着共同富裕的方向稳步前进。

坚持创新发展、协调发展、绿色发展、开放发展、共享发展，是关系我国发展全局的一场深刻变革。这五大发展理念相互贯通、相互牵动、相互影响、相互促进，是具有内在联系的集合体，要全方位统一贯彻，不能顾此失彼，也不能相互替代。牵一发而动全身，任何一个方面出了问题，都会影响发展的整体进程。

三、新时代区域协调发展肩负的历史使命

党的十九大报告指出，我国社会主要矛盾已经转化为人民日益增长的美好生活需要和不平衡不充分的发展之间的矛盾。我国的不平衡发展体现在多个领域，区域、城乡发展不平衡以及部分地区发展不充分是其重要方面。

一是区域发展不平衡。目前我国区域发展差距依然较大，欠发达地区与发达地区在经济总量和人均水平上均存在明显差距；区域协同发展机制尚不完善，各区域间产业同构、重复建设、分工不合理等问题较为突出；区域发展所面临的资源环境约束压力增大，区域发展与生态环境保护的矛盾日益突出。

二是城乡发展不平衡。城乡二元结构突出，经济发展差距仍然较大，县域经济发展仍然不足；城乡要素配置仍然不均衡，要素单向流向趋势明显；城乡公共服务发展不平衡，农村公共服务能力亟待提升。

三是部分地区发展不充分，如集中连片特困地区、边疆地区、少数民族地区等发展严重滞后于东中部地区，区域整体性贫困问题突出，严重制约了当地群众生活水平的提高。

由此可见，在新时代，区域发展不平衡问题是我国决胜全面建成小康社会需要解决的重大战略性问题，需要在创新、协调、绿色、开放、共享等五大发展理念的指导下，不断推进区域协调发展，缩小地区发展差距尤其是公共服务差距，推动基本公共服务均等化，使全国各族人民实现共同富裕，让改革发展成果更多更公平地惠及全体人民，这是新时代赋予区域协调发展的崇高历史使命[①]。具体而言，主要表现在以下三方面。

---

① 景朝阳. 新时代中国区域协调发展的内涵和重点[OL]. （2017-12-07）[2019-10-07]. http://www.sohu.com/a/208970931_787066.

（一）促进基本公共服务均等化和区域生活条件差距缩小

现在有些学者仍建议把GDP或人均GDP大致相当作为区域协调发展的第一衡量指标或主要衡量指标，但是如果GDP或人均GDP是衡量是否协调发展的主要指标，GDP增长速度就难免成为衡量区域发展速度最现实的指标，在目前经济增长过多靠投资拉动的模式下，比投资增长又会成为各地最直接的目标。而在市场经济条件下，各类要素投资总是向回报率高的地方集聚，因此如以GDP或人均GDP大体相当作为区域协调发展的主要衡量指标，实现区域协调发展就是十分困难和相当遥远的事情了。因此，应该考虑以基本公共服务均等化、公共设施基本完备作为衡量区域协调发展水平的主要指标，即教育、医疗、社会保障、住房等民生指标大体相当，供水、供气、供电、供暖大体平衡，铁路、公路、民航等交通设施基本具备，就可以认为区域发展水平大致协调。

1. 基本公共服务均等化作为区域协调发展的主要目标是社会主义的本质要求

在全国范围内推进基本公共服务的均等化，使无论居住在城市还是乡村、东部还是西部地区的居民，均能普遍享受一致的义务教育、基本医疗卫生服务、社会保障和安全等服务，这是社会主义的本质要求。而且，从长远看，实现城乡和各区域居民拥有大体一致的生活质量，才能真正做到让广大民众分享改革开放和发展的成果，实现共享式发展。

2. 基本公共服务均等化作为区域协调发展的主要目标是加快构建统一的社会主义市场经济的客观需要

只有将基本公共服务均等化、公共设施基本完备作为衡量区域协调发展水平的主要指标，才有可能弱化乃至取消地方的GDP、投资等考核指标，不再把这类经济指标作为地方政府政绩考核内容，才能保证全国政令统一、市场统一[①]，才有可能加快构建全国统一的社会保障体系，把加快

---

① 宋晓梧. "三维市场经济"与地方政府职能界定［J］. 新华文摘，2014（6）：46-48.

构建普惠、均等、一体化的基本公共服务作为区域政策的优先领域，为顺利推进生产力布局的调整创造必要条件。

（二）引导各地区比较优势得到充分发挥

由于发展阶段、资源禀赋和社会经济特点的差异，每一个地区均具有自身的优势和劣势条件。地区比较优势的来源主要有两类：一类是外生的，即先天存在、短期内保持不变的要素禀赋和生产技术水平差异，比如资源型地区的资源优势、东部沿海地区的海运优势等；另一类是内生的，即在经济发展过程中逐步形成的，比如规模经济、技术进步和制度变迁等。此外，空间距离和运输成本也对地区比较优势有一定的影响。

近年来，越来越多的学者提出，要素禀赋和规模经济共同决定贸易模式和产业空间布局①。总体来看，随着改革开放的深化，市场机制的决定性作用不断增强，区域分工将明显加强，因此充分发挥各地区的比较优势是区域发展的重要内涵。只有不同地区的比较优势得到充分发挥，才能实现全局利益的最大化。而如何充分发挥优势，扬长避（补）短，逐步形成优势互补、合理分工的产业协调发展格局，将是实现区域协调发展的重要目标。

因此，不论是按照四大区域板块（西部开发、东北振兴、中部崛起、东部率先）来划分，还是按照主体功能区（优化开发区域、重点开发区域、限制开发区域、禁止开发区域）来划分，抑或是按照轴带开发或类型区来划分，都要认真分析每个地区的比较优势和发展潜力，促进各地区区域分工趋于合理、错位发展。同时，要加快建立跨区域利益共享和利益补偿机制，有效协调区域发展和竞争中的各种利益关系，最终实现区域间优势互补、互利互惠。

（三）实现人口分布、经济布局、生态环境相协调

经济与人口布局的协调，是国家发展战略的重要内容和基本理念，在

---

①陈秀山，陈斐. 区域协调发展：目标·路径·评价［M］. 北京：商务印书馆，2013.

区域协调发展战略

制定区域重大战略、重大规划和发展政策的过程中，应该研究和评估其对经济与人口布局的影响，从资源、环境、经济、人口等多个维度，审视和把握国家重大产业、基础设施、资源配置等之间的关系，采取更为积极有效的措施，扭转经济与人口分布失衡的局面，逐步减小地区差距，保证地区间经济与人口发展的基本平衡，促进区域协调发展和科学发展。

这一目标包括两方面的内涵。一方面，要保持地区人口分布与经济布局相协调，促进人口与产业协同集聚；另一方面，要保持地区人口、经济与资源和环境相协调，使地区人口、经济与资源和环境承载能力相适应，形成功能定位清晰的国土空间开发格局。这两个协调也是区域协调发展的重要目标。从大区域的角度看，还要保持国民经济的适度空间均衡，防止出现经济过密与过疏问题，避免某些大区域出现衰落和边缘化。

实现人口分布、经济布局、生态环境相协调，客观上要求对各地区进行功能定位，明晰不同区域的发展思路和重点。

如东部地区的京津冀、长三角、珠三角等重点城镇化地区，其主要目标应该为促进转型升级，建设成为带动全国经济社会发展的龙头、我国重要的创新区域、有全球影响力的经济区、全国规模最大的人口和经济密集区。

中西部地区的长江中游、中原、成渝、哈长等重点开发区域，其主要目标应该为大力推进新型工业化、城镇化进程，提高集聚产业和人口的能力，形成分工协作、相对完整的现代产业体系，成为支撑未来全国经济持续增长的重要增长极。

中西部地区的农业和生态功能区域，其主要目标应该为把农业地区建成保障农产品供给安全的重要区域，把生态地区建成保障国家生态安全的主体区域、全国重要的生态功能区、人与自然和谐相处的示范区。按照这些目标制定适宜的财政、社会保障等政策，引导人口和产业活动有序转移，切实保护好青山绿水[①]。

---

① 宋晓梧，武士国，许欣. 新常态下的区域经济大变局［M］. 杭州：浙江大学出版社，2015.

第二章
区域发展战略演进与现代化经济体系建设

区域协调发展是我国区域经济发展的客观要求，也是我国区域发展战略演进的一种必然结果。自1949年新中国成立以来，我国区域发展战略经历了区域均衡发展、区域非均衡发展和区域协调发展三个典型发展阶段。本章在第一章的基础上，首先对区域发展战略的理论基础进行回顾，然后从时间角度较系统地考察区域发展战略的演进，并结合当前的现代化经济体系建设对区域发展战略的未来实施重点进行阐述。

第一节　区域发展战略的理论基础与应用

区域发展战略所依据的基本理论主要包括区域均衡发展理论、区域非均衡发展理论和空间一体化理论等。下面我们进行简要阐述。

一、区域均衡发展理论

区域均衡发展理论是以哈罗德-多马新古典经济增长模型为理论基础发展起来的。在此种理论下，人们普遍坚信，市场机制是一只"看不见的手"，只要在完全竞争条件下，价格机制和竞争机制就会促使社会资源实现最优配置。随着生产要素的区际流动，区域间的经济发展水平将趋于收敛，可以通过政府干预，实现产业和部门间的均衡发展，进而促进区域内和区域间的均衡[①]。其中代表性理论主要有罗森斯坦-罗丹的大推进理论、纳克斯的贫困恶性循环理论、纳尔逊的低水平均衡陷阱理论以及利本斯坦的临界最小努力理论等。

（一）罗森斯坦-罗丹的大推进理论

1943年，著名发展经济学家罗森斯坦-罗丹（Rosenstein-Rodan）在《东欧和东南欧国家的工业化问题》一文中指出，发展中国家要从根本上解决贫困落后问题，关键在于实现工业化，其中大量的资本累积是必不可少的基础，也是经济发展的核心[②]。

由于社会分摊资本、市场需求和储蓄供给的三大不可分性，小规模的、个别的部门投资很难解决发展的根本问题，因此，他指出，"要想有

[①] 何雄浪,李国平. 国外区域经济差异理论的发展及其评析[J]. 学术论坛,2004（1）：89-93；李红锦. 区域经济增长理论评述[J]. 生产力研究,2007（7）：138-139；高志刚. 区域经济差异理论述评及研究新进展[J]. 经济师,2002（2）：38-39.
[②] ROSENSTEIN-RODAN P N. Problems of industrialization of eastern and south-eastern Europe [J]. The economic journal, 1943（53）：202-211.

任何成功的机会的话，用于一个发展项目的资源就必须有一个最低限度水平。启动一个国家进入自我持续增长路径，颇有点像让一架飞机起飞。在飞机起飞之前，有一个超越的地面临界速度……"。在此基础上，他强调社会基础资本对经济增长的贡献，主张发展中国家在投资上以一定的速度和规模持续作用于众多产业使其突破发展瓶颈，促使各个工业部门同时发展起来，从而产生外在效益、规模经济效益，形成相互依赖、互为市场的市场体系，克服三大不可分性，推进经济全面高速增长[①]。

（二）纳克斯的贫困恶性循环理论

1953年，美国经济学家纳克斯（Nurkse）在《不发达国家的资本形成问题》一书中提出著名的贫困恶性循环理论。他认为，不发达国家普遍存在的低收入水平将导致其在投资供给和投资需求两方面的不足，从而阻碍不发达国家的经济增长和发展[②]。

从投资供给方面看，低收入水平将导致低储蓄率，从而导致扩大再生产的投资不足，进而影响劳动生产率的提高，进一步抑制人均收入水平提高；从投资需求方面看，低收入水平将导致需求不旺，从而导致投资引诱不足，进而影响资本形成及劳动生产率的提高，进一步抑制人均收入水平提高[③]。这两方面相互作用，使不发达国家陷入贫困恶性循环，与发达国家的差距越拉越大。但是，贫困恶性循环并非一成不变的，平衡增长可以摆脱恶性循环[④]。

通过同时在各产业、各地区进行投资，既可以促进各产业、各地区协调发展，改善供给状况，又可以在各产业、各地区之间形成相互支持性投

---

① 何雄浪，李国平. 国外区域经济差异理论的发展及其评析 [J]. 学术论坛，2004（1）：89-93.
② NURKSE R. The problem of capital formation in less development countries [M]. Oxford: Oxford University Press, 1953.
③ 欧向军. 区域经济发展差异理论、方法与实证：以江苏省为例 [M]. 北京：经济科学出版社，2006.
④ 高志刚. 区域经济差异理论述评及研究新进展 [J]. 经济师，2002（2）：38-39.

资的格局,不断扩大需求。因此,平衡发展理论强调产业间和地区间的关联互补性,主张在各产业、各地区之间均衡部署生产力,实现产业和区域经济的协调发展。

(三)纳尔逊的低水平均衡陷阱理论

1956年,美国经济学家纳尔逊(Nelson)发表了《不发达国家的一种低水平均衡陷阱理论》一文,其以马尔萨斯理论为基础,研究了发展中国家人均资本、人口增长、产出增长及人均收入增长的关系,说明发展中国家存在低水平人均收入反复轮回、难以增长的现象[1]。

不发达国家的人均收入水平低下,仅够维持最低生活水平需要,死亡率较高,人口增长缓慢,与此同时,低收入水平将降低居民储蓄投资。如果以增大国民收入来提高储蓄和投资将导致人口增长,从而将人均收入又一次拉回较低的水平,这就是不发达国家难以逾越的低水平均衡陷阱[2]。

不发达国家长期处于低水平均衡状态,将导致其与发达国家的经济差距不断扩大。在外界条件不变的情况下,要走出低水平均衡陷阱就必须使人均收入增长率超过人口增长率。

(四)利本斯坦的临界最小努力理论

利本斯坦的临界最小努力理论认为发展中国家只有努力使经济达到一定水平,跨越低水平均衡状态,才能取得经济的持续增长。如果经济发展的努力达不到能够提高人均收入水平的临界水平,则这种努力将无法逾越发展障碍,经济将继续停留在低水平均衡状态。因此,为使一国经济取得长期持续增长,必须在一定时期受到大于临界最小规模的增长刺激[3]。

---

[1] NELSON R R. A theory of the low level equilibrium trap in underdeveloped countries [J]. American economic review, 1956, 46(5): 894-908.
[2] 欧向军. 区域经济发展差异理论、方法与实证:以江苏省为例 [M]. 北京:经济科学出版社, 2006.
[3] 高志刚. 区域经济差异理论述评及研究新进展 [J]. 经济师, 2002(2): 38-39.

二、区域非均衡发展理论

区域非均衡发展理论强调地区发展对非均衡的依赖，可以很好地解释地区发展不平衡的国际国内现象。该理论认为，区域经济发展在二元经济结构下必然是非均衡的，但是，随着经济的不断发展，区域经济发展将从二元经济转向一元经济，区域一体化程度将提高。非均衡发展理论大体上可以分为两类：一类是无时间变量的，主要包括增长极理论、二元结构理论、梯度推移理论、点-轴理论，该类理论认为无论区域经济发展处于哪一个阶段，进一步的增长总要打破原有的均衡；另一类是有时间变量的，主要以倒"U"型假说为代表，该假说认为在区域经济发展后期，经济增长将逐渐由不均衡发展转变为均衡发展。

（一）增长极理论

20世纪50年代，法国经济学家弗朗索瓦·佩鲁（Francois Perroux）首先提出了增长极的概念。他在论文《略论增长极概念》中提出：增长并非同时出现在所有的地方，它以不同的强度首先出现于一些点或增长极上，然后通过不同的渠道向外扩散，并对整个经济产生不同的终极影响。弗朗索瓦·佩鲁的出发点是抽象的经济空间，以部门分工所决定的产业联系为主要内容，对经济空间内部的结构没有给予足够的关注。

20世纪60年代初，罗德温（Rodwin）首次提出增长极的空间含义，随后布代维尔（Boudeville）引入微观经济活动主体——企业，重新系统分析了经济空间的概念，改进了弗朗索瓦·佩鲁的增长极理论，将增长极的经济含义推广到地理含义，着重强调增长极的空间特征。他认为，"经济空间是经济变量在地理空间之中或之上的运用"[①]。

在此研究的基础上，增长极被赋予了两种含义：一是在经济意义上的推进型主导产业部门；二是在地理意义上区位条件优越的地区。区域发

---

① BOUDEVILLE J B. Problems of regional economic planning [M]. Edinburgh：Edinburgh University Press，1966.

展主要依靠增长极的带动——条件较好的某些地区或某些产业。通过增长极的极化和扩散效应，影响和带动周边地区和其他产业的发展。增长极的极化效应主要表现为资金、技术、人才等生产要素向增长极聚集；扩散效应主要表现为生产要素向外围转移。在发展的初级阶段，极化效应是主要的，当增长极发展到一定程度后，极化效应减弱，扩散效应加强。

（二）二元结构理论

新古典学派区域发展学说对市场差异的认识并不符合诸多发展中国家的实际，在此基础上，缪尔达尔（Myrdal）、赫希曼（Hirschman）、约翰·弗里德曼（John Friedmann）相继以二元结构及相关机理为研究对象，成为非均衡理论的突出代表。

1957年，缪尔达尔在《经济理论和不发达地区》一书中，阐述了累积因果循环理论。该理论认为，经济发展过程在空间上并不是同时产生和均匀扩散的，地区间发展不平衡使得某些地区发展要快一些，另一些地区则相对较慢。一些条件较好的地区，由于初始优势而超前于其他地区获得发展，则这种既得优势将保持下去，通过一系列反馈效果产生因果循环，不断积累有利因素继续超前发展，从而不断强化自己的竞争地位。

发达区域与落后区域之间将发生空间相互作用，产生两种相反的效应：回流效应和扩散效应。回流效应表现为生产要素从不发达区域流向发达区域，从而使区域差异不断扩大；扩散效应指发达地区生产规模的进一步扩大将变得不经济，资本、劳动力、技术就自然而然地向落后地区流动，从而使区域差异不断缩小。然而，"市场力量的作用通常倾向增加而不是减少区际差异"[①]。在市场机制下，回流效应将大于扩散效应，从而导致发展较快的地区发展更快，发展较慢的地区发展更慢，进一步强化

---

① MYRDAL G. Economic theory and undeveloped regions [M]. London: Duck Worth, 1957.

和加强区域间的不平衡,形成地区性的二元经济结构①。

1958年,赫希曼在《经济发展战略》中提出,"经济进步并不同时在每一处出现,而一旦出现,巨大的动力将会使得经济增长围绕最初出发点集中",以及"区域实力中心首先发展,而在发展过程中,增长点或增长极出现的必要性意味着增长在国际与区际的不平等是增长本身不可避免的伴生物和条件"。其将中心地对腹地的影响分为极化效应和涓滴效应②。

极化效应指发达地区依靠中心效率高等竞争优势抑制不发达地区发展,同时通过吸引劳动力、人力资本向其流动促进自身发展;涓滴效应指不发达地区与发达地区通过交流渗透,如发达地区通过对不发达地区增加投资和购买力、吸收隐蔽性失业人员等方式促进其发展③。在经济发展的初期阶段,极化效应占主导地位,区域经济增长差异将会逐渐扩大;从长远来看,涓滴效应将大于极化效应,区域经济增长差异将会缩小。

美国城市与区域规划学者约翰·弗里德曼最早在其代表性著作《区域发展政策:委内瑞拉案例研究》中系统阐述了核心-外围理论的基本思想,对二元区域结构进行过经典性的描述④,并在代表性论文《极化发展的一般理论》中对其作了进一步的阐述⑤。他将经济空间划分为中心地区和外围地区,中心地区起源于信息中心场内少数具有最高潜在相互作用的变革中心,其余所有地区构成外围地区。创新由中心地区向外围地区扩散,中心地区往往通过支配效应、信息效应、心理效应、现代化效应和联

---

①欧向军. 区域经济发展差异理论、方法与实证:以江苏省为例[M]. 北京:经济科学出版社,2006;罗浩. 地区差距变动的理论分析及中国的实证研究[J]. 地理学与国土研究,2001,17(1):20-24;高志刚. 区域经济差异理论述评及研究新进展[J]. 经济师,2002(2):38-39.
②HIRSCHMAN A O. The strategy of economic development[M]. New Haven:Yale University Press,1958.
③李仁贵. 西方区域发展理论的主要流派及其演进[J]. 经济评论,2005(6):57-62.
④FRIEDMANN J. Regional development policy:a case study of venezuela[M]. MA:The MIT Press,1966.
⑤FRIEDMANN J. A general theory of polarized development[M]//HANSEN N M. Growth centers in regional economic development. New York:The Free Press,1972.

动效应巩固其对外围地区的支配地位①。他认为,二元区域结构是经济进入起飞准备阶段的产物,最初表现为一种单核结构;随着经济进入起飞阶段,单核结构逐渐被多核结构替代;当经济进入持续增长阶段,边缘区将被纳入统一的国民经济体系,中心和外围的边界将逐渐模糊至消失,从而达到空间经济一体化②。

国内学者杨开忠对二元区域结构的理论和方法进行了系统梳理,他认为,二元区域结构有传统和现代之分,前者以部门-空间分工为基础,后者以等级-空间分工为基础。二元结构并不会随着区域经济进入持续增长阶段而消失,而是由传统的部门-空间结构演变为等级-空间结构,并提出区域一体化是一种综合的区域发展方法,发展中国家区域发展的基本内容应是逐步建立统一的生产地区专业化体系与统一的商品和要素市场区体系③。

(三)梯度推移理论

梯度推移理论源于弗农提出的工业生产生命周期阶段理论。该理论认为,工业各部门及各种工业产品都处于生命周期的不同发展阶段,即会经历创新、发展、成熟和衰退4个阶段。而缪尔达尔、赫希曼等的二元结构理论认为,区域经济发展已经形成的发达区和落后区(即核心区和边缘区)分别处于产业生命周期的不同阶段,形成了地区间的经济梯度。其中创新活动是决定区域发展梯度层次的决定性因素,如果一个地区主导产业部门由处于创新阶段的专业部门所构成,则说明该区域具有发展潜力,应列入高梯度区域。

梯度推移理论认为,时间的推移及生命周期阶段的变化,会促进发达地区的扩散效应,使生产活动逐渐从高梯度地区向低梯度地区转移,从而逐渐缩小区域差异,实现区域发展。

与此相类似的是日本学者小岛清提出的雁行模式。他将日本、韩国、

---

① 李仁贵. 西方区域发展理论的主要流派及其演进 [J]. 经济评论, 2005 (6): 57-62.
② 彭朝晖, 杨开忠. 人力资本与中国区域经济差异 [M]. 北京: 新华出版社, 2005.
③ 杨开忠. 二元区域结构理论的探讨 [J]. 地理学报, 1992, 47 (6): 499-506.

中国、东盟等国家和地区列为不同的发展梯度,并将它们分为第一、第二、第三、第四批大雁等。

夏禹龙和冯文浚首先将该理论引入国内并提出梯度发展战略。他们指出,我国东、中、西三大地带间存在着经济技术水平的发展梯度,我们应该促使高梯度的东部地带掌握先进技术,然后逐步向梯度较低的中西部推移。随着经济的发展,逐步缩小地区差距,实现经济分布的相对均衡[①]。

(四)点-轴理论

点-轴理论最早由波兰经济学家萨伦巴(Zaremba)和马利士(Malisz)提出。点-轴理论建立在德国地理学家瓦尔特·克里斯塔勒(Walter Christaller)中心地理论的基础上,是增长极理论的延伸,是在重视"点"(中心城镇或经济发展条件较好的区域)增长极作用的同时,强调"点"与"点"之间的"轴"(指由交通、通信干线和能源、水源通道连接起来的"基础设施束")的作用,认为随着重要交通干线如铁路、公路、河流航线的建立健全,区内区际联系通畅,运输成本降低,逐渐形成和强化有利的区位条件和投资环境,人口和经济也逐渐向"点""轴"聚集。轴线上集中的社会经济设施通过产品、信息、技术、人员、金融等,对附近区域有扩散作用,扩散的物质要素和非物质要素作用于附近区域,与区域生产力要素相结合,形成新的生产力,推动社会经济的发展[②]。

将点-轴理论深化发展并与我国实际相结合,提出"T"型、点-轴开发模式的是著名学者陆大道。1984年10月,他在乌鲁木齐召开的全国经济地理和国土规划学术讨论会上作的报告《二〇〇〇年我国工业生产力布局总图的科学基础》中首次提出,并在随后的《工业的点轴开发模式与长江流域经济发展》《潜力理论与点轴系统》等研究中逐渐形成和发展了自己的一整套体系。其理论渊源包括中心地理论、增长极理论以及沃纳·松巴特(Werner Sombart)的生长轴理论。他认为,社会生产力地域组织的空

---

① 夏禹龙,冯文浚. 梯度理论与区域经济[J]. 研究与建议,1982(8):21-24.
② 陆大道. 关于"点-轴"空间结构系统的形成机理分析[J]. 地理科学,2002(1):1-6.

间过程模式遵循点-轴形态，经过点-轴形成前均衡、点-轴同时形成、主要点-轴空间结构系统形成、点-轴空间结构系统形成等4个阶段，渐进扩散、区域可达性和级差地租是点-轴系统形成的重要原因。点-轴理论作为一种重要的空间组织理论对我国国土开发和经济布局产生了重大指导意义[①]。

（五）倒"U"型假说

1965年，美国经济学家威廉姆森（Williamson）通过实证研究的方法，利用24个国家1940—1961年的有关统计资料，将这些国家按照收入水平的高低分为7组，然后计算了各组国家人均收入水平的区际不平等程度，结果表明：随着收入水平的提高，区际不平等程度大致呈现出先扩大后缩小的倒"U"型变化[②]。因此，尽管经济发展初期区域增长是不平衡的，区际人均收入水平是提高的，但从长期来看，区域增长趋向均衡，区际人均收入水平是趋同的。

新古典学派区域发展学说从要素充分自由流动的前提出发，认为区域差异的存在是市场不完善和制度缺陷引起的市场机制失灵的反映，随着市场制度的完善和区域间的一体化，市场自身的力量将逐步实现要素收益均等化。从长期来看，区域差异将逐步缩小，区域发展将趋向均衡。威廉姆森的倒"U"型假说通过实证研究支持了这一观点。但该假说研究区域的巨大差异性和各研究对象的历史发展并未出现应有的相似性，这使得研究结论本身并不可靠[③]。

三、空间一体化理论

"一体化"一词源于地质学，现已被广泛应用于社会学、经济学的研

[①] 陆大道. 工业的点轴开发模式与长江流域经济发展[J]. 学习与实践，1985（2）：18-22；陆大道. 二〇〇〇年我国工业生产力布局总图的科学基础[J]. 地理科学，1986，6（2）：110-118.
[②] WILLIAMSON J G. Regional inequality and the process of national development: a description of the patterns[J]. Economic development and cultural change, 1965, 13（4）: 3-45.
[③] 杨开忠. 二元区域结构理论的探讨[J]. 地理学报，1992，47（6）：499-506.

究。空间一体化理论并非一个单一的理论，没有统一的定义和严格的范围和内涵界定，从区域开发的角度出发，空间一体化可以理解为经济、社会等一体化在空间中的反映。

美国区域经济学家约翰·弗里德曼受钱纳里的发展阶段理论的影响，从产业发展和空间演变相结合的角度建立起区域空间结构和发展阶段理论。该理论认为，"在区域经济持续增长过程中，空间子系统会重组，其边界会发生变化。这一过程往往按一定规则进行，其最终格局是全国各区域经济全面一体化"。约翰·弗里德曼根据一个国家工业产值在国民生产总值中所占比重的不同，将空间一体化过程分为下面4个阶段[①]。

第一阶段：均质无序的区域中存在若干缺乏等级结构的独立地方中心。这是前工业化社会特有的典型空间结构，相对稳定。每个城市坐落于一个小面积地区的中央，腹地范围小，地区间相互缺乏联系并相互割裂，存在大量的自给自足经济。增长潜力很快就会枯竭，经济停滞不前。

第二阶段：开始出现单个强有力的中心。工业化初期所具有的典型结构，表现出不稳定态势，边缘区开始出现。由于拥有企业家素质的人才、知识分子和劳动力大量迁至中心，中心以外的其他地区的经济会遭到沉重打击；国民经济事实上只有一个单一大城市区域支撑，其增长潜力有限；边缘区的长期停滞可能导致社会与政治动荡。

第三阶段：多个次级中心开始出现。这种空间结构反映了工业化成熟阶段的基本特征。这一阶段，战略次中心得到开发，因而全国的边缘区范围缩小，大城市间的边缘区更易管理。边缘区域的重要资源被纳入国民经济的生产性循环，国家中心的膨胀问题得以避免；国家的增长潜力提高，但在大城市之间的边缘区域仍然存在贫困与文化落后的问题。

第四阶段：功能上相互依存的城市体系结构形成。城市等级体系形成，交通网络发达，边缘性基本消失，区域体系最终演变为组织良好的综

[①] 韩立磊. 西部开发政策经济效果实证分析［D］. 广州：中山大学，2009.

合体。这种网络化的空间组织类似于瓦尔特·克里斯塔勒提出的中心地市场网络结构。有组织的综合体是工业化后期或后工业化时期所追求的最终目标。城市间的边缘区将逐步纳入其临近的城市经济中,在最后的有组织的综合体阶段,国家一体化、布局高效率、增长潜力最大化与重要的区际差异最小化等空间组织目标已经实现。

四、区域发展战略理论的应用分析

自1949年新中国成立以来,我国在区域发展过程中相继实施了区域均衡发展战略、区域非均衡发展战略和区域协调发展战略三大战略。在这些区域发展战略的实施过程中,区域均衡发展理论、区域非均衡发展理论以及空间一体化理论得到了不同程度的应用。

(一)区域均衡发展理论在我国区域发展中的应用

区域均衡发展理论强调区域间和区域内部的均衡发展。该理论认为,随着生产要素的自由流动,各区域的经济发展水平将趋于收敛(平衡)。区域均衡发展理论隐含的政策建议是强调通过政府干预,通过在区域内部均衡布局生产力、均衡投资,实现区域间和区域内部的均衡发展。该理论为一些发展中国家和地区的经济建设提供了一种理论模式,起到了一定的作用。

但是,区域均衡发展理论由于仅重视中央计划,强调物质资本的重要性,轻视农业发展及人力资源开发等方面的发展,造成了一些不良的后果。总结起来,此理论存在以下几个缺陷。

第一,发展中国家和地区没有足够的财力和物力来推动国内所有产业和地区均衡发展。

第二,其预言在完全竞争市场中通过要素自由流动使区域发展趋于均衡与现实不符,且不说资本、劳动力等生产要素不具备完全的流动性,就是在实践中,要素的自由流动带来的也往往是区域经济增长差异加大而不是缩小。

第三,没有考虑规模效应和技术进步,而将技术进步视作外生因素,事实上，正如之后的新增长理论所预言的一样，内生技术进步的经济增长在空间上将表现为区域经济增长不平衡，规模经济内生化的结果将导致区域经济增长差异扩大。

由此可见，区域均衡发展理论是封闭条件下的理性静态分析，是建立在一系列与现实相去甚远的假设条件之上的，无法解释现实经济增长过程，也无法为发展中国家提供根本的解决办法。

从我国区域发展历程来看，1949年新中国成立到1978年改革开放这段时期实施的是区域均衡发展战略，在战略实施过程中，区域均衡发展理论得到了较为充分的应用（具体分析见本章第二节）。

（二）区域非均衡发展理论在我国区域发展中的应用

事实上，在经济发展初级阶段，区域非均衡发展理论对发展中国家的发展更具有指导意义。区域非均衡发展理论强调无论区域发展阶段如何，非均衡发展都是绝对的，而均衡发展是相对的。区域非均衡发展理论与现实生活更为接近。

在经济发展初期，一些区位条件较好的地区往往称为经济活动强度和力度较大的地区，形成增长极；而经济活动强度和力度较小的地区，便形成外围地区。在经济发展初期，极化效应往往大于回流效应，经济空间会呈现不均衡发展的态势。

而在经济发展后期，在区域经济是否也呈现不均衡发展的问题上，不均衡发展理论内部存在着分歧。增长极理论、二元结构理论、梯度推移理论、点-轴理论强调无论经济发展处于什么阶段，进一步的增长总要打破原有的均衡，即经济空间结构总是非均衡地向前发展。而倒"U"型理论则认为，在区域发展后期，经济将从非均衡增长逐渐转向均衡增长，最终经济空间呈现均衡发展的态势。

从我国区域发展历程来看，1978年改革开放到1995年这段时期实施的是区域非均衡发展战略，在战略实施过程中，区域非均衡发展理论得到了较为充分的应用（具体分析见本章第三节）。

（三）空间一体化理论在我国区域发展中的应用

区域空间一体化是指不同空间主体在共同利益的驱动下逐步产生的市场一体化的过程，包括产品市场、生产要素（劳动力、资本、技术、信息等）市场、经济政策等。区域一体化在空间形态上的基本特征是各种生产要素在空间内的低成本便捷流动，以及由此形成的经济集聚核心和经济扩散点。与增长极理论和点-轴理论不同，空间一体化理论更侧重于市场、要素、基础设施、公共政策等方面的一体化，以及由此对经济社会发展一体化的影响作用。

结合空间一体化理论的4个发展阶段，分析当前我国区域经济发展的现状，可以看出我国很大一部分区域的空间结构演变正处于由第三种样式向第四种样式过渡的阶段，简单的中心-边缘关系转变为多极结构，投资分布于许多具有战略地位的次中心，国家边缘区域为城市间边缘区所取代。这一阶段也是区域经济问题多发阶段，各区域战略地位的变迁将产生多种复合的区域利益关系，对于区域利益的争夺也会衍生出各种各样的区域问题，如地区封锁、重复建设、原料争夺、缺乏合作等，这些问题的出现会严重降低整个国家经济系统的运行效率，因此必须从全局的角度统筹考虑，实施区域协调发展战略来解决区域发展过程中出现的一系列问题。

从我国区域发展历程来看，1995年以来开始实施的区域协调发展战略，目前已进入全面实施阶段。在战略实施过程中，空间一体化理论正在得到较为充分的应用（具体分析见本章第四节）。

第二节 区域均衡发展战略的简要考察

区域均衡发展战略阶段，主要指从1949年新中国成立到1978年改革开放。在这段时期，我国的区域经济发展战略基本上是遵循一条"均衡发展"的道路前行[①]。

一、区域均衡发展战略的形成和实施过程

新中国成立之初，我们的经济基础十分薄弱、地区经济发展极不平衡。从现代工业的地区分布来看，1949年沿海地区和内地的工业比重为71.5∶28.5，1952年沿海地区和内地的工业比重为70.8∶29.2。

1949年新中国成立后，为了缩小沿海与内地之间的经济发展差距，同时考虑到当时的国际形势，从"一五"（1953—1957年）计划开始，均衡发展就成为产业布局的重要战略导向。在"一五"计划中，明确提出产业布局的方针是"为了改变原来地区分布不合理状况，必须建立新的工业基地，而首先利用、改造和扩建原来工业基地是创造新的工业基地的一种必要条件"。

为了平衡区域生产力分布，应重点加强内地建设，建立区域独立的工业体系，奠定我国社会主义工业化的初步基础。1949—1978年，我国的区域经济发展基本上是以均衡发展为指导思想。均衡发展战略的实施使我国在生产力的均衡布局方面取得了很大的成就。一大批国家重点项目在中西部地区的投资建设，一批沿海地区的老企业的内迁，在较短的时间内为中西部地区奠定了城市化和工业化基础。

新中国成立初期，我国先经历了三年的国民经济恢复阶段，初步具备了国民生活生产的基础。自1953年开始，第一个五年计划开始付诸实施，

[①] 范恒山，孙久文，陈宣庆，等. 中国区域协调发展研究[M]. 北京：商务印书馆，2012.

掀起一次国民经济建设的高潮。在"一五"时期,国家平衡内地和沿海的固定资产投资,充分发挥沿海原有工业基础和区位优势,增加对内地的项目投资,其中沿海占全国投资总额的41.8%,内地占47.8%。在"一五"时期重点建设的156个项目中,除了军工项目之外,在东部地区投资的项目为27项,占投资总额的33.9%,其中21个项目集中投资在辽宁一省,投资额为46.4亿元,占投资总额的31.3%,而工业发达的上海、广东、江苏、浙江均没有项目建设。同期,中部地区获得项目投资55项,占投资总额的51.5%。在"一五"时期,国家集中大量的物力、财力和人力在内地兴建一大批重点项目,如包钢、武钢、一汽等钢铁、化工、电力、能源重大型项目,此外还建设宝成、包兰、兰新、湘黔等国家重要铁路干线。

在"二五"时期(1958—1962年),国家大型项目的投资明显向内地转移,其中大庆油田、江汉油田、贵昆铁路等都是这一时期的标志性工程。

"三五"时期(1966—1970年)是我国历史上"三线"建设的高潮期,国家在内地的投资上升至66.8%,沿海部分工业发达地区,如上海、天津、辽宁等省市的工业迁往内地,致使中西部地区的投资迅猛增长,尤其是四川、陕西、云南、甘肃、湖北、湖南、广西等七省,投资占全国投资总额的41.8%。

"四五"时期(1971—1975年)继续进行"三线"建设,内地比重维持较高水平。但是,国家在这一时期已开始纠正过度非均衡发展于内地投资的政策导向,沿海投资项目数开始出现反弹,如扩建鞍钢以及鞍本铁矿,扩建辽河油田、大港油田,兴建宁波港等。1972年,我国从国外引进26个大型电力、化工、冶金、纺织项目,其中沿海有14个,占投资总额的54.9%,辽宁、北京和天津均有大型项目开工建设。

进入"五五"时期(1976—1980年),特别是1978年党的十一届三中全会以后,我国区域发展战略发生重大转变,全国各地开始以经济建设为中心,全国社会经济发展的重心全方位地向沿海非均衡发展,沿海投资比重趋于上升。

正是这一时期的工业及公路和铁路的建设,为后来的改革开放和迎接沿海地区经济的快速发展提供了有力的支撑。但实际上国家在内地大规模的投资并没有产生良好的效益,地区间的差距也没有缩小。其主要原因如下。

一是用国防原则代替经济原则,特别是在"三线"建设时期,许多企业按"靠山、分散、进洞"的要求选址,违背了聚集产生规模效益的经济规律,没有形成发展极或增长极,以致这些项目建成后不配套,生产能力过剩。

二是国家大中型企业"嵌入"式的封闭体制使发展极的扩散效应难以发挥,对地方经济进步没有产生很好的带动作用,所以东部与中西部地区的人均国民收入差距仍然很大。

二、区域均衡发展战略的主要特征

从全国实现均衡发展的基本导向出发,从"一五"计划到"五五"计划(包括中间的调整时期),区域均衡发展战略表现出三个主要特征。

(一)产业布局的重点从沿海向内地转移

新中国成立后的三年恢复时期,国家工业建设的重点是东北老工业基地,其次是华东和华北。"一五"时期,在苏联援建的156项工程当中,沿海占1/5,内地占4/5;而整个"一五"时期,基本建设投资内地占47.8%,沿海占41.8%(见表2-1)。"二五"时期以后,由于"大跃进"和"文化大革命"的影响,工业建设大规模向内地推进,造成了很多问题,特别是"三线"建设的失误,影响了国民经济的正常发展。

表2-1 1953—1975年全国基本建设投资的地区分布

时期	沿海	内地	其中"三线"地区
"一五"时期	41.8%	47.8%	30.6%
"二五"时期	42.3%	53.9%	36.9%

续表

时期	沿海	内地	其中"三线"地区
调整时期	39.4%	58.0%	38.2%
"三五"时期	30.9%	66.8%	52.7%
"四五"时期	39.4%	53.5%	41.1%
1953—1975年	40.0%	55.0%	40.0%

资料来源：刘再兴.中国生产力总体布局研究[M].北京：中国物价出版社，1995：13.

注：由于有一部分不分地区的投资，因此沿海和内地的投资之和不等于100%。

应该看到，"大跃进"之前，均衡发展战略实现了在中央政府的统一领导下集中力量进行大规模社会主义建设的目的，使全国各个地区都能够参与到国家的经济建设中来，改变了中国以前生产极端不合理的分布格局，为沿海地区的经济发展开辟了资源和市场，从而促进沿海和内地的共同发展。

（二）项目布点呈现大分散、小集中的特征

改革开放之前的产业布局，从宏观上基本采取分散布局的方式，以省（区、市）为单位，均衡分布。这一方面反映了在当时计划经济条件下各地争夺项目的现实情况，另一方面也反映了我国发展初期地方经济空白较多、发展要求迫切的客观现实。

在具体分布上，除了采掘工业必须以资源分布为依据外，加工制造业基本上是分布在主要城市。"文化大革命"开始后，正值"三线"建设紧张进行的时期。开展大规模的经济建设，许多重点项目纷纷上马，新的工业区和新的城市也在西部地区出现。但是，由于没有严格的规划，缺乏科学态度，区域发展出现了很大的盲目性。主要表现在以下三个方面。

一是项目上马存在较大的盲目性。项目没有经过科学的论证，没有可行性研究。长官意志，仓促上马，开工后或者建设时间拖长，或者中途停

工,造成很大浪费。

二是项目布局具有明显的随意性。在没有制定详细工业布局规划的情况下,随意选择厂址,造成投资的增加、效益的下降、投产的困难,给经济建设带来很大损失。

三是项目选址缺乏科学的论证。在没有研究产业发展客观要求的情况下,根据"国防原则",一味要求所有"三线"企业都要"靠山、分散、进洞",使有些企业车间与车间相隔数十公里,不能形成生产能力。

(三)工业布局尽可能与原料产地和能源产区相适应

中国土地辽阔,资源种类繁多、储量丰富,许多资源的储量都位居世界前列。丰富的资源为我国产业部门的发展与布局提供了良好的条件。

采掘工业部门,原料用量大或可运性小的部门,如原料开采、化纤、人造树脂、塑料、水力发电、钢铁、建材、森林工业、机械制造(部分),以及轻纺工业的制糖、罐头、肉类加工、水产加工和茶业、棉花、毛皮等的粗加工业部门,都倾向于布局在原料产地。

一些能耗大的部门,则倾向于布局在国家主要能源生产地区。这类部门包括火电站,铝、镁、铜等有色金属冶炼,电冶合金,稀有金属生产,合成橡胶以及石油化工等。

另外,重型机械制造、水泥、玻璃、造纸业等在有些情况下也属于这类产业。这种布局模式保证了各个地区都能够参与到国家的经济发展中来,并使本地区能够获得相应的发展机会。

(四)"三线"建设对区域格局产生了很大影响

1979年以前,对区域格局影响最大的事件,就是长达十年的"三线"建设。所谓"三线"建设,是指"三五"和"四五"时期国家对内地的重点投资建设。由于当时的"备战"思想,"三线"的范围限定在除新疆、西藏外的西北、西南地区及中部的几个省份。从投资来看,"三五"时期占全国的52.7%,"四五"时期占全国的41.1%,可以说,按比重来衡量,远远超过我们今天的西部大开发，也可以看作西部大开发的前奏。

关于"三线"建设的经验与教训，主要表现在以下几方面[①]。

第一，建设速度问题。生产布局重心西移的步子仓促、份额过大，超越了当时经济发展的阶级，延缓了我国经济发展的进程。投资的大规模西移，使沿海重工业基地的发展缺少资金，发展缓慢，影响了国民经济的整体效益。

第二，建设效果问题。基本建设周期长、效果差、投资浪费大。原因是西部本身的自然条件较差，基础设施条件不好，在高山峻岭中的建设工程造价高，投资效果不好。

第三，建设思路问题。强调区域自身体系，导致区域产业结构趋同化，丧失了分工效益。在建设当中产生的"大而全、小而全"的工业结构，使建设的企业规模小，生产的产品质次价高，对国民经济产生了持久的不利影响。

第四，厂址选择问题。厂址选择上的严重失误，给国民经济造成了极大的浪费。

当然，"三线"建设也为西南、西北的重工业发展打下了较为雄厚的工业基础和基础设施基础。对照"三线"建设看西部大开发，可以看出，在西部大开发的前五年以基础设施建设为主是很明智的，因为在基础设施条件还不完全具备的情况下贸然投资其他产业，必然会重蹈"三线"建设的覆辙。然而，基础设施建设对区域经济的拉动是有限的，时间延续上也不会很长。所以，在达到一定的基础设施建设目的之后，发展战略的转型是十分必要的。

三、区域协调发展战略的萌芽

1979年以前，虽然区域均衡发展是基本的战略导向，但区域协调发展

---

①刘再兴. 中国生产力总体布局研究［M］. 北京：中国物价出版社，1995.

战略的思想萌芽也是在这一时期出现的。

1952—1954年，中央撤销了六大军事行政区，相继建立了东北、华北、华东、华中、华南、西南、西北七大经济协作区，1961年将华中区与华南区合并为一个大区。经济协作区的成立，使协调区域性的工业发展有了一个基本的依据。

1975年，中共中央制定了《1976—1985年发展国民经济十年规划纲要》，1978年修订时提出，"在1980年建成中国独立的比较完整的工业体系和国民经济体系；到1985年进一步完善全国的经济体系，各个部门的主要环节基本掌握现代先进技术，在全国基本建成六个大区不同水平、各有特点、各自为战、大力协同、农轻重比较协调发展的经济体系"。这反映出一定的协调发展的思想。

需要指出的是，虽然在新中国成立后的前30年的区域经济发展，特别是在"三线"建设中存在着一些教训，但是对我国的区域发展格局产生了很大的影响。历史是一步一步走过来的，区域协调发展战略的思想也是逐步认识清楚和逐步确立的。没有前30年实践经验的总结，就没有我们今天正确的区域协调战略的发展观。

第三节　区域非均衡发展战略的简要考察

1979—1995年的16年，是我国改革开放的重要时期，也是中国区域格局大变革的时期，还是当前区域格局的形成时期。这一时期实施的是以向沿海倾斜为主要特征的区域非均衡发展战略[1]。

一、区域非均衡发展战略的实施

党的十一届三中全会以后，邓小平同志在对我国社会主义的新探索中，认真总结了我国区域经济发展的经验教训。他认为我国还处于并将长期处于社会主义初级阶段，而在初级阶段，地区经济文化发展并不平衡；同时，他认为大规模的世界战争在较长的时间里是不可能发生的，我国应该集中力量进行现代化建设。为此，需要大幅度调整区域经济布局，将发展条件更为有利的东部沿海地区作为优先发展的重点区域。因此，1979—1995年，我国在区域经济发展布局的总体格局上，对生产力布局和地区经济发展政策作了较大的调整。

1978年开始实施沿海优先发展战略，即充分利用沿海工业基础和区位优势，面向国际市场，积极参与国际市场竞争，实施外向型发展战略。为了加快改革开放步伐，中央于1979年率先赋予广东、福建两省实行"特殊政策、灵活实施"的权力，利用两省毗邻港澳台的区位优势，加快建设带动全国其他地区的改革开放窗口，并且陆续批准设立深圳、珠海、厦门、汕头为经济特区。

在"六五"期间（1981—1985年），我国的区域发展战略向东部沿海地区非均衡发展的趋势更加明显：一方面表现为国家在沿海的重点项目投资比重超过内地，达到47.7%，中西部地区占46.5%；另一方面是国家在东

---

[1] 范恒山，孙久文，陈宣庆，等. 中国区域协调发展研究［M］. 北京：商务印书馆，2012.

部沿海地区进行先行先试的经济体制改革，先后设立4个特区、14个沿海开放城市，在外资项目审批、财税、外汇留成、信贷等方面给予这些地区一系列的特殊优惠政策[①]。

1987年12月，中共中央提出沿海地区经济发展战略，强调了三方面的重点：一是沿海地区大力发展外向型经济，积极参加国际交换和竞争，扩大产品出口，加速发展外向型经济；二是积极扩大劳动密集型产品的出口，大力发展"三资"企业，实行原材料和销售市场"两头在外"；三是加强沿海与内地的横向经济联系，带动整个国民经济的发展。1988年3月，国务院在关于沿海地区对外开放工作会议上，正式决定实施以沿海地区乡镇企业为主力、"两头在外，大进大出"的沿海地区经济发展战略，大力发展出口加工型经济，进入"国际经济大循环"。同时，中共中央决定进一步扩大沿海对外开放的地域范围，批准海南升格为省建制并设立特区，紧接着批准上海市浦东新区为改革开放新的试验区，这意味着我国沿海地区非均衡发展达到一个相当高的阶段。

20世纪80年代中期，全国生产力布局已经展开，原先的沿海和内地划分过于笼统，已不能适应生产力地区布局的要求。"七五"（1986—1990年）计划根据经济技术水平和地理位置相结合的原则，将全国划分为东部、中部、西部三大经济地带，强调"七五"及其后几年全国生产力布局不再搞一次战略展开，而是在东中部两大块上做文章，加速东部沿海地带的发展，同时把建设的重点逐渐转移到中部，并积极做好进一步开发西部地带的准备。中国区域政策的目标区演变成东部、中部、西部三大经济地带的基本格局，区域政策的目标是必须正确处理三大经济地带之间的关系。

在"八五"期间（1991—1995年），我国在继续深化改革和扩大开放、优先考虑沿海地区发展的同时，开始将更多的项目安排在中西部地区，体现在国家财政预算投资中就是中西部地区的比重明显高于沿海地

[①] 张可云. 区域经济政策［M］. 北京：商务印书馆，2005.

区。国家对中西部地区的投资,重点是对20世纪80年代以前形成的部分工业基地与"三线"企业进行调整、改造、扩建和提高,同时新建和扩建了一些工业项目。在中部地区工业建设的主要方向是能源基地和有色金属基地,在西部地区条件较好的关中、黄河上中游沿岸、川南川西等地区进行了重点开发。但是在市场力量的作用下,"八五"时期东部地区基本建设投资远高于中西部地区。

我国向沿海地带非均衡发展的区域政策,充分发挥了沿海地区的比较优势,取得了先行发展,其经济增长率持续保持全国领先水平,使国民经济整体水平有了较大的提高。但是,在全国经济连续十多年保持快速增长的同时,区域差距扩大、区域间利益的矛盾和冲突、地区保护主义等问题相继而来,逐渐成为困扰我国区域经济发展的重大问题。

二、区域非均衡发展战略产生的主要问题

在邓小平同志"两个大局"的思想指引下,我国曾实行向沿海倾斜的发展战略,即区域非均衡发展战略。毫无疑问,这一战略取得了巨大的成功:在我国沿海地区形成了一个紧跟国际发展潮流的高速发展的工业化区域,使我国的国民经济在相当长的一个时期内保持高速发展的态势,国家经济发展的"增长极"逐步形成。但是,向沿海倾斜的区域非均衡发展战略,也造成了发展中的一些问题。

(一)区域之间的差距进一步扩大

统计资料表明,1979—1991年,沿海与内地相比,国民生产总值的绝对差距扩大了10倍以上,人均国民生产总值的绝对差距扩大了4.4倍。从人均国民生产总值来看,1984年东部为中部和西部的14.5倍和9.7倍,1994年上升为18.7倍和22.7倍,差距扩大了29%和134%。1995年城镇居民收入最高的5个省份均在东部地区,分别相当于全国平均水平的112%~174%,而最低的5个省份4个位于西部、1个位于中部,仅为全国平均水平的

67%~77%；农民家庭人均纯收入最高的5个省份也全部位于东部，分别相当于全国平均水平的156%~259%，而最低的5个省份全部集中于西部地区，仅相当于全国平均水平的55%~65%。

以省为基本地区单位，分为东部、中部和西部三组（即三大经济地带），分析表明，1985—1995年，三大经济地带之间的差距对省际居民收入总体差距的贡献从27.4%上升为46.6%，表明地区间公平问题日益突出，已对总需求和国民经济发展形成制约。

（二）区域之间的利益冲突呈现加剧趋势

长期以来，由于我国工业加工能力主要集中在东部，而自然资源则主要集中在中西部，因此，在东西部之间形成一种特殊的分工协作关系。在传统的价格体系下，中西部落后地区向东部地区输出廉价的农矿初级产品，而高价输入东部地区的加工产品，造成大量的利润流失和税收转移，东部地区则获得了"双重利润"。

20世纪70年代末以来，地方分权改革以后，各地方相应获得了一定的权益，区际关系也开始按照商品经济原则来运作，企业的经济效益与各省区政府的财政收入密切相关。为了加快本地区的发展，缩小与其他地区经济发展的差距，维护地方利益，中西部地区各省也开始向高利率的加工工业投资。这样，一方面导致地区间为争夺原料而发生各种经济摩擦和矛盾，另一方面也造成地区之间产业结构趋同化。

此外，一些地区为了发展和保护自身的经济利益，往往设卡封关，大搞市场封锁，地方保护主义限制了本地资源流出和外地产品流入，形成地区间贸易和要素流动的壁垒，直接妨碍了资源在全国范围的合理流动和全国统一大市场的形成。

（三）区域发展的不协调问题日益严重

由于经济发展相对落后，为了加快本地区的经济发展，当地政府和人民往往以资源耗竭、生态破坏和环境污染为代价来发展经济。由于自然条件变化和经济社会等原因，我国生态环境不断恶化，西部地区尤为突出。

根据全国第二次水土流失遥感调查结果，我国水土流失面积达356万平方公里，每年流失的土壤总量在50亿吨左右。另外，沙化土地也达到174万平方公里。虽然实施了林业六大工程，土地沙漠化趋势得到减缓，但北方干旱、半干旱地区荒漠化土地分布仍很广泛，水蚀、风蚀、土壤盐渍化与土壤污染并存，土地的生态服务功能降低[①]。

日益恶化的生态环境，极大地制约着西部地区的经济和社会发展，也直接影响到全国经济和社会的可持续发展。

三、区域协调发展战略思想的初步提出

由于上述问题的出现，我们开始对区域协调发展有了更加深刻的认识。因此，"六五"计划以后，就提出了区域协调发展战略。

"六五"计划对地区协作作出了明确的规定，指出要在总结经验的基础上，有计划、有步骤地开展地区经济协作；同时，编制部分地区国土开发整治规划，首先是编制以上海为中心的长江三角洲的经济区规划，其次是编制以山西为中心，包括内蒙古西部、陕北、宁夏、河南西部的煤炭、重化工基地的经济区规划。

在我国中长期计划中，首次体现区域协调发展战略思想是在"七五"计划（1986—1990年）当中。"七五"计划提出要正确处理东部沿海、中部、西部三大经济地带的关系，"要加速东部沿海地带的发展，同时把能源、原材料建设的重点放到中部，并积极做好进一步开发西部地带的准备"。把东部沿海的发展同中西部的开发很好地结合起来，做到互相支持、互相促进，可以说是区域协调发展战略的初步设想。具体包括：进一步推动上海经济区、东北经济区、以山西为中心的能源基地、京津唐地

---

① 王大鹏. 全国水土流失面积已达356万平方公里［EB/OL］.（2006-10-19）［2019-12-05］. http://news.sina.com.cn/c/2006-10-19/014010268328s.shtml.

区、西南"四省（区）五方"地区等全国一级经济区的形成与发展；形成以省会城市和一批口岸与交通要道城市为中心的二级经济区网络；发展以省辖市为中心的三级经济区网络。

"七五"计划提出这一指导方针，说明中国的区域政策开始把正确处理三大经济地带之间的关系和地带内的区域经济关系作为政策目标，对区域协调发展战略思想的进一步发展起到了先导作用。

"八五"期间，中共中央作出了"开发上海浦东，带动长江三角洲和整个长江流域地区经济的发展"的重大战略决策。国家出台了一系列推进和加快东部沿海地区对外开放的政策，使东部沿海地区出现了新一轮的对外开放高潮，进一步发展了已经形成的全方位对外开放的格局。与此同时，中央政府开始从整体上解决东部和中西部的发展问题，区域协调发展的思想更加明确。"八五"计划提出了区域经济发展新的基本指导原则，即统筹规划、合理分工、优势互补、协调发展、利益兼顾、共同富裕。

为此，国务院于1993年下发了《国务院关于加快发展中西部地区乡镇企业的决定》。再加上中共中央提出的由沿海向沿江、沿边、沿线和内陆纵深推进的全方位开放布局，密切了内地与沿海在对外开放上的联系。在沿海地区开放的基础上批准长江沿岸28个城市和8个地区以及东北、西南和西北地区的13个边境城市对外开放，内陆省会城市开放，从而形成了"经济特区→沿海开放城市→沿海经济开放区→沿江沿线沿边开放城市→内地经济特区"逐步推进的开放开发梯次格局。

这一时期，中共中央还扩大了中西部地区地方政府在外贸、财政、金融等方面的自主权，也开始酝酿并着手实施国家扶贫开发政策和进一步完善民族地区政策。1994年国务院下发了《90年代国家产业政策纲要》和《国家"八七"扶贫攻坚计划》，明确国家对沿海非均衡发展政策的调整，要对中西部地区进行援助，要按照今后十年地区经济发展和生产力布局的基本原则，正确处理发挥地区优势与全国统筹规划、沿海与内地、经济发达地区与较不发达地区之间的关系，促进地区经济朝着合理分工、协调发展的方向前进。这是在国家中长期计划中首次明确出现"协调发展"的概念。

"八五"计划要求，要正确处理发挥地区优势与全国统筹规划、沿海与内地、经济发达地区与较不发达地区之间的关系，促进地区经济朝着合理分工、各展其长、优势互补、协调发展的方向前进；防止追求大而全的地区经济体系，更不能搞地区市场封锁。在全国统一规划和政策的指导下，提倡各地区之间按照互惠互利、风险共担、发挥优势的原则，开展多领域、多层次、多形式的横向经济联合与协作，推动生产要素的优化组合，加快地区产业结构的合理化。在开展横向经济联合与协作中，要重合同、守信用，要互相开放市场，使货畅其流，促进全国统一市场的形成与发展。继续完善和发展区域合作，以省、区、市为基础，以跨省、区、市的横向联合为补充，发展各具特色、分工合理的经济协作区；提倡经济上较发达的沿海省、市与内地较不发达的省、区开展经济联合。巩固、完善和发展区域合作组织和各种经济网络。横向经济联合与协作的重点，要放在发展农业、能源、交通、通信、原材料、农用工业，以及改造加工工业和发展出口创汇产品上。提倡建立跨地区的农副产品、能源、重要原材料的生产基地。进一步发展各种形式的物资协作，大力发展科技协作。要继续贯彻执行国家关于开展横向经济联合与协作的政策，并进一步在计划管理、统计办法、投资指标、税利和产品分配以及收费方面，制定有利于促进地区协作和联合的规定与办法。同时，加强经济预测和信息发布，并运用经济政策和法律手段，对地区协作和联合进行宏观指导与调控。

第四节 区域协调发展战略的逐步实施

从1995年以后的"九五"开始,我国的区域经济发展进入一个新的时期,这个时期的最主要特点,就是开始逐步实施区域协调发展战略[①]。

一、"九五"时期的区域协调发展战略

概括而言,"九五"时期(1996—2000年)的区域协调发展战略的总体思路,就是从坚持区域经济协调发展到实施西部大开发战略。

面对"八五"中后期中西部与东部沿海之间经济差距进一步扩大的现实,从"九五"开始,国家有意识地积极支持内地的发展,实施有利于缩小地区差距的政策,坚持区域经济协调发展,逐步缩小地区发展差距。从这个时期开始,中长期计划中的协调发展成为区域发展的主导思想。

1995年9月,党的十四届五中全会通过了《中共中央关于制定国民经济和社会发展"九五"计划和2010年远景目标的建议》,明确提出把"坚持区域经济协调发展,逐步缩小地区发展差距"作为社会和经济发展必须贯彻的重要方针。

1996年3月,八届人大四次会议批准的《中华人民共和国国民经济和社会发展"九五"计划和2010年远景目标纲要》提出从"九五"开始,要更加重视支持内地的发展,实施有利于缓解差距扩大趋势的政策。在三大经济地带框架的基础上进一步提出了发展七个跨省、区、市经济区域的设想。

对于如何防止地区差距的扩大,"九五"计划具体提出了五条政策措施。

一是加强中西部地区资源勘查,优先安排资源开发和基础设施建设项

[①] 范恒山,孙久文,陈宣庆,等. 中国区域协调发展研究[M]. 北京:商务印书馆,2012.

目，逐步增加财政支持和建设投资。

二是调整加工业的布局，引导资源加工型和劳动密集型的产业向中西部地区转移。

三是理顺资源性产品的价格，增强中西部地区自我发展的能力。

四是改善中西部地区的投资环境，引导外资更多地投向中西部地区。

五是加强东部地区与中西部地区的经济联合与合作，鼓励向中西部地区投资，引导人才向中西部流动。

东北地区等老工业基地要加快改造和调整的步伐，充分发挥它的作用，国家也应给予必要的支持。地区差距是历史形成的，缩小差距需要有个过程。从根本上说，有条件的地区发展得快一些，有利于增强国家经济实力，支持欠发达地区发展经济。东部地区要发挥已有的优势，在转变经济增长方式、推动产业结构升级、发展外向型经济和促进经济健康发展方面，为全国提供新的经验。中西部地区的发展潜力很大，只要加快改革开放步伐，增强经济活力，就一定能够加快发展，有些地区甚至会后来居上。如加强对中西部的援助性投资，加强东部、中部、西部地区之间的经济联合与技术合作等。

由此可见，"九五"期间，国家对中西部的援助力度明显加大，对地区差距问题也越来越重视。在1999年底召开的中央经济工作会议上，国家正式把实施西部大开发战略列为2000年经济工作的一项重要内容，开始实施西部大开发战略，将对不发达地区的援助进一步集中到西部地区，将区域政策的目标调整到促进地区协调发展上来。

二、"十五"时期的区域协调发展战略

概括而言，"十五"时期（2001—2005年）的区域协调发展战略的总体思路，就是从实施东北地区等老工业基地振兴战略、中部崛起战略到统筹区域发展。

"十五"计划将"实施西部大开发，促进地区协调发展"专门列为

一章，强调国家要推进西部大开发，"国家实行重点支持西部大开发的政策措施，增加建设资金投入"。对于中部地区，强调要充分发挥其承东启西、纵贯南北的区位优势和综合资源优势，提高工业化和城镇化水平；对于东部地区，要求其在体制创新、科技创新、对外开放和经济发展中继续走在前列，提高发展水平，有条件的地方争取率先基本实现现代化；并要求打破行政分割，重塑市场经济条件下的新型经济关系，形成各具特色的区域经济。国家区域发展政策形成了较为完善的体系[①]。

（一）东北地区等老工业基地振兴战略

2002年党的十六大报告明确提出，"支持东北地区等老工业基地加快调整和改造，支持以资源开采为主的城市和地区发展接续产业"。这是中央首次提出振兴东北地区等老工业基地的方略。党的十六大作出支持东北地区等老工业基地加快调整和改造的战略部署，这是中央从协调区域发展和全面建设小康社会的全局着眼作出的一个战略决策。

为落实中央的决策，2003年3月，《政府工作报告》提出了支持东北地区等老工业基地加快调整和改造的思路。党和国家领导同志先后赴东北三省就老工业基地调整和改造进行调研。2003年5月底到6月初，时任中共中央政治局常委、国务院总理温家宝在辽宁考察时指出，加快东北地区等老工业基地调整和改造，是党的十六大提出的战略任务，振兴东北地区等老工业基地与西部大开发战略，是东西互动的两个"轮子"，这两个地区情况有所不同，但都是全国经济战略的重大部署。

2003年8月1日至3日，温家宝在黑龙江、吉林两省考察工作并在长春主持召开振兴东北老工业基地座谈会，指出要把振兴东北摆在突出位置，东北地区等老工业基地要适应改革新形势，走出加快振兴的新路子。9月10日，温家宝主持国务院常务会议，讨论并原则同意《中共中央、国务院关于实施东北地区等老工业基地振兴战略的若干意见》。9月29日，中共中

[①] 王荣科. 我国区域发展政策的回顾与展望[J]. 安徽大学学报（哲学社会科学版），2002（3）：64-69.

央政治局讨论通过《中共中央、国务院关于实施东北地区等老工业基地振兴战略的若干意见》。10月，《中共中央、国务院关于实施东北地区等老工业基地振兴战略的若干意见》下发。12月，国务院振兴东北地区等老工业基地领导小组成立。2004年3月，国务院振兴东北地区等老工业基地领导小组召开第一次全体会议。

（二）中部地区崛起战略

从20世纪80年代开始的沿海发展战略，到1999年的西部大开发战略，再到2002年提出的振兴东北地区等老工业基地战略，中国的区域发展战略在空间上覆盖了东部、西部和东北地区，唯独缺少中部地区。

2004年3月，温家宝在政府工作报告中，首次明确提出促进中部地区崛起，引起中部省份极大关注。

2004年12月，中央经济工作会议再次提到促进中部地区崛起；同年召开的十六届四中全会首次把"中部崛起"写进党的全会的文件，会议通过的决议强调要"促进中部地区崛起"。

2005年3月，温家宝在政府工作报告中再次提出：抓紧研究制定促进中部地区崛起的规划和措施。充分发挥中部地区的区位优势和综合经济优势，加强现代农业特别是粮食主产区建设；加强综合交通运输体系和能源、重要原材料基地建设；加快发展有竞争力的制造业和高新技术产业；开拓中部地区大市场，发展大流通。

2006年4月，《中共中央 国务院关于促进中部地区崛起的若干意见》下发，此后《国务院办公厅关于中部六省比照实施振兴东北地区等老工业基地和西部大开发有关政策范围的通知》发布。

2007年4月13日，国务院批准设立国家促进中部地区崛起工作办公室，具体工作由国家发展改革委地区经济司承担。国家中部地区崛起工作办公室负责研究提出中部地区发展战略、规划和政策措施，促进中部地区崛起有关工作的协调和落实。

促进中部地区崛起，是党中央、国务院继作出鼓励东部地区率先发展、实施西部大开发、振兴东北地区等老工业基地战略后，从我国现代化建设全局出发作出的又一重大决策，是落实促进区域协调发展总体战略的重大任务。

（三）统筹区域发展

2003年10月14日，党的十六届三中全会作出了《中共中央关于完善社会主义市场经济体制若干问题的决定》（简称《决定》）。《决定》指出，完善社会主义市场经济体制的目标是：按照统筹城乡发展、统筹区域发展、统筹经济社会发展、统筹人与自然和谐发展、统筹国内发展和对外开放的要求，更大程度地发挥市场在资源配置中的基础性作用，增强企业活力和竞争力，健全国家宏观调控，完善政府社会管理和公共服务职能，为全面建设小康社会提供强有力的体制保障。"五个统筹"与"统筹区域发展"的提出促进了区域协调发展机制的全面形成。

我国是一个幅员辽阔的发展中大国，各地的自然条件与社会经济基础存在着巨大差别，而这种差别必将对各地的经济发展方向、发展速度、发展程度产生决定性的影响。统筹区域发展就是要充分发挥各个地区的自身优势和发展积极性，发掘各个地区的发展潜力，实现各个地区的共同发展。统筹区域发展的核心目标是实现区域经济的协调发展，促进各地区之间形成优势互补、分工协作、相互促进、良性互动的协调关系。

统筹区域发展的最紧迫课题是为欠发达地区的经济发展和人民生活水平的提高创造有利条件。我国是一个地区差距巨大的国家，并且这种地区差距不仅仅表现为不同地区居民名义收入水平上的差距，最为严重的是，许多欠发达地区的经济发展条件非常落后，大量人口仍然处于绝对贫困状态。任由这种地区差距继续扩大，既不符合以人为本的科学发展观的要求，也不利于国家的长治久安。因此，必须采取有力措施为欠发达地区的经济发展和人民生活水平的提高创造有利条件。

统筹区域发展的一个重要方向是推进区域经济一体化，并最终形成若干各具特色的经济区和经济带。通过共同市场建设与基础设施的统一规划和共建来促进产业聚集,形成产业布局与分工合理、经济联系紧密、内部聚集效应与对外扩散效应明显的经济带和经济区。各具特色的经济带和经济区的形成,有利于减少交易成本和重复建设,有利于提高资源的配置效率,有利于提高产业的国际竞争力和国民经济整体素质。推进区域经济一体化、促进经济区和经济带的形成,需要我国对区域经济开发模式进行必要的调整。

长期以来,我国基本上采取的是以据点式开发为主、点线结合的开发模式。这种开发模式是符合我国当时的生产力发展水平的,但在目前东南沿海地区经济已经较为发达并且城镇非常密集的情况下,继续实行相互分割、各自为政、缺少必要联系与协调的据点式开发,已经不符合生产力继续发展的要求。在珠三角、长三角、京津唐地区适时采取网络式开发模式,推进区域经济一体化,是我国区域经济发展战略的重要组成部分,也是区域经济发展的一个基本方向。

三、"十一五"时期的区域协调发展战略

"十一五"时期(2006—2010年)的区域协调发展战略的具体内容,主要体现在"十一五"规划和党的十七大报告中。

(一)"十一五"规划中的区域协调发展战略

我国"十一五"规划提出,要促进区域协调发展,根据资源环境承载能力、发展基础和潜力,按照发挥比较优势、加强薄弱环节、享受均等化基本公共服务的要求,逐步形成主体功能定位清晰、东中西良性互动、公共服务和人民生活水平差距趋向缩小的区域协调发展格局。

实施区域发展总体战略:坚持实施推进西部大开发,振兴东北地区等老工业基地,促进中部地区崛起,鼓励东部地区率先发展的区域发展总体战略,健全区域协调互动机制,形成合理的区域发展格局。

西部地区要加快改革开放步伐,加强基础设施建设和生态环境保护,

加快科技教育发展和人才开发，充分发挥资源优势，大力发展特色产业，增强自我发展能力。东北地区要加快产业结构调整和国有企业改革改组改造，发展现代农业，着力振兴装备制造业，促进资源枯竭型城市经济转型，在改革开放中实现振兴。中部地区要抓好粮食主产区建设，发展有比较优势的能源和制造业，加强基础设施建设，加快建立现代市场体系，在发挥承东启西和产业发展优势中崛起。东部地区要努力提高自主创新能力，加快实现结构优化升级和增长方式转变，提高外向型经济水平，增强国际竞争力和可持续发展能力。

推进形成主体功能区，根据资源环境承载能力、现有开发密度和发展潜力，统筹考虑未来我国人口分布、经济布局、国土利用和城镇化格局，将国土空间划分为优化开发、重点开发、限制开发和禁止开发四类主体功能区，按照主体功能定位调整完善区域政策和绩效评价，规范空间开发秩序，形成合理的空间开发结构。

优化开发区域是指国土开发密度已经较高、资源环境承载能力开始减弱的区域。要改变依靠大量占用土地、大量消耗资源和大量排放污染来实现经济较快增长的模式，把提高经济增长的质量和效益放在首位，提升参与全球分工与竞争的层次，继续成为带动全国经济社会发展的龙头和我国参与经济全球化的主体区域。

重点开发区域是指资源环境承载能力较强、经济和人口集聚条件较好的区域。要充实基础设施，改善投资创业环境，促进产业集群发展，壮大经济规模，加快工业化和城镇化，承接优化开发区域的产业转移，承接限制开发区域和禁止开发区域的人口转移，逐步成为支撑全国经济发展和人口集聚的重要载体。

限制开发区域是指资源环境承载能力较弱、大规模集聚经济和人口条件不够好并关系到全国或较大区域范围生态安全的区域。要坚持保护优先、适度开发、点状发展，因地制宜发展资源环境可承载的特色产业，加强生态修复和环境保护，引导超载人口逐步有序转移，逐步成为全国或区域性的重要生态功能区。

禁止开发区域是指依法设立的各类自然保护区域。要依据法律法规规定和相关规划实行强制性保护，控制人为因素对自然生态的干扰，严禁不符合主体功能定位的开发活动。

（二）党的十七大报告中的区域协调发展战略

党的十七大报告在实现全面建设小康社会奋斗目标的新要求中提出：增强发展协调性，努力实现经济又好又快发展。城乡、区域协调互动发展机制和主体功能区布局基本形成。

关于区域协调发展战略，党的十七大报告提出：推动区域协调发展，优化国土开发格局；缩小区域发展差距，必须注重实现基本公共服务均等化，引导生产要素跨区域合理流动；继续实施区域发展总体战略，深入推进西部大开发，全面振兴东北地区等老工业基地，大力促进中部地区崛起，积极支持东部地区率先发展；加强国土规划，按照形成主体功能区的要求，完善区域政策，调整经济布局；遵循市场经济规律，突破行政区划界限，形成若干带动力强、联系紧密的经济圈和经济带；重大项目布局要充分考虑支持中西部发展，鼓励东部地区带动和帮助中西部地区发展；加大对革命老区、民族地区、边疆地区、贫困地区发展扶持力度；帮助资源枯竭地区实现经济转型；更好发挥经济特区、上海浦东新区、天津滨海新区在改革开放和自主创新中的重要作用；走中国特色城镇化道路，按照统筹城乡、布局合理、节约土地、功能完善、以大带小的原则，促进大中小城市和小城镇协调发展；以增强综合承载能力为重点，以特大城市为依托，形成辐射作用大的城市群，培育新的经济增长极。

四、"十二五"时期的区域协调发展战略

"十二五"时期（2011—2015年）的区域协调发展战略的具体内容，主要体现在"十二五"规划和党的十八大报告中。

(一)"十二五"规划中的区域协调发展战略

在"十二五"规划中,把区域协调发展进一步具体化,明确提出通过落实区域发展总体战略实现区域协调发展。这就是"充分发挥不同地区比较优势,促进生产要素合理流动,深化区域合作,推进区域良性互动发展,逐步缩小区域发展差距"。这些新的阐述包括以下几点。

第一,规划提出"坚持把深入实施西部大开发战略放在区域发展总体战略优先位置,给予特殊政策支持",这是"十二五"规划提出的一个政策着力点。在西部广大地区培育新的经济增长极,是"十二五"期间具体的手段。

第二,规划提出,对全面振兴东北地区等老工业基地,重点是从产业结构调整、现代服务业发展和经济区建设的角度去推进。

第三,规划对大力促进中部地区崛起,在政策上更加强调有序承接东部地区和国际产业转移。

第四,规划对于积极支持东部地区率先发展,则希望东部地区在改革开放中先行先试,在转变经济发展方式、调整经济结构和自主创新方面走在全国前列。

第五,规划对加大对革命老区、民族地区、边疆地区和贫困地区扶持力度给予了前所未有的重视,表明国家对落后地区的扶持比以往更加重视,也会给予更大的投入。

(二)党的十八大报告中的区域协调发展战略

党的十八大报告在推进经济结构战略性调整中提出:必须以改善需求结构、优化产业结构、促进区域协调发展、推进城镇化为重点,着力解决制约经济持续健康发展的重大结构性问题。

关于区域协调发展战略,党的十八大报告提出:继续实施区域发展总体战略,充分发挥各地区比较优势,优先推进西部大开发,全面振兴东北地区等老工业基地,大力促进中部地区崛起,积极支持东部地区率先发展；采取对口支援等多种形式，加大对革命老区、民族地区、边疆地区、贫困地区的扶持力度；科学规划城市群规模和布局，增强中小城市和小城镇产业发展、公共服务、吸纳就业、人口集聚功能；加快改革户籍制度，有序推进农业转移人口市民化，努力实现城镇基本公共服务常住人口全覆盖。

五、"十三五"时期的区域协调发展战略

"十三五"时期（2016—2020年）的区域协调发展战略的具体内容，主要体现在"十三五"规划和党的十九大报告中。

（一）"十三五"规划中的区域协调发展战略

在"十三五"规划中的第九篇——推动区域协调发展中，用较大的篇幅（从第三十七章到第四十一章）对区域协调发展战略进行了更为全面的阐述，更加具体化。明确提出：以区域发展总体战略为基础，以"一带一路"建设、京津冀协同发展、长江经济带发展为引领，形成沿海沿江沿线经济带为主的纵向横向经济轴带，塑造要素有序自由流动、主体功能约束有效、基本公共服务均等、资源环境可承载的区域协调发展新格局。具体如下。

1. 深入实施区域发展总体战略

深入实施西部开发、东北振兴、中部崛起和东部率先的区域发展总体战略，创新区域发展政策，完善区域发展机制，促进区域协调、协同、共同发展，努力缩小区域发展差距。

（1）深入推进西部大开发。把深入实施西部大开发战略放在优先位置，更好发挥"一带一路"建设对西部大开发的带动作用。加快内外联通通道和区域性枢纽建设，进一步提高基础设施水平，明显改善落后边远地区对外通行条件。大力发展绿色农产品加工、文化旅游等特色优势产业。设立一批国家级产业转移示范区，发展产业集群。依托资源环境承载力较

强地区，提高资源就地加工转化比重。加强水资源科学开发和高效利用。强化生态环境保护，提升生态安全屏障功能。健全长期稳定资金渠道，继续加大转移支付和政府投资力度。加快基本公共服务均等化。加大门户城市开放力度，提升开放型经济水平。

（2）大力推动东北地区等老工业基地振兴。加快市场取向的体制机制改革，积极推动结构调整，加大支持力度，提升东北地区等老工业基地的发展活力、内生动力和整体竞争力。加快服务型政府建设，改善营商环境，加快发展民营经济。大力开展和积极鼓励创业创新，支持建设技术和产业创新中心，吸引人才等各类创新要素集聚，使创新真正成为东北地区发展的强大动力。加快发展现代化大农业，促进传统优势产业提质增效，建设产业转型升级示范区，推进先进装备制造业基地和重大技术装备战略基地建设。支持资源型城市转型发展，组织实施好老旧城区改造、沉陷区治理等重大民生工程。加快建设快速铁路网和电力外送通道。深入推进国资国企改革，加快解决厂办大集体等问题。支持建设面向俄日韩等国家的合作平台。

（3）促进中部地区崛起。制定实施新时期促进中部地区崛起规划，完善支持政策体系，推动城镇化与产业支撑、人口集聚有机结合，形成重要战略支撑区。支持中部地区加快建设贯通南北、连接东西的现代立体交通体系和现代物流体系，培育壮大沿江沿线城市群和都市圈增长极。有序承接产业转移，加快发展现代农业和先进制造业，支持能源产业转型发展，建设一批战略性新兴产业和高技术产业基地，培育一批产业集群。加强水环境保护和治理，推进鄱阳湖、洞庭湖生态经济区和汉江、淮河生态经济带建设。加快郑州航空港经济综合实验区建设。支持发展内陆开放型经济。

（4）支持东部地区率先发展。支持东部地区更好发挥对全国发展的支撑引领作用，增强辐射带动能力。加快实现创新驱动发展转型，打造具有国际影响力的创新高地。加快推动产业升级，引领新兴产业和现代服务业发展，打造全球先进制造业基地。加快建立全方位开放型经济体系，更高层次参与国际合作与竞争。在公共服务均等化、社会文明程度提高、生态环境质量改善等方面走在前列。推进环渤海地区合作协调发展。支持珠三角地区建设开放创新转型升级新高地，加快深圳科技、产业创新中心建设。深化泛珠三角区域合作，促进珠江-西江经济带加快发展。

（5）健全区域协调发展机制。创新区域合作机制，加强区域间、全流域的协调协作。完善对口支援制度和措施，通过发展"飞地经济"、共建园区等合作平台，建立互利共赢、共同发展的互助机制。建立健全生态保护补偿、资源开发补偿等区际利益平衡机制。鼓励国家级新区、国家级综合配套改革试验区、重点开发开放试验区等平台体制机制和运营模式创新。

2. 推动京津冀协同发展

坚持优势互补、互利共赢、区域一体，调整优化经济结构和空间结构，探索人口经济密集地区优化开发新模式，建设以首都为核心的世界级城市群，辐射带动环渤海地区和北方腹地发展。

（1）有序疏解北京非首都功能。积极稳妥推进北京非首都功能疏解，降低主城区人口密度。重点疏解高耗能高耗水企业、区域性物流基地和专业市场、部分教育医疗和培训机构、部分行政事业性服务机构和企业总部等。高水平建设北京市行政副中心。规划建设集中承载地和"微中心"。

（2）优化空间格局和功能定位。构建"一核双城三轴四区多节点"的空间格局。优化产业布局，推进建设京津冀协同创新共同体。北京重点发展知识经济、服务经济、绿色经济，加快构建高精尖产业结构。天津优化发展先进制造业、战略性新兴产业和现代服务业，建设全国先进制造研发基地和金融创新运营示范区。河北积极承接北京非首都功能转移和京津科技成果转化，重点建设全国现代商贸物流重要基地、新型工业化基地和产业转型升级试验区。

（3）构建一体化现代交通网络。建设高效密集轨道交通网，强化干线铁路建设，加快建设城际铁路、市域（郊）铁路并逐步成网，充分利用现有能力开行城际、市域（郊）列车，客运专线覆盖所有地级及以上城市。完善高速公路网络，提升国省干线技术等级。构建分工协作的港口群，完善港口集疏运体系，建立海事统筹监管新模式。打造国际一流航空枢纽，构建航空运输协作机制。

（4）扩大环境容量和生态空间。构建区域生态环境监测网络、预警体系和协调联动机制，削减区域污染物排放总量。加强大气污染联防联控，实施大气污染防治重点地区气化工程，细颗粒物浓度下降25%以上。加强饮用水源地保护，联合开展河流、湖泊、海域污染治理。划定生态保护红线，实施分区管理，建设永定河等生态廊道。加大京津保地区营造林和白洋淀、衡水湖等湖泊湿地恢复力度，共建坝上高原生态防护区、燕山-太行山生态涵养区。

（5）推动公共服务共建共享。建设区域人力资源信息共享与服务平台，衔接区域间劳动用工和人才政策。优化教育资源布局，鼓励高等学校学科共建、资源共享，推动职业教育统筹发展。建立健全区域内双向转诊和检查结果互认制度，支持开展合作办医试点。实现养老保险关系在三省市间的顺利衔接，推动社会保险协同发展。

3. 推进长江经济带发展

坚持生态优先、绿色发展的战略定位，把修复长江生态环境放在首要位置，推动长江上中下游协同发展、东中西部互动合作，将长江经济带建设成为我国生态文明建设的先行示范带、创新驱动带、协调发展带。

（1）建设沿江绿色生态廊道。推进全流域水资源保护和水污染治理，长江干流水质达到或好于Ⅲ类水平。基本实现干支流沿线城镇污水垃圾全收集全处理。妥善处理好江河湖泊关系，提升调蓄能力，加强生态保护。统筹规划沿江工业与港口岸线、过江通道岸线、取排水口岸线。推进长江上中游水库群联合调度。加强流域磷矿及磷化工污染治理。实施长江防护林体系建设等重大生态修复工程，增强水源涵养、水土保持等生态功能。加强长江流域地质灾害预防和治理。加强流域重点生态功能区保护和修复。设立长江湿地保护基金。创新跨区域生态保护与环境治理联动机制，建立生态保护和补偿机制。建设三峡生态经济合作区。

（2）构建高质量综合立体交通走廊。依托长江黄金水道，统筹发展多种交通方式。建设南京以下12.5米深水航道，开展宜昌至安庆航道整治，推进三峡枢纽水运新通道建设，完善三峡综合交通运输体系。优化港口布局，加快建设武汉、重庆长江中上游航运中心和南京区域性航运物流中心，加强集疏运体系建设，大力发展江海联运、水铁联运，建设舟山江海联运服务中心。推进长江船型标准化，健全智能安全保障系统。加快高速铁路和高等级公路建设。强化航空枢纽功能，完善支线机场布局。建设沿江油气主干管道，推动管道互联互通。

（3）优化沿江城镇和产业布局。提升长三角、长江中游、成渝三大城市群功能，发挥上海"四个中心"引领作用，发挥重庆战略支点和联接点的重要作用，构建中心城市带动、中小城市支撑的网络化、组团式格局。根据资源环境承载力，引导产业合理布局和有序转移，打造特色优势产业集群，培育壮大战略性新兴产业，建设集聚度高、竞争力强、绿色低碳的现代产业走廊。加快建设国际黄金旅游带。培育特色农业区。

4. 扶持特殊类型地区发展

加大对革命老区、民族地区、边疆地区和困难地区的支持力度，实施边远贫困地区、边疆民族地区和革命老区人才支持计划，推动经济加快发展、人民生活明显改善。

（1）支持革命老区开发建设。完善革命老区振兴发展支持政策，大力推动赣闽粤原中央苏区、陕甘宁、大别山、左右江、川陕等重点贫困革命老区振兴发展，积极支持沂蒙、湘鄂赣、太行、海陆丰等欠发达革命老区加快发展。加快交通、水利、能源、通信等基础设施建设，大幅提升基本公共服务水平，加大生态建设和保护力度。着力培育特色农林业等对群众增收带动性强的优势产业，大力发展红色旅游，积极有序推进能源资源开发。加快推进革命老区劳动力转移就业。

（2）推动民族地区健康发展。把加快少数民族和民族地区发展摆到更加突出的战略位置，加大财政投入和金融支持，改善基础设施条件，提高基本公共服务能力。支持民族地区发展优势产业和特色经济。加强跨省区对口支援和对口帮扶工作。加大对西藏和四省藏区支持力度。支持新疆南疆四地州加快发展。促进少数民族事业发展，大力扶持人口较少民族发展，支持民族特需商品生产发展，保护和传承少数民族传统文化。深入开展民族团结进步示范区创建活动，促进各民族交往交流交融。

（3）推进边疆地区开发开放。推进边境城市和重点开发开放试验区等建设。加强基础设施互联互通，加快建设对外骨干通道。推进新疆建成向西开放的重要窗口、西藏建成面向南亚开放的重要通道、云南建成面向南亚东南亚的辐射中心、广西建成面向东盟的国际大通道。支持黑龙江、吉林、辽宁、内蒙古建成向北开放的重要窗口和东北亚区域合作的中心枢纽。加快建设面向东北亚的长吉图开发开放先导区。大力推进兴边富民行动，加大边民扶持力度。

（4）促进困难地区转型发展。加强政策支持，促进资源枯竭、产业衰退、生态严重退化等困难地区发展接续替代产业，促进资源型地区转型创新，形成多点支撑、多业并举、多元发展新格局。全面推进老工业区、独立工矿区、采煤沉陷区改造转型。支持产业衰退的老工业城市加快转型，健全过剩产能行业集中地区过剩产能退出机制。加大生态严重退化地区修复治理力度，有序推进生态移民。加快国有林场和林区改革，基本完成重点国有林区深山远山林业职工搬迁和国有林场撤并整合任务。

5. 拓展蓝色经济空间

坚持陆海统筹，发展海洋经济，科学开发海洋资源，保护海洋生态环境，维护海洋权益，建设海洋强国。

（1）壮大海洋经济。优化海洋产业结构，发展远洋渔业，推动海水淡化规模化应用，扶持海洋生物医药、海洋装备制造等产业发展，加快发展海洋服务业。发展海洋科学技术，重点在深水、绿色、安全的海洋高技术领域取得突破。推进智慧海洋工程建设。创新海域海岛资源市场化配置方式。深入推进山东、浙江、广东、福建、天津等全国海洋经济发展试点区建设，支持海南利用南海资源优势发展特色海洋经济，建设青岛蓝谷等海洋经济发展示范区。

（2）加强海洋资源环境保护。深入实施以海洋生态系统为基础的综合管理，推进海洋主体功能区建设，优化近岸海域空间布局，科学控制开发强度。严格控制围填海规模，加强海岸带保护与修复，自然岸线保有率不低于35%。严格控制捕捞强度，实施休渔制度。加强海洋资源勘探与开发，深入开展极地大洋科学考察。实施陆源污染物达标排海和排污总量控制制度，建立海洋资源环境承载力预警机制。建立海洋生态红线制度，实施"南红北柳"湿地修复工程和"生态岛礁"工程，加强海洋珍稀物种保护。加强海洋气候变化研究，提高海洋灾害监测、风险评估和防灾减灾能力，加强海上救灾战略预置，提升海上突发环境事故应急能力。实施海洋督察制度，开展常态化海洋督察。

（3）维护海洋权益。有效维护领土主权和海洋权益。加强海上执法机构能力建设，深化涉海问题历史和法理研究，统筹运用各种手段维护和拓展国家海洋权益，妥善应对海上侵权行为，维护好我国管辖海域的海上航行自由和海洋通道安全。积极参与国际和地区海洋秩序的建立和维护，完善与周边国家的涉海对话合作机制，推进海上务实合作。进一步完善涉海事务协调机制，加强海洋战略顶层设计，制定海洋基本法。

（二）党的十九大报告中的区域协调发展战略

在党的十九大报告中，对实施区域协调发展战略进行了全面、高度、系统的概括：

一是加大力度支持革命老区、民族地区、边疆地区、贫困地区加快发展，强化举措推进西部大开发形成新格局，深化改革加快东北等老工业基地振兴，发挥优势推动中部地区崛起，创新引领率先实现东部地区优化发展，建立更加有效的区域协调发展新机制。

二是以城市群为主体构建大中小城市和小城镇协调发展的城镇格局，加快农业转移人口市民化。

三是以疏解北京非首都功能为"牛鼻子"推动京津冀协同发展，高起点规划、高标准建设雄安新区。

四是以共抓大保护、不搞大开发为导向推动长江经济带发展。

五是支持资源型地区经济转型发展。加快边疆发展，确保边疆巩固、边境安全。

六是坚持陆海统筹，加快建设海洋强国。

第五节　与现代化经济体系相匹配的区域协调发展战略

我国经济的持续健康发展，已经发生了显著的特征性变化，即经济已由高速增长阶段转向高质量发展阶段。为此，必须以建设现代化经济体系来实现这一"转向"，为跨越"转变发展方式、优化经济结构、转换增长动力"的攻关期奠定坚实基础，为全面建设社会主义现代化强国提供重要战略目标。实施好区域协调发展战略，是优化现代化经济体系空间布局的重要路径。

一、现代化经济体系的科学内涵

现代化经济体系，是由社会经济活动的各个环节、各个层面、各个领域的相互关系和内在联系构成的一个有机整体。总体来看，现代化经济体系就是必须坚持质量第一、效益优先，以供给侧结构性改革为主线，推动经济发展的质量变革、效率变革、动力变革，提高全要素生产率，着力加快建设实体经济、科技创新、现代金融、人力资源协同发展的产业体系，着力构建市场机制有效、微观主体有活力、宏观调控有度的经济体制，不断增强我国经济创新力和竞争力。具体而言，现代化经济体系的科学内涵如下[①]。

一是要建设创新引领、协同发展的产业体系，实现实体经济、科技创新、现代金融、人力资源协同发展，使科技创新在实体经济发展中的贡献份额不断提高，现代金融服务实体经济的能力不断增强，人力资源支撑实体经济发展的作用不断优化。

---

① 习近平. 深刻认识建设现代化经济体系重要性，推动我国经济发展焕发新活力迈上新台阶[R/OL].（2018-01-31）[2019-12-04]. http://politics.people.com.cn/n1/2018/0131/c1024-29798638.html.

二是要建设统一开放、竞争有序的市场体系，实现市场准入畅通、市场开放有序、市场竞争充分、市场秩序规范，加快形成企业自主经营公平竞争、消费者自由选择自主消费、商品和要素自由流动平等交换的现代市场体系。

三是要建设体现效率、促进公平的收入分配体系，实现收入分配合理、社会公平正义、全体人民共同富裕，推进基本公共服务均等化，逐步缩小收入分配差距。

四是要建设彰显优势、协调联动的城乡区域发展体系，实现区域良性互动、城乡融合发展、陆海统筹整体优化，培育和发挥区域比较优势，加强区域优势互补，塑造区域协调发展新格局。

五是要建设资源节约、环境友好的绿色发展体系，实现绿色循环低碳发展、人与自然和谐共生，牢固树立和践行绿水青山就是金山银山理念，形成人与自然和谐发展的现代化建设新格局。

六是要建设多元平衡、安全高效的全面开放体系，发展更高层次的开放型经济，推动开放朝着优化结构、拓展深度、提高效益的方向转变。

七是要建设充分发挥市场作用、更好发挥政府作用的经济体制，实现市场机制有效、微观主体有活力、宏观调控有度。

以上几个体系是统一整体，要一体建设、一体推进。我们建设的现代化经济体系，要借鉴发达国家有益做法，更要符合中国国情、具有中国特色。

习近平总书记指出，建设现代化经济体系，需要扎实管用的政策举措和行动。要突出抓好以下几方面工作。

一是要大力发展实体经济，筑牢现代化经济体系的坚实基础。实体经济是一国经济的立身之本，是财富创造的根本源泉，是国家强盛的重要支柱。要深化供给侧结构性改革，加快发展先进制造业，推动互联网、大数据、人工智能同实体经济深度融合，推动资源要素向实体经济集聚、政策措施向实体经济倾斜、工作力量向实体经济加强，营造脚踏实地、勤劳创业、实业致富的发展环境和社会氛围。

二是要加快实施创新驱动发展战略，强化现代化经济体系的战略支撑，加强国家创新体系建设，强化战略科技力量，推动科技创新和经济社会发展深度融合，塑造更多依靠创新驱动、更多发挥先发优势的引领型发展。

三是要积极推动城乡区域协调发展，优化现代化经济体系的空间布局，实施好区域协调发展战略，推动京津冀协调发展和长江经济带发展，同时协调推进粤港澳大湾区发展。乡村振兴是一盘大棋，要把这盘大棋走好。

四是要着力发展开放型经济，提高现代化经济体系的国际竞争力，更好利用全球资源和市场，继续积极推进"一带一路"框架下的国际交流合作。

五是要深化经济体制改革，完善现代化经济体系的制度保障，加快完善社会主义市场经济体制，坚决破除各方面体制机制弊端，激发全社会创新创业活力。

二、建设现代化经济体系的必要性和紧迫性

党的十九大报告明确指出，建设现代化经济体系是跨越关口的迫切要求和我国发展的战略目标。这就映射出当前中国建设现代化经济体系的必要性和紧迫性。

（一）建设现代化经济体系是中国全面实现现代化的客观需要

党的十九大报告提出，决胜全面建成小康社会、开启全面建设社会主义现代化国家新征程的战略目标，即到2020年全面建成小康社会，到2035年基本实现现代化，到21世纪中叶把我国建成富强民主文明和谐美丽的社会主义现代化强国。这些宏伟目标的实现必须以雄厚的经济基础来支撑，必须通过建设现代化经济体系来不断提升我国的经济实力和综合国力。

（二）建设现代化经济体系是适应我国经济体系已由高速增长阶段转向高质量发展阶段的必然要求

建设现代化经济体系的诉求和目标就是打造"质量第一、效率优先"为本质特征的经济体系。只有实现高质量发展，才能破解发展中不平衡不

协调的矛盾，才能推动经济建设再上新的台阶。

从本质上看，现代化经济体系建设是引领经济质量提升、破解发展矛盾和瓶颈的有力抓手，是坚定不移地走质量强国之路，推动产业转型、改善供给结构、提升供给质量和效率、经济迈向中高端的战略举措。

（三）建设现代化经济体系是适应新一轮经济全球化和参与全球治理的战略需求

从当前世界经济竞争新格局看，建设现代化经济体系对接的是国际标准、国际规则、国际平台，是中国经济高质量"走出去"的迫切需要，更是提升中国在世界经济舞台上的话语权和参与全球经济治理的战略需要。

当前，国际形势和竞争力量正在发生深刻变化，部分发达国家逐步走出了世界金融危机的"阴霾"，经济复苏迹象明显；新兴市场国家和发展中国家正在快速发展，其国际影响力也与日俱增。据此，通过建设现代化经济体系提升对外开放发展质量、积极参与全球经济治理显得重要而迫切。

三、建设现代化经济体系对区域协调发展提出的新要求

习近平总书记指出，在建设现代化经济体系的过程中，"要建设彰显优势、协调联动的城乡区域发展体系，实现区域良性互动、城乡融合发展、陆海统筹整体优化，培育和发挥区域比较优势，加强区域优势互补，塑造区域协调发展新格局"，也就是说，建设现代化经济体系在区域经济发展层面上最终要塑造区域协调发展新格局。具体而言，建设现代化经济体系对区域协调发展至少提出了以下三方面的新要求。

（一）对要素空间集聚与流动的要求

要素协调是区域协调发展的基础条件，建设现代化经济体系对我国要素在空间上的集聚水平以及区域间的要素流动提出了更高的要求。建设现代化经济体系不仅要求提高传统的劳动力、资本、技术等要素的集聚水平，实现区域要素流动的一体化，提高要素在空间上的配置效率，更重要

的是，要通过新要素与传统要素的融合，创造更多新型要素。当前以信息技术为代表的全球科技创新正在推动新一轮科技革命。与之前的科技革命相比，新一轮科技革命是以信息技术为龙头，向各个领域深度渗透。多个学科相互交叉、跨界交融，不同领域的新技术互为支撑、相互刺激，在催生大量新兴产业的同时，更重要的是通过与传统产业的深度渗透与融合，深刻地改变着传统发展模式。这将引发制造形态、贸易形态、服务形态的深刻变革，全球产业链、价值链、供应链、服务链都将面临重组，新的分工模式与分工格局正在全球范围内形成。在此基础上，通过科技创新与原有商业模式的有机结合，将创造出新的商业模式：一方面，通过信息技术与制造业融合，推动制造业呈现智能化、信息化、网络化的新特征；另一方面，传统服务业的商业模式加速创新，越来越多的商业服务出现个性化、柔性化、共享化的新趋势。因此，在建设现代化经济体系的过程中，要积极利用新的技术手段实现要素空间重构与组合，为区域协调发展提供更多的发展路径。

（二）对经济空间结构的要求

1. 建设现代化经济体系要实现区域产业结构的优化

从整体的产业结构来看，关键是要提高实体经济的比重，促进高端制造业、高端服务业的发展；还要推动传统产业的改造升级，促进经济发展中新技术、新产业、新业态、新模式的不断出现，实现产业结构的合理化。同时，积极提高发展质量，促进全要素生产率。推动创新驱动发展战略的实施，落实"中国制造2025""互联网+"等战略部署的实施；进一步健全市场机制，通过市场的优胜劣汰逐步去除低效与过剩的供给，落实供给侧结构性改革。

2. 建设现代化经济体系要实现区域空间结构的优化

建设现代化经济体系要求协调好城市间、城乡间、陆海间经济发展的关系，关键是厘清不同区域间的竞争与合作关系。区域间的竞争与合作关系对区域协调发展具有关键作用。整个国家作为一个经济系统，其内部不同区域作为一个子系统，系统内部各子系统之间的关系对系统整体功能的发挥有重要影响。一方面，如果区域间竞争过度，合作机制缺失，最终每个区域的利益都会受损，区域间便失去了协调的基础。另一方面，如果区域间缺乏竞争，仅靠行政命令强制合作，那么区域间的协调也缺乏动力，很难实现区域长期的协调发展。因此，这需要区域间处于一种良性的竞合状态。在这个过程中才能形成不同区域间良性的分工格局，区域空间结构才能实现优化。

（三）对区域经济发展动力的要求

关键是要塑造内生、可持续的经济发展动力，特别是要强调创新驱动的重要作用。创新驱动对经济发展的作用机制在于通过科研资金、人力资本、时间和空间上的投入，开展新技术的创新和研发，并将其运用到企业的生产活动中，企业通过各种途径把已经首次商品化的技术创新成果向科技、经济和社会各领域渗透、转移和扩展，并实现技术创新成果的商业化、产业化和社会化过程。与一般的外向型经济不同，创新型经济强调依靠培育本土企业和研发机构的创新能力，发展具有自主知识产权的新技术与新产品，强调自身对技术的内生创新能力[①]。

同时，要不断利用新的要素禀赋来实现区域经济发展中的动力转换。区域经济发展包含两个循环过程，即初级循环和高级循环。初级循环是在以主导要素决定的区域经济结构不发生变化的情况下，各种要素集聚导致的空间结构演化和经济增长。高级循环则是在要素禀赋和主导要素发生变化的情况下，形成新的区域经济结构，并产生新一轮的集聚或再集聚，为区域经济增长提供新的动力，最终实现动力转换。在建设现代化经济体系的过程中，要重新审视自身的要素禀赋状况，不断提升初级要素的品质和利用价值，利用新的技术手段来拓宽原有要素禀赋的外延，增强区域经济发展的动力。

---

① 刘东皇. 中国经济发展动力结构转换研究 [J]. 社会科学，2016（1）：52-59.

四、基于现代化经济体系的区域协调发展战略

党的十九大报告从我国区域发展的新形势和决胜全面建成小康社会、开启全面建设社会主义现代化国家新征程的新要求出发,明确提出要实施区域协调发展战略。这是对原有区域发展战略的全面提升,是建设现代化经济体系的重要内容,是我国建成富强民主文明和谐美丽的社会主义现代化强国进程中坚持不懈的奋斗任务。因此,实施与现代化经济体系建设相匹配的区域协调发展战略,具有重要的现实意义[①]。具体实施思路如下。

(一)加大力度,支持革命老区、民族地区、边疆地区、贫困地区加快发展

党的十九大报告明确提出加大力度支持革命老区、民族地区、边疆地区、贫困地区加快发展,将加大对老少边穷等短板区域的扶持摆在重要位置,这表明扶持弱势地区的发展成为促进区域协调发展的关键一招。

党的十八大以来,以习近平同志为核心的党中央采取一系列举措,推动贫困地区脱贫攻坚,支持革命老区开发建设,促进民族地区健康发展,推进边疆地区开发开放,老少边穷地区面貌发生前所未有的变化。

2015年1月,习近平总书记在考察云南鲁甸地震灾区时指出,扶贫开发是我们第一个百年奋斗目标的重点工作,是最艰巨的任务,不能光喊口号,一定要真抓实干。[②]

2015年2月,习近平总书记在延安主持召开陕甘宁革命老区脱贫致富座谈会时指出:"幸福美好生活不是从天上掉下来的,而是要靠艰苦奋斗来创造。各级党委和政府要增强使命感和责任感,把老区发展和老区人民生活改善时刻放在心上、抓在手上,真抓实干,贯彻精准扶贫要求,做到目标明确、任务明确、责任明确、举措明确,把钱真正用到刀刃上,真正

---

① 国家行政学院经济学教研部. 新时代中国特色社会主义政治经济学 [M]. 北京:人民出版社,2018.
② 习近平. 坚决打好扶贫开发攻坚战 加快民族地区经济社会发展 [N]. 人民日报,2015-01-22.

发挥拔穷根的作用。"①

2015年7月，习近平总书记在延边考察调研时指出："基本公共服务要更多向农村倾斜，向老少边穷地区倾斜。我们正在为全面建成小康社会而努力，全面小康一个也不能少，哪个少数民族也不能少，大家要过上全面小康的生活。"②

党的十九大报告进一步将老少边穷地区放在区域协调发展战略的优先位置，体现了党中央加快老少边穷地区发展的决心。

"让贫困人口和贫困地区同全国一道进入全面小康社会是我们党的庄严承诺。要动员全党全国全社会力量，坚持精准扶贫、精准脱贫，坚持中央统筹省负总责市县抓落实的工作机制，强化党政一把手负总责的责任制，坚持大扶贫格局，注重扶贫同扶志、扶智相结合，深入实施东西部扶贫协作，重点攻克深度贫困地区脱贫任务，确保到二〇二〇年我国现行标准下农村贫困人口实现脱贫，贫困县全部摘帽，解决区域性整体贫困，做到脱真贫、真脱贫。"③

支持革命老区、民族地区、边疆地区、贫困地区加快发展，要加大力度支持老少边穷地区改善基础设施条件，提高基本公共服务能力，培育发展优势产业和特色经济；要坚定不移实施精准脱贫，确保全面建成小康社会之际解决区域性整体贫困问题，不断增强落后地区的自我发展能力；要拓展灵活多样的资金、项目、技术、智力等扶持方式，创新政府部门、企业、社会组织等多元化主体对口帮扶的模式；要建立规范稳定的转移支付、扶持协作机制；要吸引更多的人才投身开发建设；要加强生态环境建设，真正为老少边穷地区加快发展创造条件；要加快边疆发展，提升沿边开发开放水平，加强边境地区基层治理能力建设，巩固和发展民族团结进

---

①习近平. 把革命老区发展时刻放在心上：习近平总书记主持召开陕甘宁革命老区脱贫致富座谈会侧记［N］. 人民日报，2015-02-17.
②习近平. 习近平关于老少边穷地区发展的语录［J］. 人民论坛，2016（4）.
③习近平. 决胜全面建成小康社会夺取新时代中国特色社会主义伟大胜利：在中国共产党第十九次全国代表大会上的报告［M］. 北京：人民出版社，2017：47-48.

步事业，确保边疆巩固、边境安全。我国陆地边境线长约2.2万公里，与14个国家接壤。边疆地区在区域发展格局中的重要性日益凸显。

（二）强化举措，推进西部大开发形成新格局

实施西部大开发战略以来，西部地区开发建设取得重大进展。尤其是党的十八大以来，推进"一带一路"建设和长江经济带发展，增强了西部地区与沿海地区的经济联系，拓展了西部地区的对外开放空间。在新时代，为了推进现代化经济体系建设，推进西部大开发，需要采取一系列有效措施。

1. 加大西部开放力度，坚持开放引领发展

以"一带一路"建设为统领，充分发挥"一带一路"建设的引领带动作用，加快内陆沿边开放步伐，培育多层次开放合作机制，推进同有关国家务实合作，加强国际产能和装备制造合作，打造陆海内外联动、东西双向开放的全面开放新格局。

2. 加快建设内外通道和区域性枢纽

完善基础设施网络，继续加强交通、水利、能源、通信等基础设施建设，着力构建综合运输大通道，强化设施管护，加快建设结构优化、功能配套、安全高效的现代化基础设施体系，提升基础保障能力和服务水平。

3. 加快培育发展符合西部地区比较优势的特色产业和新兴产业

培育和构建资源优势突出、创新能力较强、产业链条齐备、生态承载合理的现代产业发展体系，塑造西部地区产业核心竞争力。促进创新驱动发展。加大研发投入，加快关键技术研发和成果转化，促进新技术、新产业、新业态、新模式形成和发展，为经济社会持续发展提供强大动力。

4. 大力发展特色优势农业

着力构建现代农业产业体系，加快形成资源利用高效、生态系统稳定、产地环境良好、产品质量安全、地域特色突出的农业发展新格局，促进农民持续增收。

5. 加快完善生态文明制度建设

加大生态环境保护力度，筑牢国家生态安全屏障，促进能源资源节约集约循环利用，完善防灾、减灾、救灾体系。

6. 增加公共服务供给

在提升国民教育质量、健全社会保障制度、提高群众健康水平、丰富群众文化体育生活、创新社会治理机制等领域集中力量办一批群众看得见、摸得着的实事。

7. 打赢脱贫攻坚战

坚持精准扶贫、精准脱贫，针对不同贫困类型分类施策，提高脱贫攻坚成效。

8. 推进新型城镇化

坚持走以人为核心的新型城镇化道路，因地制宜优化城镇体系布局与形态，加强对西部城镇的分类指导，提高城乡规划的科学性。

（三）深化改革，加快东北地区等老工业基地振兴

新中国成立之初，东北地区凭借着丰富的矿产资源、适宜的地理环境、坚实的工业基础以及国家的多种鼓励扶持政策等优势，在计划经济时代取得过突出的成就。20世纪90年代，随着全国资源导向型产业日趋衰减，东北地区等老工业基地的企业装备日渐老化，工业技术水平日益落后，加之计划经济色彩浓厚，转型发展面临重重困难，东北地区的体制性和结构性矛盾开始逐步显现，出现市场发展滞缓、企业发展缺乏活力和竞争力、就业环境恶化等诸多问题，东北地区等老工业基地经济发展速度相对较慢，经济发展水平逐步落后于其他地区。尤其是2014年后，国际方面，贸易保护主义兴起、对外贸易环境恶化；国内方面，我国正处于经济增长换挡期、结构调整阵痛期、前期政策刺激消化期等"三期叠加"阶段，加之东北地区等老工业基地自身体制机制不健全、产业结构单一、创新力不足等，经济发展再次陷入困境。为此，习近平总书记于2015年7月17日在长春召开部分省区党委主要负责同志座谈会，听取与会人员对振

兴东北地区等老工业基地和"十三五"时期经济社会发展的意见和建议，并指出，振兴东北地区等老工业基地已到了滚石上山、爬坡过坎的关键阶段，加快东北地区等老工业基地振兴，必须从深化改革上找出路。国家要加大支持力度，东北地区要增强内生发展活力和动力，精准发力，扎实工作，加快老工业基地振兴发展。振兴东北地区等老工业基地，要着力完善体制机制、着力推进结构调整、着力鼓励创新创业、着力保障和改善民生。

1. 坚决破除体制机制障碍，着力完善体制机制

形成一个同市场完全对接、充满内在活力的体制机制，是推动东北地区等老工业基地振兴的治本之策。重点就是坚持社会主义市场经济改革方向，充分协调好经济发展过程中市场的主体作用以及政府的监督和宏观调控作用，积极发展和培育市场，进一步简政放权，不断优化市场环境和营商环境，改善政商关系，从放活市场中找办法、找台阶、找出路，增强企业内在活力、市场竞争力、发展引领力，努力形成"大市场、精政府"的经济发展模式。

2. 加快促进产业结构优化升级，着力推进结构调整

东北地区工业结构比较单一，传统产品占大头，"原"字号、"初"字号产品居多。结构优化要多策并举，"加减乘除"一起做。充分借鉴其他省区市的优秀经济发展经验，加快促进其产业结构优化升级。要把装备制造业做大做强，加快培育战略性新兴产业，大力发展服务业，改造提升传统产业。深化国有企业改革，完善企业治理模式和经营机制，真正确立企业市场主体地位；在提高传统装备制造业的生产效率和生产技术，解决国企产能过剩问题的同时，用新技术、新产业、新模式、新业态打造经济新亮点，构建传统装备制造业和战略性创新型产业共同发展的多样化产业结构。要加快发展现代化大农业，积极构建现代农业产业体系、生产体系、经营体系，使现代农业成为重要的产业支撑。

3. 深入实施创新驱动发展战略，着力鼓励创新创业

把推动发展的着力点更多放在创新上，发挥创新对拉动发展的乘数效应。要激发调动全社会的创新激情，持续发力，加快形成以创新为主要引领和支撑的经济体系和发展模式。要积极营造有利于创新的政策环境和制度环境，加大创新教育力度，积极培养人民的创新意识，充分调动全国人民的创新热情，吸引和凝聚各行各业的优秀人才，努力形成主要依靠创新来支撑和引导的经济运行模式，充分营造大众创业、万众创新的良好社会氛围。

4. 让人民享受经济振兴的成果，着力保障和改善民生

重点是优先解决人民的就业和收入问题，其次要完善社会公共服务体系，加大对人民生活建设的资金投入，努力解决与人民群众息息相关的教育、医疗、保险、卫生、食品安全等相关问题，建立公正、平等、服务一体化的社会公共服务体系，让人民群众享受经济振兴的成果，激发人民群众发展经济的热情。同时，积极引导人民群众对居家服务、养老服务、健康服务、文体服务、休闲服务等方面的社会需求，支持相关服务行业加快发展，培育形成新的经济增长点，使民生改善和经济发展有效对接、相得益彰。

（四）发挥优势，推动中部地区崛起

中部地区在地理位置上具有承东启西、接南联北、吸引四面、辐射八方的区位条件和产业体系较为完整的优势。当前，东部地区面临成本不断上升的压力，西部地区除重庆、成都、陕西渭河平原等外，大多数地区的重点是发展特色经济和生态保护，东北地区产业结构调整和国企改革任务艰巨，而中部地区具有良好的区位和人力资源优势，具备承接东部产业转移的有利条件，是东部地区产业逐步向西部地区转移的跳板，也是发展新型工业化和新型城镇化大有作为之地。随着"一带一路"建设的推进，中部地区的优势更加突出，东部地区辐射力度加大，中西部地区联动发展，我国区域经济就能更好地实现协调健康发展。推动中部地区崛起，要进一步发挥优势，具体措施如下。

1. 完善区域性交通服务网络，消除地方市场隐性分割

加快省际基础设施建设步伐，形成区域快速交通和信息网络。加强综合立体交通枢纽和物流设施建设，发展多式联运，构建现代综合交通体系和物流体系，形成四通八达、九省通衢的交通格局。

2. 加快建设现代产业体系

依托功能平台承接产业转移，发展现代农业、先进制造业和战略性新兴产业，培育一批有国际竞争力的产业集群。

3. 加快发展内陆开放型经济

融入"一带一路"建设，积极开展国际产能和装备制造合作，完善区域合作发展的制度化机制。

4. 建立跨行政区域的经济社会发展协调机制

立足研究中部地区协调机制，推动在基础设施、环境保护、市场规范等公共产品领域的合作，解决中部地区发展过程中各省之间的矛盾和冲突，消除在投资、经商、就业和旅游等方面的地区差别和政策差别，鼓励企业跨区域合作与并购，把各省的经济活动置于区域合作框架中进行，形成区域间利益双赢的发展局面。

5. 深化中部区域的新型产业分工

经济全球化和区域经济一体化推动区域分工向深度、广度拓展。当今世界出现了区域产业链分工体系和经济模块化发展的趋势，这使很多产品生产过程包含的不同工序和区段被拆散分布到不同区域进行，这为中部六省一些产业的合作发展提供了新机遇和带来了新挑战。在分工中促进合作，有所为有所不为，是中部地区崛起的必由之路。

（五）创新引领，率先实现东部地区优先发展

改革开放以来，东部地区在全国经济社会中始终肩负着率先发展的庄严使命。东部地区是我国经济发展的先行区，一直处于前沿地带和领跑位置，对全国经济发挥着重要的增长引擎和辐射带动作用，为增强国家经济综合实力、缩短与发达国家的经济差距并跻身世界经济大国之列作出了重

要贡献。

历经40多年的快速发展之后,我国东部地区也出现了经济下行压力趋大,生产成本快速上升,传统竞争优势不断下降,市场对产品技术与质量的要求持续提升,劳动力、土地等要素资源和环境容量的瓶颈制约越来越突出等问题。这些问题如果不及时有效解决,将严重削弱东部地区在经济总量、劳动就业、财政税收、外贸出口等领域对全国的支撑力。支持东部地区率先加快转型发展,提高发展的质量和效益,进一步发挥东部地区对西部地区发展、中部地区崛起、东北地区振兴的引领和带动作用,已刻不容缓。

1. 激发转型升级活力

东部地区要按照国家的要求,结合实际,在某些领域开展试点,并积极谋划率先转型发展的新路径。

2. 加快在创新引领上实现突破

东部地区要率先实现优化发展,摆脱传统路径依赖,必须更加注重科技创新驱动,充分利用和拓展创新要素集聚的特殊优势,打造具有国际影响力的创新高地。深化科技体制改革,加强知识产权保护和科技成果转化,营造良好的创新生态环境,促进科技与金融、产业深度融合。加强国家自主创新、重大创新平台建设,加大产业领军人才和服务创新团队的引进和支持力度。

3. 率先构建全方位开放型经济体系

在我国实行更加积极主动的开放战略指引下,东部地区应在更高层次上参与国际经济合作和竞争,增创扩大开放新优势,提升对外开放水平,带动中西部地区实现社会经济健康持续发展。要加大政策支持,推动东部地区加快建立自由贸易港,支持口岸城市建设国际贸易中心城市,支持企业"走出去"吸收引进国外优质企业的品牌、研发机构等,加快发展进口贸易,支持东部地区建设大宗商品交易平台。

4. 率先实现产业升级

搭建平台，支持民间资金参与组建地方性金融机构和产业基金；放宽准入，鼓励民间资本进入市政、金融、能源、教育、医疗等领域。引领新兴产业和现代服务业发展，打造全球先进制造业基地。

5. 保护和开发并举发展海洋经济

加快推进海洋科技创新，推进沿海城市开展海洋综合科技创新改革试点；统筹推进海洋重大产业项目，支持沿海及海岛重大基础设施建设。

（六）推进京津冀协同发展、长江经济带发展和粤港澳大湾区建设

京津冀、长江经济带和粤港澳大湾区作为我国经济最具活力、开放程度最高、创新能力最强、吸纳人口最多的三大区域，理应实现"1+1>2"的效果，成为区域发展的示范和表率。要实施区域协调发展战略，创新区域协调发展体制机制，率先实现东部地区优先发展，形成区域协调发展新格局。

1. 推动京津冀协同发展迈出新步伐

为了破题区域发展，形成区域发展新格局，2014年2月26日，习近平总书记在听取京津冀协同发展工作汇报时指出，实现京津冀协同发展，是面向未来打造新的首都经济圈、推进区域发展体制机制创新的需要，是探索完善城市群布局和形态、为优化开发区域发展提供示范和样板的需要，是探索生态文明建设有效路径、促进人口经济资源环境相协调的需要，是实现京津冀优势互补、促进环渤海经济区发展、带动北方腹地发展的需要。同时，他强调京津冀协同发展是一个重大国家战略，要坚持优势互补、互利共赢、扎实推进，加快走出一条科学持续的协同发展路子来。这不仅为京津冀区域一体化发展指明了方向，提出了新要求和新思路，而且也推动我国区域经济发展进入一个新的历史阶段。

京津冀协同发展要以疏解北京非首都功能为重点，保持合理的职业结构。要按照《京津冀协同发展规划纲要》提出的战略要求，重点把握以

下四条原则。一是坚持协同发展。打破"一亩三分地"思维定式，加强顶层设计，推进布局调整，增强系统性、整体性、协调性。二是坚持重点突破。把水、土地、生态等资源环境承载力作为刚性约束，抓住符合目标导向、现实急需、具备条件的交通一体化、生态环保、产业发展等重点领域先行启动。三是坚持改革创新。推动体制机制改革，着力打破条块分割、消除隐形壁垒，破解制约协同发展的深层次矛盾和问题。大力实施创新驱动发展战略，为有序疏解北京非首都功能、推动京津冀协同发展提供动力支持。四是坚持有序推进。找准切入点和着力点，分阶段设定规划目标、主要内容和实施路径，不搞齐步走、平面推进，既注重解决当前紧迫问题，又注重统筹长远发展。

推动京津冀协同发展要高起点规划、高标准建设雄安新区。推动京津冀协同发展，关键是要重点打造北京非首都功能疏解集中承载地，在河北合适地段规划建设一座以新发展理念引领的现代新型城区。2017年4月1日，中央决定设立雄安新区。这是以习近平同志为核心的党中央作出的一项重大的历史性战略选择，是继深圳经济特区和上海浦东新区之后又一具有全国意义的新区，是千年大计、国家大事。

2. 促进长江经济带发展实现新突破

长江经济带横跨我国东中西三大区域，覆盖11省市，生态地位重要、综合实力较强、发展潜力巨大。长江经济带发展必须以生态优先、绿色发展为引领，努力把长江经济带建设成为生态文明建设的先行示范带、转型发展的创新驱动带、具有全球影响力的内河经济带、东中西互动合作的协调发展带。

一是打造生态文明建设的先行示范带。长江拥有独特的生态系统，是我国重要的生态宝库，努力把长江经济带打造成为生态文明建设的先行示范带是长江经济带发展的首要任务。重点是构建生态文明制度矩阵，深化重点领域污染防治，形成立体水源涵养链条，实施生态修复重点工程。

二是成为引领全国转型发展的创新驱动带。长江经济带具备良好的产业基础，要在重点领域和重点区域推进新技术、新业态、新模式、新平台建设，提升自主创新能力，努力把长江经济带建设成为引领全国转型发展的创新驱动带。重点是着力新技术打造工业新优势，着力新业态壮大现代服务业，着力新模式促进农业现代化发展，发展新平台汇聚创新驱动力。

三是建设具有全球影响力的内河经济带。坚持陆海统筹、双向开放、统筹规划、整体联动的原则，既深化东西方向开放，也统筹沿海内陆开放，将长江经济带发展与"一带一路"建设深度融合，努力把长江经济带建设成为具有全球影响力的内河经济带。重点是发挥上海及长江三角洲引领作用，加快内陆开放型经济高地建设，推进沿江综合立体交通走廊建设，培育全方位对外开放新优势。

四是形成东中西互动合作的协调发展带。推动长江沿线产业有序梯度转移，缓解发达地区资源环境约束，提升落后地区产业基础，形成东中西互动合作的协调发展带。重点是推动沿江产业协同发展，培育异质优势产业集群，建设区域一体化大市场。

3. 打造粤港澳大湾区建设新高地

粤港澳大湾区作为继美国纽约湾区、美国旧金山湾区、日本东京湾区之后的世界第四大湾区，具有得天独厚的区域优势：一是地理位置优越、交通发达、产业链条完整、科技创新要素丰富、人才汇聚，对外开放程度高、国际金融及专业服务水平高；二是湾区内拥有两个特别行政区、两大一线城市、三个自贸区，对内对外竞争优势明显；三是湾区的最大特点是包含三个各具特色的经济体系，其多元差异特征是世界上其他湾区都不具备的。李克强总理在2017年政府工作报告中提出，要推动内地与港澳深化合作，研究制定粤港澳大湾区城市群发展规划，发挥港澳独特优势，提升在国家经济发展和对外开放中的地位与功能。2017年12月，中央经济工作会议再次提出要"科学规划粤港澳大湾区建设"。

粤港澳大湾区建设重在创新体制机制，打造区域协调发展和对外开放的新高地。要推动建设粤港澳专业服务集聚区、港澳科技成果产业化平台和人才合作示范区，引领区域开放合作模式创新与发展动能转换。创新粤港澳在资讯科技、专业服务、金融及金融后台服务、科技研发及成果转化等领域的合作方式，推进服务业执业资格互认，吸引专业人才落户。完善"智慧通关"体系，构建国际国内资源双向流动的投资促进服务平台。探索建立法院主导、社会参与、多方并举、法制保障的国际化、专业化、社会化多元纠纷解决平台，优化法治环境。

第三章
区域协调发展战略的体系构建

习近平总书记在党的十九大报告中提出："实施区域协调发展战略"，"建立更加有效的区域协调发展新机制"。这是对我国区域发展的新部署新要求，是新时代解决人民日益增长的美好生活需要和不平衡不充分的发展之间的矛盾的重要途径，对加快建设现代化经济体系、促进高质量发展、实现"两个一百年"奋斗目标，具有重大战略意义。当前，我国已经初步形成了以区域发展总体战略为基础，以全国战略（规划）为指导，以"一带一路"建设、京津冀协同发展、长江经济带发展等为引领，以区域市场机制、协同机制、补偿机制、扶持机制、合作机制、共享机制、参与机制和治理机制等为推进手段的"总体战略+战略规划+实施战略+协调机制"四位一体的区域发展战略体系基本框架。

第一节　区域协调发展的总体战略：四大板块

我国"十三五"规划纲要提出："深入实施西部开发、东北振兴、中部崛起和东部率先的区域发展总体战略，创新区域发展政策，完善区域发展机制，促进区域协调、协同、共同发展，努力缩小区域发展差距。"由此可见，西部开发、东北振兴、中部崛起、东部率先等四大板块构成了新时代区域协调发展的总体战略。

一、西部开发

习近平总书记指出，要深入实施西部大开发战略，加快边疆开放开发步伐，拓展支撑国家发展的新空间，塑造要素有序自由流动、主体功能约束有效、基本公共服务均等、资源环境可承载的区域协调发展新格局。

概括而言，新时代西部大开发战略的实施要点和关键点如下。

一是西部地区既是全面建成小康社会的重点难点，也是我国经济发展重要的回旋余地。

二是西部开发在加大中央和东中部支持力度的同时，根本上要依靠改革、开放和创新增强内生动力。

三是西部开发要增强可持续发展支撑能力，必须紧紧抓住基础设施和生态环保两大关键。

四是西部开发要注重统筹推进新型城镇化与新型工业化、信息化、农业现代化协调发展。

五是西部开发要突出持续推进民生改善。

二、东北振兴

东北地区是新中国工业的摇篮和重要的农业基地，是全国经济的重要增长极。"十三五"时期是推进东北地区等老工业基地全面振兴的关键时期。推动东北经济脱困向好,实现新一轮振兴,事关全国经济发展和转型升级大局,事关区域协调发展全局,事关广大群众福祉。必须准确把握发展环境和条件的深刻变化,积极适应和引领经济发展新常态,全面贯彻落实创新、协调、绿色、开放、共享的发展理念,努力开拓振兴发展新局面,为全面振兴奠定坚实的基础。

概括而言,新时代东北振兴战略的实施要点和关键点如下。

一是把全面深化改革、扩大开放作为治本之策,加快形成充满内在活力的新体制、新机制。

二是积极推进结构调整,切实增强产业竞争力,是全面振兴老工业基地的关键之举。

三是提高科技创新能力,着力鼓励创新创业,加快形成以创新为主要引领和支撑的经济体系和发展模式,是全面振兴老工业基地的决胜之要。

四是着力保障和改善民生,坚持发展成果更多更公平惠及全体人民,使人民群众有更多获得感,是全面振兴老工业基地的稳定之基。

三、中部崛起

中部地区在全国区域发展格局中具有举足轻重的战略地位。促进中部地区崛起,是落实四大板块区域布局和三大战略的重要内容,是构建全国统一大市场、推动形成东中西区域良性互动协调发展的客观需要,是优化国民经济结构、保持经济持续健康发展的战略举措,是确保如期实现全面建设小康社会目标的必然要求。实施促进中部地区崛起战略,是党中央、国务院作出的重大决策部署。"十三五"时期是中部地区实现加速崛起、全面崛起的关键时期。

概括而言,新时代促进中部地区崛起战略的实施要点和关键点如下。

一是全面落实主体功能区战略,以资源环境承载力为基础,科学划定城镇、农业、生态三类空间,合理优化国土空间开发保护格局,推进区域良性互动、协调发展，优化空间，构建区域协调发展新格局。

二是坚持把改革创新摆在突出位置，优化市场发展环境，激发市场主体活力和社会创造力，加快实现新旧动能转换，为经济社会发展提供持续动力。

三是围绕建设新型工业化基地，深入实施《中国制造2025》，促进制造业向高端、智能、绿色、服务、集群方向发展，大力发展战略性新兴产业，加快形成中部地区特色产业体系。

四是创新农业生产方式、经营方式和资源利用方式，走产出高效、产品安全、资源节约、环境友好的农业现代化道路，推进多种形式的适度规模经营，形成可推广、可复制的经验，提高农业质量、效益和竞争力。

五是坚持以人的城镇化为核心，以城市群为主体形态，以城市综合承载能力为支撑，以体制机制创新为保障，加快新型城镇化步伐，提高社会主义新农村建设水平，形成城乡共同发展新格局。

六是加大生态建设和环境保护力度，逐步恢复生态系统和生态服务功能，提高资源利用效率，构建人和山水林田湖和谐共生的美好家园。

四、东部地区率先发展

东部地区率先发展，在全国战略发展布局中不但重要而且必要，更是当务之急。作为引领中国经济转型升级的龙头，东部地区需要在空间结构调整、自主创新能力建设、改革开放全面深化、生态文明先行先试等方面加大探索力度，进一步破除体制机制的障碍，努力实现区域经济的率先发展，进而带动整个经济社会发展。

概括而言，新时代东部地区率先发展战略的实施要点和关键点如下。

一是优化提升东部地区城市群整体功能，增强核心城市竞争力，加强城市群内部合作，加快推进城市群一体化发展。

二是提升东部地区自主创新能力，搭建创新平台，深化科技体制改革,加强人才队伍建设。

三是不断深化东部地区改革开放,提升对外开放水平,不断推进行政管理体制改革,以建设海洋强国为契机,鼓励和支持东部沿海地区统筹利用陆海两种资源,推进陆海统筹发展。

四是完善生态环境保护机制,建立区域碳汇林融资机制,合力实施跨界污染联防联控机制[①]。

---

① 肖金成,黄征学. 促进东部地区率先转型发展的基本思路 [J]. 全球化,2015(8): 72-84.

第二节　区域协调发展的全国战略规划

进入新时代，区域协调发展视角下的全国战略规划，主要包括国民经济和社会发展五年规划（见本书第二章第四节中对"十三五"规划的分析）、主体功能区规划、城镇化与城市群规划、全国国土规划等几方面。下面我们进行简要阐述。

一、主体功能区规划

进入新时代，结合党的十九大报告精神，从建设富强民主文明和谐美丽的社会主义现代化国家、确保中华民族永续发展出发，推进形成主体功能区要着力构建我国国土空间的"三大战略格局"。具体战略任务如下。

（一）构建"两横三纵"为主体的城市化战略格局

构建以陆桥通道、沿长江通道为两条横轴，以沿海、京哈京广、包昆通道为三条纵轴，以国家优化开发和重点开发的城市化地区为主要支撑，以轴线上其他城市化地区为重要组成的城市化战略格局。推进环渤海、长江三角洲、珠江三角洲地区的优化开发，形成3个特大城市群；推进哈长、江淮、海峡西岸、中原、长江中游、北部湾、成渝、关中—天水等地区的重点开发，形成若干新的大城市群和区域性的城市群。

（二）构建"七区二十三带"为主体的农业战略格局

构建以东北平原、黄淮海平原、长江流域、汾渭平原、河套灌区、华南和甘肃新疆等农产品主产区为主体，以基本农田为基础，以其他农业地区为重要组成的农业战略格局。东北平原农产品主产区，要建设优质水稻、专用玉米、大豆和畜产品产业带；黄淮海平原农产品主产区，要建设优质专用小麦、优质棉花、专用玉米、大豆和畜产品产业带；长江流域农产品主产区，要建设优质水稻、优质专用小麦、优质棉花、油菜、畜产品和水产品产业带；汾渭平原农产品主产区，要建设优质专用小麦和专用玉米产业带；河套灌区农产品主产区，要建设优质专用小麦产业带；华南农产品主产区，要建设优质水稻、甘蔗和水产品产业带；甘肃新疆农产品主产区，要建设优质专用小麦和优质棉花产业带。

（三）构建"两屏三带"为主体的生态安全战略格局

构建以青藏高原生态屏障、黄土高原—川滇生态屏障、东北森林带、北方防沙带和南方丘陵山地带以及大江大河重要水系为骨架，以其他国家重点生态功能区为重要支撑，以点状分布的国家禁止开发区域为重要组成的生态安全战略格局。青藏高原生态屏障，要重点保护好多样、独特的生态系统，发挥涵养大江大河水源和调节气候的作用；黄土高原—川滇生态屏障，要重点加强水土流失防治和天然植被保护，发挥保障长江、黄河中下游地区生态安全的作用；东北森林带，要重点保护好森林资源和生物多样性，发挥东北平原生态安全屏障的作用；北方防沙带，要重点加强防护林建设、草原保护和防风固沙，对暂不具备治理条件的沙化土地实行封禁保护，发挥"三北"地区生态安全屏障的作用；南方丘陵山地带，要重点加强植被修复和水土流失防治，发挥华南和西南地区生态安全屏障的作用。

二、城镇化与城市群规划

根据土地、水资源、大气环流特征和生态环境承载能力，优化城镇化空间布局和城镇规模结构，在《全国主体功能区规划》确定的城镇化地区，按照统筹规划、合理布局、分工协作、以大带小的原则，发展集聚效率高、辐射作用大、城镇体系优、功能互补强的城市群，使之成为支撑全国经济增长、促进区域协调发展、参与国际竞争合作的重要平台。构建以"两横三纵"为主体的城市化战略格局。具体而言，战略重点如下：

（一）优化提升东部地区城市群

东部地区城市群主要分布在优化开发区域，面临水土资源和生态环境压力加大、要素成本快速上升、国际市场竞争加剧等制约，必须加快经济转型升级、空间结构优化、资源永续利用和环境质量提升。

京津冀、长江三角洲和珠江三角洲城市群，是我国经济最具活力、开放程度最高、创新能力最强、吸纳外来人口最多的地区，要以建设世界级城市群为目标，继续在制度创新、科技进步、产业升级、绿色发展等方面走在全国前列，加快形成国际竞争新优势，在更高层次参与国际合作和竞争，发挥其对全国经济社会发展的重要支撑和引领作用。科学定位各城市功能，增强城市群内中小城市和小城镇的人口经济集聚能力，引导人口和产业由特大城市主城区向周边和其他城镇疏散转移。依托河流、湖泊、山峦等自然地理格局建设区域生态网络。

东部地区其他城市群，要根据区域主体功能定位，在优化结构、提高效益、降低消耗、保护环境的基础上，壮大先进装备制造业、战略性新兴产业和现代服务业，推进海洋经济发展。充分发挥区位优势，全面提高开放水平，集聚创新要素，增强创新能力，提升国际竞争力。统筹区域、城乡基础设施网络和信息网络建设，深化城市间分工协作和功能互补，加快一体化发展。

（二）培育发展中西部地区城市群

中西部城镇体系比较健全、城镇经济比较发达、中心城市辐射带动作用明显的重点开发区域，要在严格保护生态环境的基础上，引导有市场、有效益的劳动密集型产业优先向其转移，吸纳东部返乡和就近转移的农民工，加快产业集群发展和人口集聚，培育发展若干新的城市群，在优化全国城镇化战略格局中发挥更加重要的作用。

加快培育成渝、中原、长江中游、哈长等城市群，使之成为推动国土空间均衡开发、引领区域经济发展的重要增长极。加大对内对外开放力度，有序承接国际及沿海地区产业转移，依托优势资源发展特色产业，加快新型工业化进程，壮大现代产业体系，完善基础设施网络，健全功能完备、布局合理的城镇体系，强化城市分工合作，提升中心城市辐射带动能力，形成经济充满活力、生活品质优良、生态环境优美的新型城市群。依托陆桥通道上的城市群和节点城市，构建丝绸之路经济带，推动形成与中亚乃至整个欧亚大陆的区域大合作。

中部地区是我国重要的粮食主产区，西部地区是我国水源保护区和生态涵养区。培育发展中西部地区城市群，必须严格保护耕地特别是基本农田，严格保护水资源，严格控制城市边界无序扩张，严格控制污染物排放，切实加强生态保护和环境治理，彻底改变粗放低效的发展模式，确保流域生态安全和粮食生产安全。

（三）建立城市群发展协调机制

统筹制定实施城市群规划，明确城市群发展目标、空间结构和开发方向，明确各城市的功能定位和分工，统筹交通基础设施和信息网络布局，加快推进城市群一体化进程。加强城市群规划与城镇体系规划、土地利用规划、生态环境规划等的衔接，依法开展规划环境影响评价。中央政府负责跨省级行政区的城市群规划编制和组织实施，省级政府负责本行政区内的城市群规划编制和组织实施。

建立和完善跨区域城市发展协调机制。以城市群为主要平台，推动跨区域城市间产业分工、基础设施、环境治理等协调联动。重点探索建立城市群管理协调模式，创新城市群要素市场管理机制，破除行政壁垒和垄断，促进生产要素自由流动和优化配置。建立城市群成本共担和利益共享机制，加快城市公共交通"一卡通"服务平台建设，推进跨区域互联互通，促进基础设施和公共服务设施共建共享，促进创新资源高效配置和开放共享，推动区域环境联防联控联治，实现城市群一体化发展。

（四）促进各类城市协调发展

优化城镇规模结构，增强中心城市辐射带动功能，加快发展中小城市，有重点地发展小城镇，促进大中小城市和小城镇协调发展。

1. 增强中心城市辐射带动功能

直辖市、省会城市、计划单列市和重要节点城市等中心城市,是我国城镇化发展的重要支撑。沿海中心城市要加快产业转型升级,提高参与全球产业分工的层次,延伸面向腹地的产业和服务链,加快提升国际化程度和国际竞争力。内陆中心城市要加大开发开放力度,健全以先进制造业、战略性新兴产业、现代服务业为主的产业体系,提升要素集聚、科技创新、高端服务能力,发挥规模效应和带动效应。区域重要节点城市要完善城市功能,壮大经济实力,加强协作对接,实现集约发展、联动发展、互补发展。特大城市要适当疏散经济功能和其他功能,推进劳动密集型加工业向外转移,加强与周边城镇基础设施连接和公共服务共享,推进中心城区功能向"1小时交通圈"地区扩散,培育形成通勤高效、一体发展的都市圈。

2. 加快发展中小城市

把加快发展中小城市作为优化城镇规模结构的主攻方向,加强产业和公共服务资源布局引导,提升质量,增加数量。鼓励引导产业项目在资源环境承载力强、发展潜力大的中小城市和县城布局,依托优势资源发展特色产业,夯实产业基础。加强市政基础设施和公共服务设施建设,教育医疗等公共资源配置要向中小城市和县城倾斜,引导高等学校和职业院校在中小城市布局、优质教育和医疗机构在中小城市设立分支机构,增强集聚要素的吸引力。完善设市标准,严格审批程序,对具备行政区划调整条件的县可有序改市,把有条件的县城和重点镇发展成为中小城市。培育壮大陆路边境口岸城镇,完善边境贸易、金融服务、交通枢纽等功能,建设国际贸易物流节点和加工基地。

3. 有重点地发展小城镇

按照控制数量、提高质量,节约用地、体现特色的要求,推动小城镇发展与疏解大城市中心城区功能相结合、与特色产业发展相结合、与服务"三农"相结合。对大城市周边的重点镇,要加强与城市发展的统筹规划与功能配套,使其逐步发展成为卫星城。对具有特色资源、区位优势的小城镇，要通过规划引导、市场运作，将其培育成为文化旅游、商贸物流、资源加工、交通枢纽等专业特色镇。对远离中心城市的小城镇和林场、农场等，要完善基础设施和公共服务，使其发展成为服务农村、带动周边的综合性小城镇。对吸纳人口多、经济实力强的镇，可赋予同人口和经济规模相适应的管理权。

三、《全国国土规划纲要（2016—2030年）》

按照党中央、国务院部署和编制实施的《全国国土规划纲要（2016—2030年）》（简称《纲要》），是统筹推进"五位一体"总体布局和协调推进"四个全面"战略布局，贯彻落实创新、协调、绿色、开放、共享的发展理念，促进人口资源环境相均衡、经济社会生态效益相统一的重大举措。深入实施区域发展总体战略、主体功能区战略和三大战略，以资源环境承载能力为基础，推动国土集聚开发和分类保护相适应，立足比较优势，促进区域协调发展，切实优化国土空间开发格局。

（一）高效规范的国土开发开放格局

1. 以培育重要开发轴带和开发集聚区为重点建设竞争力高地

坚持集约发展，高效利用国土空间。在资源环境承载能力较强、集聚开发水平较高或潜力较大的城市化地区，着力推进国土集聚开发，引导人口、产业相对集中布局。以四大板块为基础、三大战略为引领，以国家优化开发和重点开发区域为重点，依托大江大河和重要交通干线，打造若干国土开发重要轴带，促进生产要素有序流动和高效集聚，着力打造国土集聚开发主体框架，积极构建多中心网络型开发格局，提升国土开发效率和整体竞争力。

2. 以现实基础和比较优势为支撑建设现代产业基地

按照国家产业发展总体战略部署，立足各地区产业发展基础和比较优势，分类分区引导重点产业结构调整和布局优化，促进形成区域间分工合理、优势互补、联动发展的产业格局。提高产业核心竞争力，改造提升传统产业，培育壮大战略性新兴产业，加快发展现代服务业，培育一批具有国际竞争力的先进制造业基地，发展现代产业集群。加快推进农业现代化，重点在资源条件良好、配套设施完善、开发潜力较大的地区，建设重要农产品优势区，加强耕地保护，推进高标准农田建设，巩固提高重要农产品供给能力，形成现代农业空间开发格局。

3. 以发展海洋经济和推进沿海沿边开发开放为依托促进国土全方位开放

推进沿海沿边开发开放，形成优势互补、分工协作、均衡协调的区域开放格局。鼓励东部沿海地区全面参与国际分工，主动融入经济全球化。深入推进沿边地区开发开放，加快边境中心城市、口岸城市建设，加强基础设施与周边国家互联互通，发展面向周边的特色产业群和产业基地，形成具有独特地缘优势的开发开放格局。统筹推进海岸带和海岛开发建设、近海与远海开发利用，增强海洋开发能力，优化海洋产业结构，提高海洋经济增长对国民经济的支撑水平。

（二）安全和谐的生态环境保护格局

1. 分类分级推进国土全域保护

以资源环境承载状况为基础，综合考虑不同地区的生态功能、开发程度和资源环境问题，突出重点资源环境保护主题，有针对性地实施国土保护、维护和修复，切实加强环境分区管治，改善城乡人居环境，严格水土资源保护，提高自然生态系统功能，加强海洋环境保护，促进形成国土全域分类分级保护格局。

2. 构建陆海国土生态安全格局

构建以青藏高原生态屏障、黄土高原—川滇生态屏障、东北森林带、北方防沙带和南方丘陵山地带（即"两屏三带"）以及大江大河重要水系为骨架，以其他国家重点生态功能区为支撑，以点状分布的国家禁止开发区域为重要组成部分的陆域生态安全格局。统筹海洋生态保护与开发利用，构建以海岸带、海岛链和各类保护区为支撑的"一带一链多点"海洋生态安全格局。

（三）协调联动的区域发展格局

1. 推进"一带一路"建设、京津冀协同发展和长江经济带发展

深入推进"一带一路"建设，促进国际与国内区域经济发展互联互通，形成沿海、沿江、沿边区域合作与开放新局面。推动京津冀协同发展，有序疏解北京非首都功能，调整经济结构和空间结构，探索人口密集地区优化开发模式，增强对环渤海地区和北方腹地的辐射带动能力。推动长江经济带发展，以长江黄金水道为依托，发挥长江主轴线的辐射带动作用，向腹地延伸拓展。积极谋划区域发展新格局，沿大江大河和重要交通干线，由东向西、由沿海向内地，形成以点带线、由线到面的新经济增长极和增长带，拓展区域发展新空间，塑造要素有序自由流动、主体功能约束有效、基本公共服务均等、资源环境可承载的区域发展新格局。

2. 促进区域协调发展

继续深入实施区域发展总体战略，立足区域资源环境禀赋，发挥比较优势，确定不同区域发展定位、开发重点、保护内容和整治任务，完善创新区域政策，提高区域政策精准性。推动重点地区加快发展，扶持老少边贫地区跨越发展，支持资源型地区转型发展，鼓励改革试验区创新发展，促进区域错位协同发展。

3. 推进区域一体化发展

发挥国土开发轴带的纵深连通作用，加快建设综合运输通道，加强国土开发轴带沿线地区经济联系和分工协作，实现要素区域间自由流动和优化组合。发挥国土开发集聚区的辐射带动作用，推进开发集聚区及其周边地区的城镇发展、产业布局、资源开发利用、生态环境保护和基础设施建设，推进区域一体化发展进程。

第三节　区域协调发展的具体实施策略

在深入实施区域发展总体战略的同时，中央高瞻远瞩地提出并推动实施京津冀协同发展、长江经济带发展、"一带一路"建设、扶持特殊类型地区、拓展蓝色经济空间等具体实施战略，取得了积极的成效。

一、京津冀协同发展

党的十九大报告明确提出，"以疏解北京非首都功能为'牛鼻子'推动京津冀协同发展"。京津冀协同发展是我国区域协调发展的重要战略，是习近平新时代中国特色社会主义思想的重要组成部分。推动京津冀协同发展，打造以首都为核心的世界级城市群，是新时期我国解决区域不平衡不协调问题的重要实践，是统筹推进"五位一体"总体布局、协调推进"四个全面"战略布局的具体体现，对于实现"两个一百年"奋斗目标和中华民族伟大复兴的中国梦具有重大战略意义。

具体而言，新时代京津冀协同发展战略的实施重点如下。

一是创新区域发展理念，突出顶层设计，以大区域思维治理北京"大城市病"，优化京津冀城市群的功能布局，形成目标同向、措施一体、优势互补、互利共赢的协同发展新格局。

二是抓住"有序疏解北京非首都功能"这个关键环节，有序控制人口规模，引导部分功能、产业和人口等向外疏解，进一步优化城市功能和空间结构布局。

三是规划建设北京城市副中心和河北雄安新区，集中疏解北京非首都功能，优化京津冀空间格局，共同形成北京新的"两翼"，拓展区域发展新空间，构建"一核两翼"空间格局。

四是以疏解北京非首都功能为核心，以协同发展为主线，以交通一体化、生态环境保护、产业升级转移等三大重点领域为突破口,逐步带动京津冀区域经济、社会实现全方位、多层次一体化协同发展。

五是注重区域治理与体制机制创新,突出跨区域协同治理、利益共享的思想,坚持以改革为动力、以试点示范为引领,深化体制机制创新,充分发挥政府引导与市场主导作用,引入多元主体共同参与区域治理的新模式[①]。

二、长江经济带发展

推动长江经济带发展,是党中央、国务院主动适应把握引领经济发展新常态,科学谋划中国经济新棋局作出的既利当前又惠长远的重大决策部署,对于实现"两个一百年"奋斗目标和中华民族伟大复兴的中国梦具有重大现实意义和深远历史意义。

具体而言,新时代长江经济带发展战略的实施重点如下。

一是坚持生态优先、绿色发展,把保护和修复长江生态环境摆在首要位置,共抓大保护,不搞大开发,全面落实主体功能区规划,明确生态功能分区,划定生态保护红线、水资源开发利用红线和水功能区限制纳污红线,强化跨界断面水质考核,推动协同治理,严格保护一江清水,努力建成上中下游相协调、人与自然相和谐的绿色生态廊道。

二是推进一体化市场体系建设,实行统一的市场准入制度和标准,推动劳动力、资本、技术等要素跨区域流动和优化配置,统筹基础设施规划建设,加强省际沟通协调,构建统一开放有序的运输市场。

三是牢牢把握全球新一轮科技革命和产业变革机遇,大力实施创新驱动发展战略,着力加强供给侧结构性改革,在改革创新和发展新动能上做"加法",在淘汰落后过剩产能上做"减法",加快推进产业转型升级,形成集聚度高、国际竞争力强的现代产业走廊。

---

① 赵弘. 习近平京津冀协同发展思想的内涵和意义[J]. 前线,2018(3):13-17.

四是大中小结合、东中西联动推进新型城镇化，推进农业转移人口市民化，加强新型城市建设，统筹城乡发展，优化城镇化的空间格局。

五是发挥上海及长江三角洲地区的引领作用，将云南建设成为面向南亚、东南亚的辐射中心，加快内陆开放型经济高地建设，构建东西双向、陆海统筹的对外开放新格局。

三、"一带一路"建设

"一带一路"是"丝绸之路经济带"和"21世纪海上丝绸之路"的简称。2013年9月和10月，国家主席习近平分别提出建设"丝绸之路经济带"和"21世纪海上丝绸之路"的合作倡议。它将充分依靠中国与有关国家既有的双多边机制，借助既有的、行之有效的区域合作平台，旨在借用古代丝绸之路的历史符号，高举和平发展的旗帜，积极发展与沿线国家的经济合作伙伴关系，共同打造政治互信、经济融合、文化包容的利益共同体、命运共同体和责任共同体。"一带一路"沿线各国资源禀赋各异，经济互补性较强，彼此合作的潜力和空间很大。

具体而言，新时代"一带一路"建设的实施重点如下。

一是加强政府间合作，积极构建多层次政府间宏观政策沟通交流机制，深化利益融合，促进政治互信，达成合作新共识。

二是在尊重相关国家主权和安全关切的基础上，沿线国家宜加强基础设施建设规划、技术标准体系的对接，共同推进国际骨干通道建设，逐步形成连接亚洲各次区域以及亚欧非之间的基础设施网络。

三是着力研究解决投资贸易便利化问题，消除投资和贸易壁垒，构建区域内和各国良好的营商环境，积极同沿线国家和地区共同商建自由贸易区，激发释放合作潜力，做大做好合作"蛋糕"。

四是深化金融合作，推进亚洲货币稳定体系、投融资体系和信用体系建设。扩大沿线国家双边本币互换、结算的范围和规模，充分发挥丝路基金以及各国主权基金作用，引导商业性股权投资基金和社会资金共同参与

"一带一路"重点项目建设。

五是传承和弘扬丝绸之路友好合作精神,广泛开展文化交流、学术往来、人才交流合作、媒体合作、青年和妇女交往、志愿者服务等,为深化双多边合作奠定坚实的民意基础。

四、扶持特殊类型地区

"十三五"规划提出:按照扶贫对象精准、项目安排精准、资金使用精准、措施到户精准、因村派人精准、脱贫成效精准的要求,切实提高扶贫实效,稳定实现农村贫困人口不愁吃、不愁穿,义务教育、基本医疗和住房安全有保障。

党的十八大以来,脱贫攻坚取得了显著的成绩,但脱贫攻坚面临的任务仍然十分艰巨,主要难点是深度贫困。主要难在以下几种地区:一是连片的深度贫困地区;二是深度贫困县;三是贫困村。深度贫困地区是脱贫攻坚的坚中之坚,脱贫攻坚本来就是一场硬仗,而深度贫困地区脱贫攻坚是这场硬仗中的硬仗。

具体而言,新时代特殊类型地区扶持战略的实施重点如下。

一是加大投入支持力度,发挥政府投入的主体和主导作用,发挥金融资金的引导和协同作用。

二是充分发挥我国集中力量办大事的制度优势,重点解决深度贫困地区公共服务、基础设施以及基本医疗保障的问题。

三是围绕精准扶贫发力,着力解决深度贫困地区健全公共服务、建设基础设施、发展产业等问题。

四是加大东部地区和中央单位对深度贫困地区的帮扶支持,强化帮扶责任,通过多种形式,积极引导社会力量广泛参与深度贫困地区脱贫攻坚。

五是注重调动贫困群众的积极性、主动性、创造性,注重培育贫困群众发展生产和务工经商的基本技能,注重激发贫困地区和贫困群众脱贫致富的内在活力,注重提高贫困地区和贫困群众自我发展能力a。

五、拓展蓝色经济空间

在党的十八届五中全会提出的创新发展、协调发展、绿色发展、开放发展和共享发展五大发展理念中,创新发展是第一大亮点。全会指出,创新是引领发展的第一动力,在国家发展全局中居于核心位置。要坚持创新发展,着力提高发展质量和效益。"拓展发展新空间"是创新发展的重要内容,用发展新空间培育发展新动力,用发展新动力开拓发展新空间,二者相辅相成,互为动力。

具体而言,新时代蓝色经济空间拓展战略的实施重点如下。

一是优化海洋产业结构,发展远洋渔业,推动海水淡化规模化应用,扶持海洋生物医药、海洋装备制造等产业发展,加快发展海洋服务业。

二是深入实施以海洋生态系统为基础的综合管理,推进海洋主体功能区建设,优化近岸海域空间布局,科学控制开发强度。

三是加强海上执法机构能力建设,统筹运用各种手段维护和拓展国家海洋权益,妥善应对海上侵权行为,维护好我国管辖海域的海上航行自由和海洋通道安全。

四是充分利用国内外两个市场、两种资源,加快推进"海上丝绸之路"建设,推动互利共赢、共同发展,实现陆海内外联动。

---

①国家行政学院经济学教研部. 新时代中国特色社会主义政治经济学[M]. 北京:人民出版社,2018.

第四节　区域协调发展的主要机制

建立完善的区域协调发展机制，平衡新时代我国区域发展过程中效率与公平的关系，是实现区域协调发展战略目标的关键。本节对区域协调发展的市场机制、协同机制、补偿机制、扶持机制、合作机制、参与机制、共享机制和治理机制等八种机制进行简要阐述。

一、市场机制

建立与完善社会主义市场经济体制，必须充分发挥市场在资源配置中的决定性作用。进入新时代，依靠市场竞争来实现资源的有效配置，是实现区域协调发展的基础和前提。因为区域协调发展的根本目的是发展，协调只是实现发展的手段和方式，没有发展就谈不上协调。

为此，要打破行政区划界限，消除阻碍市场资源配置的各种垄断和地区封锁，促进生产要素自由流动，合理引导农村劳动力有序流动和东部产业向中西部地区转移。要加快转变政府职能，正确处理好政府与市场的关系，切实改变目前存在的政府职能错位、越位、缺位现象。对于竞争性领域和市场能够解决的问题，要充分发挥市场机制的作用，减少不必要的行政干预。政府重在加强宏观调控，提供公共产品和服务，加强市场监管，规范市场秩序，为企业创造一个公平、公正、公开的市场竞争环境。

当然，应该看到，市场机制只是基础和前提，单纯依靠市场机制并不能解决区域协调问题，只会带来区域发展的失衡。正如美国经济学家缪尔达尔（Myrdal）所说，市场的力量只会加大地区差距的扩大趋势[1]。正因为如此，在市场机制的基础上，还需要建立协同机制、补偿机制、扶持机制、合作机制、共享机制、参与机制和治理机制等。

---

[1] MYRDAL G. Economic theory and underdeveloped regions [M]. London: Duckworth, 1957.

二、协同机制

区域协同发展是一种基于新的发展理念而形成的区域发展方式。"协同"是对传统区域协调发展路径的一种优化，不仅需要对资源要素配置的方式、区域问题的治理方式、区域发展的思路进行全面调整，还需要对区域政策工具进行全面系统的优化组合，构建更适宜于区域"协同发展"的政策体系和激励约束机制。具体而言，区域协同机制主要包括三个方面。

一是协同决策机制。目标是减少系统性冲突，重点是针对不同行政区发展目标、发展利益的协调平衡，以及重要跨区域事务的协商沟通和综合决策。

二是协同动力机制。目标是激发不同地区协同发展的内在动力，重点包括通过公共资源的配置引导区域发展的方向，充分利用市场机制促进社会资源空间配置的合理化，按照整体效率最大化的目标实现区域之间产业链和价值链的分工耦合。

三是协同规制机制。目标是调节和矫正系统运行中的波动和偏离，重点包括通过财政资金主导的公共资源配置促进不同地区实现资源共享、利益分享，完善政绩考核制度，加强不同行政区政府之间针对生态环境、基础设施等跨区域问题的合作治理。

需要强调的是，这三大机制是从其对协同发展发生作用的原理和承担的功能两个角度提出的，边界并非完全分隔，在应用中也存在交叉重叠和交互作用的情况。例如，利益分享机制既是促进协同发展的动力，也是协同发展过程中对利益各方的约束机制。再如，区域之间有效分工的形成需要发挥市场竞争引导资源配置的作用，政府通过规划、公共资源的配置、基础设施的布局等也可以引导区域分工[1]。

---

[1]侯永志，张永生，刘培林，等. 区域协同发展：机制与政策[M]. 北京：中国发展出版社，2016.

三、补偿机制

建立区域补偿机制是促进区域协调发展的重要内容。所谓区域补偿，就是对某些地区因保护耕地、生态系统和自然资源获得的外部效益进行奖励，或者对破坏耕地、生态系统和自然资源所造成的损失进行赔偿。为促进区域协调发展，当前应在生态补偿试点和资源开发补偿试点的基础上，建立分类管理的区域补偿制度。

一是加快建立生态补偿机制。重点是加大对中西部重点生态功能区的生态补偿。这类地区属于限制和禁止开发区域，中央应加大均衡性转移支付力度，并对政策形成的减收增支给予补偿。同时，要适时征收生态补偿税，尽快设立国家生态补偿专项资金，积极推动下游地区对上游地区、开发地区对保护地区、生态受益地区对生态保护地区的生态补偿，探索开发权从限制和禁止开发区域向优化和重点开发区域的有偿转让制度[①]，逐步建立多元化的横向利益补偿机制。

二是加快建立资源开发补偿机制。重点是改革资源税费征收制度，完善资源价格形成机制，建立资源开发补偿基金，推进矿山环境治理恢复保证金制度试点，实行资源型企业可持续发展准备金制度。

三是加快建立粮食主产区利益补偿机制。重点是加大中央对粮食主产区的转移支付力度，尽快建立国家粮食主产区建设专项资金，进一步完善耕地保护补偿机制。同时，遵循"谁受益谁补偿"的原则，引导粮食主销区建立商品粮调销补偿基金，对粮食主产区进行补偿[②]。

四、扶持机制

扶持机制不同于补偿机制，它是中央或上级政府从公平和道义的角度，对遇到困难的问题区域实行帮扶和进行援助。进入新时代，推动区域

[①] 魏后凯，等.中国区域政策：评价与展望[M].北京：经济管理出版社，2011.
[②] 魏后凯，王业强.加大政策支持力度 推进粮食主产区建设[N].中国社会科学报，2011-05-10.

协调发展，重点是建立健全两类扶持机制。

一是按分类指导原则建立与完善援助机制。按照区域问题的性质和严重性，中国的关键问题区域大体可分为七种类型，包括经济发展落后的贫困地区、相对衰退的老工业基地、结构单一的资源型地区、财政包袱沉重的粮食主产区、各种矛盾交融的边境地区、过度膨胀地区和自然灾害突发区[①]。对这些不同类型的关键问题区域，中央应加大财税、金融、投资、土地等政策扶持力度，建立差别化的国家区域援助政策体系。对于革命老区和少数民族地区，则应按照"同等优先"的原则给予照顾。

二是进一步完善对口支援的帮扶机制。自1979年国务院确定部分经济发达省市对口支援少数民族地区以来，对口帮扶机制不断完善，并逐步延伸到农村扶贫、医疗卫生、教育、三峡移民、灾后重建等领域。今后要着重搞好对口支援的规划建设，不断完善对口支援方式，加大技术、智力和人才援助的力度，加强对有关部门对口支援的指导、监测、评估和激励，提高援助资金的使用效率，逐步形成对口支援的长效机制。

五、合作机制

进入新时代，应该按照资源共享、优势互补、平等互利、共同发展的原则，大力推动地区间政府和企业合作，构建跨地区、多层次、多领域、多形式的区域合作新格局，形成制度化的区域合作长效机制。

一是依托现有的各类区域合作组织，积极搞好区域合作发展规划，加强经济、社会、生态环境等领域的全面合作，推进基础设施、产业布局、要素市场、公共服务、社会保障和生态环境治理等一体化进程，通过一体化和区域合作实现共同发展。

二是推动东西合作互动，促进区域协调发展。积极引导东部企业、产业园区和加工贸易西进，支持中西部地区做好产业转移承接工作，与东部

---

① 魏后凯，邬晓霞. 我国区域政策的科学基础与基本导向[J]. 经济学动态，2010（2）：57-61.

地方政府联合共建产业园区，发展"飞地经济"，推进国家承接产业转移示范区建设。特别是要鼓励东部与中西部在战略性新兴产业领域的合作，如在稀土、航空航天、新能源、新材料等领域进行联合攻关。

三是依托西博会、西洽会、中博会、乌洽会等大型活动，积极搞好投资促进工作，搭建多层次的区域合作平台。同时，建立地区间信息联络机构，确定信息共享的范围，构建信息共享交换平台，制定共享标准规范，推动形成企业、社会和政府共同参与的信息共享机制。

此外，要研究制定促进区域合作的相关法规，明确区域合作的法律地位、利益分配和制度安排，使合作机制制度化和长效化。

六、参与机制

促进区域协调发展是一项复杂的系统工程，涉及多方面的利益，需要社会各界的广泛参与。为此，必须建立一个以企业为主导、以政府为保障、社会广泛参与的互动型协调机制，以解决各地区间政府、居民和企业的利益冲突。当前，中国区域协调发展面临的冲突日益增多，如生态环境保护、跨地区调水、流域治理、跨地区基础设施建设和自然资源开发中的利益冲突，这些问题的解决需要建立新型的互动机制以缓解地区间的利益冲突。

因此，可以考虑在现有区域合作组织的基础上，尽快完善地区间冲突的利益诉求机制和协商解决机制，鼓励建立区域合作组织、企业、各类中介组织等多主体参与的区域治理模式，淡化各级政府的行政干预。同时，要缓解利益冲突，还需要社会各界的广泛参与，尤其是产业界、学术界、社会团体和民间组织在区域协调中要发挥各自的作用。此外，要探索建立区域合作发展基金，由区域合作组织成员联合出资，用于区域重大基础设施建设补助、生态治理、区域信息平台建设等公共服务领域。

七、共享机制

进入新时代,促进区域协调发展就是要让各地区居民能够共享发展成果,走共同富裕的发展道路。因此,共享机制是区域协调发展新机制的根本。从长远发展看,要形成各地区共享发展成果的协调发展格局,重在建立三个共享机制。

一是资源共享机制。对各种公共资源,如基础设施、公共服务设施、科教和信息资源等,应打破城乡和行政区划限制,逐步实现全国范围的资源共享。特别是要加快推进基本公共服务均等化和社会保障制度一体化,推进全国科教资源、信息和大型仪器设备共享。

二是机会共享机制。进一步降低创业者市场准入门槛,取消就业落户限制,彻底清理各种就业歧视政策,加快实行城乡区域平等的就业制度。

三是利益共享机制。进一步扩大中央转移支付规模,优化中央转移支付结构,提高均等化转移支付的比重,加大对低收入困难群体和后发地区的扶持力度,加快建立地区之间的利益协调机制。大力推进农民工市民化进程,在劳动就业、工资福利、子女上学、社会保障、保障性住房购买等方面,进城农民工与城镇居民享有同等待遇,要使他们在参与城镇现代化建设的同时,能够共享发展的成果[1]。

八、治理机制

区域协调发展的治理机制是指政府通过制度改革和创新,为区域协调发展的市场机制、协同机制、补偿机制、扶持机制、合作机制、共享机制和参与机制发挥作用提供条件,促进各种机制相互配合;通过设立区域协调发展治理机构,建立区域协调发展治理体系,引导区域协调发展。具体而言,建立区域治理机制的重点如下。

一是划分政府在区域协调发展中的职能。我国区域协调发展的实践

---

[1]魏后凯.中国区域协调发展研究[M].北京:中国社会科学出版社,2012.

表明，促进区域协调发展是中央政府和地方政府的一项新的管理任务。因此，需要科学界定中央政府和地方政府在区域协调发展中的职能。

二是建立国家负责促进区域协调发展的机构。促进区域协调发展是一个涉及多个领域、多个部门的管理事务，而且是一个长期而又艰巨的战略任务。因此，必须有相应的组织机构专门负责促进区域协调发展。

三是制定促进区域协调发展的法律。我国至今没有专门处理区域发展事务的法律，这造成促进区域协调发展缺乏必要的法律保障。这种状况不利于科学、规范地推动区域协调发展。因此，进入新时代，制定促进区域协调发展的法律法规迫在眉睫。应该根据促进区域协调发展所涉及的重大事项和任务，尽快制定区域规划法、区域合作法、区域互助法、国家扶持区域发展法、中央财政转移支付法、区域生态补偿法、人口跨区域流动与就业保障法、产业跨区域转移促进法、全国统一大市场促进法等法律[1]。

---

[1] 胡军，覃成林，等. 中国区域协调发展机制体系研究［M］. 北京：中国社会科学出版社，2014.

第四章
支持老少边穷地区发展

加快革命老区、民族地区、边疆地区、贫困地区等老少边穷地区发展是实现我国区域协调发展的重要一环。本章第一节对我国老少边穷地区发展的现状与存在的问题进行总结，并剖析其成因；第二节探讨建设现代化经济体系对我国区域协调发展提出的新要求，并在此基础上分析老少边穷地区在我国区域协调发展中的地位与作用；第三节基于区域生命周期理论阐释老少边穷地区发展问题的形成机理，并进一步提出基于包容性增长的老少边穷地区分类发展战略。

第一节　老少边穷地区发展的现状、问题与成因

本节首先对老少边穷地区的发展现状进行介绍，并在此基础上分析其区域经济发展中存在的问题及其成因。

一、老少边穷地区的发展现状

老少边穷地区是革命老区、民族地区、边疆地区、贫困地区的统称，多位于经济发展落后的中西部山区和丘陵地区。尽管老少边穷地区的共同特点是经济发展水平较低，但由于其类型不同，因此这里将对其发展现状分别进行介绍。

（一）革命老区的发展现状

革命老区是中国共产党在土地革命战争时期和抗日战争时期所领导创建的革命根据地的简称。革命老区在革命战争时期为中国革命提供了必要的人力、物力、财力支持，可以说，革命老区是新中国的摇篮，正是因为有众多革命老区的存在，有无数老区人民的艰苦奋斗，才会有中国新民主主义革命的胜利[①]。目前革命老区的发展现状如下。

1. 基础设施建设落后

受历史、自然条件的限制，革命老区大多属于自然条件一般、地理区位落后的区域，地形上大多属于山地、丘陵地貌，而且长期以来发展比较落后，因此其基础设施建设非常薄弱，历史欠账很多。其中首要的因素便是交通基础设施薄弱，这主要是因为革命老区地处偏远地区，基础设施建设成本高；同时，经济发展落后，基础设施投资回收周期长。其次，革命老区的通信基础设施也比较落后。特别是在当前信息技术革命的大背景

---

① 刘建平，王昕伟．依托红色旅游推进革命老区精准扶贫的主要路径探析［J］．文化软实力，2018，3（1）：66-70．

下，革命老区与经济发展地区在现代信息技术上的差距愈发明显，很多革命老区在基础网络建设、配套的电力设施建设等方面明显落后，信息化建设滞后严重阻碍了革命老区现代化建设的步伐，直接影响到革命老区群众生活水平的提高。此外，革命老区的生产设施建设也非常落后。目前革命老区在产业上仍然是以第一产业或少量的第三产业为主，但农业基础设施的建设非常落后，很多革命老区还面临着温饱问题。

2. 社会治理落后

革命老区在社会治理上的落后是多方面的，在教育、医疗、卫生、住房等基础设施方面都面临着发展不足的问题，群众普遍面临看病难、受教育难等问题。特别是受交通条件的限制，革命老区很难吸引外来高质量要素流入，自身发展的内生动力明显不足。同时，由于自身所在区域的开放度不高，革命老区在发展中易受传统观念限制，发展存在很多障碍。

（二）民族地区的发展现状

民族地区主要指我国少数民族的集聚区域，其发展现状主要体现在以下三个方面。

1. 民族地区往往也是贫困地区

受历史因素的影响，我国少数民族的集聚区域主要分布在我国的西南、西北与东部地区，长期以来，这些地区的发展基础都相对薄弱，自然环境比较恶劣，农业生产、工业发展的条件都相对较差，属于发展落后地区，这也使得民族地区的贫困问题非常突出。贫困发生率高、贫困程度深、贫困人口多是民族地区的现状，同经济发展水平较高的沿海地区形成鲜明的对比。

2. 民族地区的人力资本要素禀赋发展水平低

集聚一定数量与质量的人力资本是一个区域经济发展的重要前提条件，但民族地区在人力资本上的短板是非常明显的。首先，由于民族地区的发展水平比较低，因此难以吸引区域外的人力资本流入。其次，民族地区自身的人力资本存在明显的流失情况。在市场经济条件下，民族地区的经济结构难以支撑大量的高质量人力资本就业，因此民族地区自身培养起来的人力资本也被发达地区吸引了过去，难以为自身发展服务。此外，教育也是民族地区发展中面临的重要挑战。民族地区的基础教育面临着师资薄弱、硬件设备不齐全、教育质量偏低的问题。同时，教育结构不合理，缺乏高等教育，职业教育发展不充分。

3. 制度成本较高

民族地区由于经济发展水平落后以及发展观念等限制，在市场经济制度建设方面存在很多不完善的地方，营商成本相对较高，改革步伐比较缓慢。地方政府往往由于缺乏财政收入，难以在经济发展中发挥自身的作用，特别是在提供基础公共服务、基础设施建设等方面，地方政府的缺位现象比较明显。同时，地方政府自身的发展理念也比较落后，财政成本高，财政自给率低，靠国家财政支持难以维持各项财政需求，对中央政府存在较强的依赖心态。此外，民族地区还面临着一些国家安全问题，这也增加了地方政府在推动经济发展中的成本。

（三）边疆地区的发展现状

我国有2万多公里的陆地边境线，与我国毗邻的国家很多，从东北到西南9个省区分别与朝鲜、俄罗斯、哈萨克斯坦、蒙古国、巴基斯坦、印度、缅甸、越南等14个国家接壤。在这条边境线上，开放口岸100多个，其中国家级口岸30多个。这些口岸所对应的国家虽然不同，但作为边疆地区经济发展来讲，有其共同的特点。其特点主要表现在经济发展的劣势和优势上。就其劣势讲，共同特点是经济开发时间晚、对外开放时间晚。从历史上看，边疆地区地理环境闭塞，人类涉足时间晚，在边疆地区生存的大多是生产条件落后的少数民族。边疆地区交通不便，信息不灵，经济落后。

边疆地区对外开放的程度仍然有待加强，且其对外开放程度存在显著的区域差异。程艺等[1]的实证研究表明，2000年以来我国边境地区的外

---

[1] 程艺，刘慧，公丕萍，等. 中国边境地区外向型经济发展空间分异及影响因素[J]. 经济地理，2016，36（9）：19-26.

向型经济发展进程较快,总体发展水平不断提高,但区域分异明显。对外经济发展水平较高的边疆地区主要集中在沿海区域,比如东北三省、云南省和广西壮族自治区,同时,内陆地区中新疆博尔塔拉蒙古自治州、内蒙古包头市发展较好,其余地区外向型经济发展水平均较低。同时,边疆地区外向型经济发展空间分异显著,呈现出东北三省、内蒙古包头市、新疆博尔塔拉蒙古自治州、云南省和广西壮族自治区多极分化的格局。东北地区外向型经济发展优于西北、西南地区,个别地区如内蒙古包头市、辽宁丹东市、黑龙江牡丹江市、广西防城港市、新疆博尔塔拉蒙古自治州,外向型经济发展显著。边疆地区对外经济发展的重心逐渐由沿海向内陆地区转移。边疆地区对外贸易情况呈现空间极化状态,新疆博尔塔拉蒙古自治州、崇左市等处于较高水平;外资及经济效益在空间分布上较为集聚,主要集中在东北三省、内蒙古自治区和云南省;人均水平空间差异较大,东北三省、内蒙古自治区人均水平较高。其中,外资及经济效益对外向型经济发展综合评价的贡献程度最高,高效利用外资是推动外向型经济发展的重要力量。

(四)贫困地区的发展现状

从官方定义来看,我国的贫困地区主要为国家按照一定人均年收入标准划定的国家级贫困县。根据潘竟虎和贾文晶的总结[1],我国贫困县的发展历程为:1986年,国家首次划出273个国家贫困县;1994年,国家启动"八七扶贫攻坚计划",国家贫困县扩大为592个;2001年,《中国农村扶贫开发纲要(2001—2010年)》发布,取消了沿海发达地区的所有国家级贫困县,增加了中西部地区的贫困县数目,但总数依然为592个,同时将"贫困县"的提法改为"扶贫开发工作重点县";2011年,《中国农村扶贫开发纲要(2011—2020年)》发布,2012年3月,国务院扶贫开发领导小组办公室在其官方网站公布了最新的扶贫开发工作重点县,总数虽仍

---

[1] 潘竟虎,贾文晶. 中国国家级贫困县经济差异的空间计量分析[J]. 中国人口·资源与环境,2014,24(5):153-160.

为592个,但空间分布上有所调整。2014年,国务院扶贫办召开会议,自2014年起,将每年的10月17日设立为"扶贫日"。最近几年,扶贫工作取得了显著成效。

二、老少边穷地区区域协调发展中存在的共性问题

从理论上看,老少边穷地区属于区域经济发展中的问题区域,尽管包括不同类型的区域,但在区域协调发展中存在如下共性问题。

(一)老少边穷地区自身内部协调发展问题仍然突出

老少边穷地区属于落后区域,其要素集聚水平低,区域内部的协调发展中存在着诸多问题,特别是一些长期性的问题,目前仍然没有得到解决,如处理好政府与市场的关系、产业结构的升级、经济增长方式由粗放型向集约型的转变、经济发展超出资源环境承载力等,都是一些长期没有得到解决的问题。在当前我国经济增长速度换挡期、结构调整阵痛期、前期刺激政策消化期"三期叠加"的大背景下,老少边穷地区区域内部协调发展问题的解决又面临新挑战。具体而言,当前我国经济面临下行压力,部分区域经济出现衰退,区域经济发展面临动能转换,老少边穷地区区域内部协调发展面临的局面更加复杂;同时,经济发展中的风险性因素增加,这都对老少边穷地区实现区域内部协调发展形成了新挑战。

(二)老少边穷地区的协调发展受到我国整体区域协调发展程度的制约

党的十八大以来,我国区域发展战略强调区域间的协调,这为老少边穷地区实现协调发展提供了新的契机。但当前我国区域外部的协调发展也面临一些新问题,这些问题使得老少边穷地区在实现区域协调发展上面临的挑战加剧。首先,区域经济分化日趋明显,区域经济在东部、中部、西部、东北部四大经济板块间分化的基础上又出现了新的趋势,板块内部分化与南北分化趋势也日益明显;同时,传统的城乡差距仍然明显,而城市

特别是城市群之间的差异也逐渐凸显。其次，区域间的市场一体化程度等仍然有待加强。市场分割、地方保护主义等因素阻碍了区域间要素的自由流动；同时，地方政府在产业结构、规划等方面仍然存在同质过度竞争，不同区域间的竞争与合理关系尚未理顺。再次，区域间在生态环境、公共服务不均等方面的差距日趋明显。教育、交通、医疗等公共服务分布不均仍然明显。

（三）促进老少边穷地区区域协调发展的机制仍然不健全

长期以来，我国在东中西、跨省市、省内跨市不同层面上开展了大量推动老少边穷地区协调发展的实践，但在实施层面仍然面临一些问题。首先，区域间的利益协调机制不健全。区域间的协调发展需要不同区域主体的参与，而这涉及单个区域与整体区域利益间的协调问题，但目前诸如生态补偿机制、排污权等资源交易机制等尚处于探索阶段，特别是一些跨省的区域间协调机制，在实施过程中受体制的约束很大。其次，区域治理体系尚不完善。实现区域协调发展的关键是形成区域间的自组织、自协调机制，这样才能调动每个区域的积极性，形成长效机制。再次，在推动老少边穷地区发展的过程中没有处理好政府与市场的关系。从地方来看，老少边穷地区的地方政府财政收入少，依靠自身力量很难解决老少边穷地区发展的问题；同时，尽管中央政府出台了大量针对老少边穷地区的优惠政策，但由于地方政府自身发展动力不足，不注重发挥市场的作用，因此没有充分利用这些政策带来的效应。

三、老少边穷地区区域协调发展中问题的成因

（一）老少边穷地区区域协调发展中出现的问题受到自身所处经济发展阶段的影响

我国是一个非均质大国，不同区域所处的经济发展阶段存在很大差异，而老少边穷地区在我国的分布范围很广泛，因此也必然受到不同区域

所处转型阶段的影响。从东部、中部、西部、东北部四大经济板块来看：东部地区转型升级已经取得一定进展，但在创新驱动等方面与国际相比仍然存在差距；中西部地区则面临转型与赶超的双重压力；东北地区在经历了一定程度的衰退后，经济发展需要寻找新支撑与新动能，面临的发展与转型压力最大。因此，不同区域在发展阶段上的差异会导致其利益诉求不同、面临的问题不同，这也导致我国老少边穷地区区域协调发展问题表现出很强的复杂性。

（二）老少边穷地区区域协调发展问题的解决受到我国改革进程的约束

我国区域协调发展问题的一个重要成因产生于由计划经济向市场经济的转型过程，也就是改革过程中。现实中，在我国老少边穷地区区域协调发展中出现的问题，仅依靠市场机制是无法解决的，一些制约区域协调发展的体制机制问题往往受到特定改革阶段的影响，并长期得不到解决。这一方面是由于现有的改革措施落实不到位、执行力度不够；另一方面是由于改革系统性不足。例如地方政府间的过度竞争、中央与地方政府财权与事权分配不合理、财税体制不完善、政绩考核缺乏针对性等。又比如，解决当前区域协调发展中存在的问题，必须依赖全面深化改革，而仅着眼于某一部门、某一领域的碎片化改革的力度则明显不足。之前单纯的财政补助、对口支援等促进老少边穷地区发展的措施，缺乏长效的动力机制，而且容易让老少边穷地区产生对政策的依赖性，弱化了其自身发展的动力。因此，改革滞后或不彻底导致的政策工具的缺乏是造成老少边穷地区区域协调发展问题的重要原因。

（三）发达地区对老少边穷地区的扩散效应不足

现实中，发达地区对老少边穷地区扩散效应的发挥受到诸多因素的限制。首先，区域经济学的理论表明，只有在达到一定的集聚水平后，扩散效应才能发挥主导作用。在长期的发展过程中，发达地区仍然是以集聚效应为主，其扩散效应也主要围绕在其周边区域，也就是说，在当前发展阶段，扩散效应的作用尚不明显。其次，交通基础设施的落后限制了老少边穷地区获取来自发达地区的溢出效应。此外，从制度创新的角度来看，目前发达地区在发展过程中形成的一些可复制、可借鉴的制度创新成果仍然没有有效地扩散到老少边穷地区，导致老少边穷地区无论在软环境还是硬环境方面都与发达地区存在很大差距。

第二节 老少边穷地区发展问题的形成机理

本节首先基于区域经济发展的循环规律对区域生命周期理论进行了阐释,在此基础上对老少边穷地区发展问题的形成机理进行了分析。

一、区域生命周期理论

老少边穷地区发展中出现的问题不能一概而论,关键是要识别出老少边穷地区发展问题的具体形成机理,本部分首先在区域经济发展循环规律的基础上推导出区域生命周期理论,在此基础上识别不同类型的老少边穷地区发展问题的成因,进而提出解决策略。

(一)区域经济发展的循环规律

所谓区域经济发展的循环规律,指的是区域经济发展过程可以分为初级循环与高级循环两个阶段(见图4-1)。

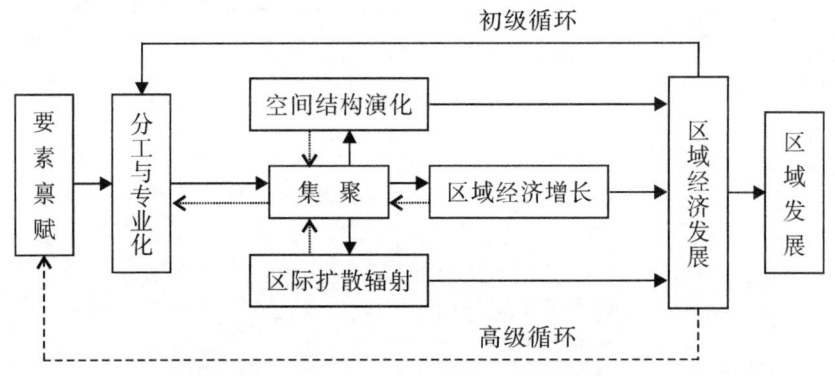

图4-1 区域经济发展的循环过程

(1)初级循环阶段。指的是在短期内,区域要素禀赋不变的情况下,基于要素禀赋所形成的产业分工也保持不变。此时,区域的主导要素决定了区域的主要功能定位,在主导功能区的引领下,相关功能区不断形成,构成了与主导功能区具有有机联系的系统,由此决定了特定区域的产业结构类型与特点。初级循环是以主导功能区为核心的区域产业结构不断优化的过程，通过初级循环，适宜这一产业结构的要素不断向区域集聚，区域规模不断扩大，主导产业的竞争力不断增强。

初级循环下的动力机制为：区域要素禀赋中的主导因素决定了区域的主导产业，形成了初级循环的基础；流入效应与乘数效应综合作用，致使区域的集聚度提高；集聚动力推动区域经济增长、带来区域空间结构的演化和区际辐射与扩散能力的增强，区域经济得到发展；区域经济的发展引起分工的深化与专业化程度的提高，新的循环开始。但在初级循环阶段，主导产业未发生变化，其要素集聚的过程是使区域内以主导产业为引领的产业结构进一步优化的过程。在流入效应、流出效应和乘数效应的交互作用下，集聚动力推动区域经济累积循环过程。

（2）高级循环阶段。区域经济发展中的高级循环阶段指的是当区域经济处于集聚不经济状态时，客观上要求区域产业结构发生变化，要素禀赋对产业结构和分工与专业化具有决定性作用，促使新的主导要素产生，循环开始；新的主导要素及要素条件决定了分工与专业化，在流入效应、流出效应和乘数效应的综合作用下，区域集聚度提升；在集聚动力的推动下，以区域经济增长、区域空间结构演化和区际辐射与扩散能力增强为表征的区域经济不断向前发展，并进入新的初级循环。

（二）区域经济发展的生命周期理论

在区域经济发展初级循环和高级循环的交互作用下，区域经济发展表现出明显的周期性规律，具体可将区域经济生命周期分为短周期与长周期两种。

1. 区域经济生命周期中的短周期

区域经济生命周期中的短周期是指区域经济发展中的初级循环阶段，在短周期中，区域要素禀赋没有发生变化。具体而言，在区域经济发展的短周期中，区域经济发展的状态变化规律可用倒S曲线表示，在集聚经济的条件下，产业结构在集聚动力的作用下不断优化，经济不断发展，呈上升趋势。

区域经济生命周期中的短周期历经四个阶段（见图4-2），AB为区域经济发展的形成阶段，特定区域由于某类要素禀赋具有比较优势，具有该类要素禀赋需求的经济活动主体向该区域集聚，逐渐形成以该类要素为主导的主导功能区及主导产业；BC为区域经济发展的成长阶段，在主导功能区的引领下，辅助功能区逐渐形成，集聚水平不断提高，区域经济规模不断扩大；CD为区域经济发展的成熟阶段，与主导功能区相配套的区域功能已经完善，区域经济发展处于稳定持续的状态；DE为区域经济发展的衰退阶段，随着需求和要素禀赋的变化，新的替代品出现，主导要素或要素组合枯竭，不能维持原有规模进行生产，区域经济处于集聚不经济状态，呈下降趋势。

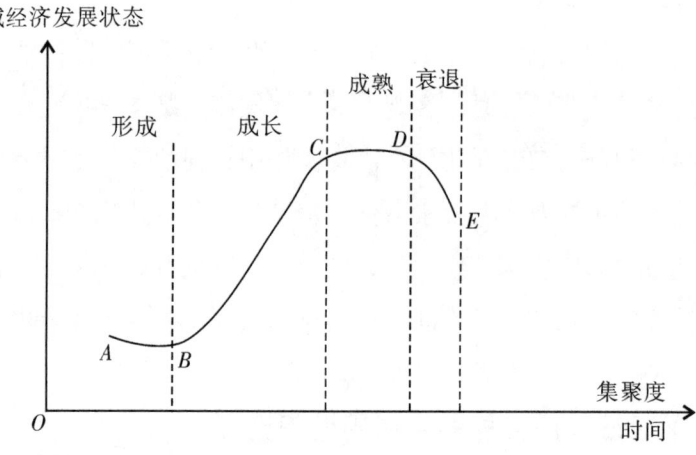

图4-2 区域经济发展的短周期

2. 区域经济生命周期中的长周期

区域经济生命周期中的长周期指的是当区域经济在短周期中进入衰退期，表明原有的产业结构已不能适应新的需求，经济活动主体要进行新的区位与区域选择，寻找新的主导要素，建设新的主导功能区，使区域经济发展进入新一轮的短周期过程。与区域经济生命周期中的短周期相比，长周期中区域要素禀赋已经发生了变化。区域经济生命周期中的长周期是指区域产业升级的过程,使区域经济进入新的集聚经济状态(见图4-3)。

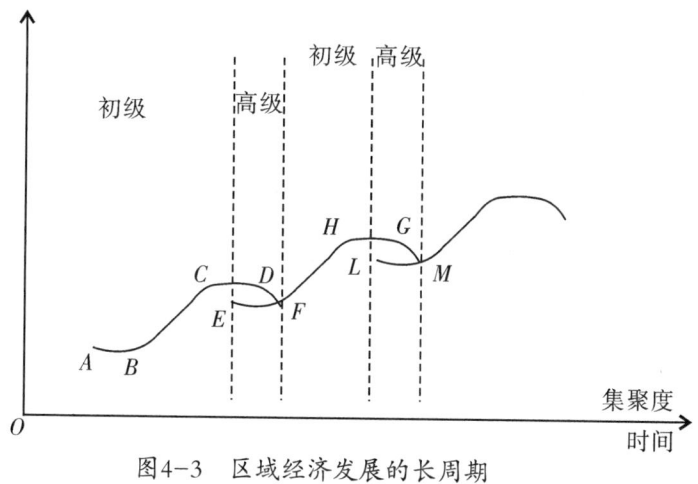

图4-3 区域经济发展的长周期

二、区域生命周期理论下老少边穷地区发展问题的形成机理

(一)短周期中劣势初始要素禀赋导致老少边穷地区发展落后

要素禀赋是指一个区域拥有的所有资源,它既包括先天性因素(第一自然),也包括后天性因素(第二自然)。从微观层面来看,一个区域的要素禀赋状况对经济主体决策形成了直接约束,从而导致不同的均衡结果。因此,要素禀赋在集聚经济形成中起到了基础性作用。在区域经济发展的短周期中,区域要素禀赋保持不变,而老少边穷地区在初始要素禀赋上的劣势使其在发展中处于落后地位。为了探究不同要素禀赋对老少边穷地区发展的影响,我们首先对要素禀赋的分类进行总结。

1. 要素禀赋的分类

不同学派对要素禀赋内涵的界定存在一定差异,下面进行具体介绍。

(1)在古典区位论中,韦伯将要素禀赋分为一般性的区位因素和特殊的区位因素,区域性因素、集聚因素和分散因素,自然技术因素和社会文化因素三大类①。其中,第一类是指对每一种工业生产都或多或少具有

---

① 韦伯. 工业区位论 [M]. 李刚剑, 陈志人, 张英保, 译. 北京: 商务印书馆, 1997.

一定意义的因素，如地租、劳动力费用等，后者是指对某些工业部门才有意义的因素，如气候和地质条件。第二类主要包括矿产资源、水资源等，这些因素常常决定了工业企业布局的地理区域或特点。集聚因素，如联合化与协作化，以及城市化所提供的包括多方面条件的综合优势。第三类中自然技术因素取决于天然素质的因素，如气候、地质条件、自然资源条件等，社会文化因素包括居民的消费水平与习惯、利息的区域差异等。可以发现，韦伯对要素禀赋内涵的界定具有鲜明的空间特色，即考虑了要素分布的空间差异以及空间成本（运输成本）的影响，这与古典经济学高度抽象化的分类存在明显差异。

（2）在现代区位理论中，Hoover将区位要素总结为四类[1]。第一类是地区性投入，即该区位上不易转移的投入的供应情况。它具体指存在某一区位难以从其他处移入的原料供应品或服务等。第二类是地区性需求，即该区位上对不易转移的产出的需求状况。第三类是输入的投入，即从外部供给源输入该区位的可转移投入的供应情况。第四类是外部需求，即从向外部市场销售可转移产出中得到的净收入情况。Hoover在对要素禀赋的内涵进行界定时，根据区域的内外以及要素是否可流动两个标准将所有的要素分为四类，也纳入了空间因素。

（3）区域科学的创始人艾萨德关于要素禀赋的观点直接体现了要素禀赋的空间特性，他将要素禀赋分为随空间距离变动因素，不随空间距离变动因素，以及与空间距离无关因素三类[2]。其中，第一类包括运输成本和其他转移成本，这些成本明显的特性是，它们随着距任何参照点的距离规则地变动，通常随距离的增加而逐步增高。第二类区位因素由劳动力、能源、水、税收、保险、利息（作为对资本服务的支付）、气候、地形、

---

[1] HOOVER E M, GIARRANTANI F. An introduction to regional economics [M]. New York: Alfred Knopf, 1975.
[2] 艾萨德. 区位与空间经济：关于产业区位、市场区、土地利用、贸易和城市结构的一般理论 [M]. 杨开忠, 沈体雁, 方森, 等译. 北京：北京大学出版社, 2011.

社会和政治环境以及其他一些与项目有关的成本构成。这些项目中许多项成本的地理格局都可以说是相对稳定的。第三类区位因素由各种引起集聚和分散经济的因素组成,从对集聚和分散力量的分析可以清楚地看出它们的作用与地理位置无关。

(4)在国内区域经济学研究中,郝寿义对要素禀赋的分类最具有代表性。他按照两种标准对要素禀赋进行了分类[①],具体内容如下。

首先,按照要素禀赋是否直接影响经济行为可以将其分为经济要素与非经济要素两类。经济要素和非经济要素统称为经济性要素,经济要素是指直接影响经济行为的要素,非经济要素是指不直接影响经济行为的要素。经济要素可包括资本、劳动、土地、技术、知识、制度等,这些要素都是决定经济行为的主要因素。非经济要素一般可指自然要素和地理特征状况,但经济行为不能支配自然要素,只能接受自然要素带来的影响。这些后天的经济要素与先天的自然要素、地理特征状况等共同构成了经济性要素。这种分类方法与新经济地理中强调的"第一自然"与"第二自然"的分类是一致的。

其次,按照要素禀赋是否可流动可以将其分为区域性要素与非区域性要素两类。区域性要素为某些区域固有的、其他区域无法拥有的要素。如果有些要素是普遍存在的,通过要素的空间流动,其他区域也可以拥有这些要素,那么该类要素属于非区域性要素。

在区域经济学的框架下,对要素禀赋的分类必须考虑空间因素,即要素禀赋分布空间差异的影响。此外,一个合理的分类框架还必须具备一定的概括性与可操作性。从这个意义上讲,郝寿义关于区域性要素与非区域性要素的分类方法是相对合理的(如果某类要素在空间中不能流动,它起的作用与自然地理环境等完全外生因素是相同的),但这种分类忽略了艾萨德强调的随空间距离变动因素。同时,单纯以要素流动性为标准分类很

---

① 郝寿义. 区域经济学原理(第二版)[M]. 上海:格致出版社,2016.

难区分先天因素与后天内生因素的影响。

综合考虑不同分类方法的利弊,本部分按照郝寿义的分类方法,采用经济要素与非经济要素、区域性要素与非区域性要素两种分类方法,将所有的要素禀赋分为四类,即区域性经济要素、非区域性经济要素、区域性非经济要素和非区域性非经济要素。

2. 不同类型要素禀赋劣势情况下老少边穷地区发展落后的成因

(1)劣势的区域性经济要素导致老少边穷地区经济发展停滞。劣势的区域性要素使得老少边穷地区在区域经济发展中长期处于区域经济生命短周期中的形成阶段。对于我国大部分老少边穷地区而言,其经济尚未得到有效的开发;在没有集聚一定数量与质量的要素禀赋的情况下,其在发展中难以形成主导优势产业,区域经济发展停滞在了最初的形成阶段,因而长期处于较低的发展水平。

(2)劣势的非区域性经济要素导致老少边穷地区发展动力不足。非区域性要素的流动性特征导致两种效应:一是老少边穷地区难以实现有效的要素禀赋积累,发达区域的"虹吸效应"会使得老少边穷地区的非区域性经济要素持续流出,从而使得老少边穷地区难以形成集聚效应;二是劣势的非区域性经济要素使得老少边穷地区难以进入区域经济发展中的快速成长阶段,或者过早地进入了区域经济发展的衰退阶段。

(3)劣势的区域性非经济要素导致老少边穷地区存在不利的经济发展初始条件。大部分老少边穷地区在地理、自然条件等方面的劣势条件都属于区域性非经济要素,长期受到这类要素的影响导致一些老少边穷地区经济发展落后。也就是新经济地理学中强调的不利的初始条件,在经过长期的循环累积因果效应后形成区域经济发展的落后局面,这使得改变其落后的发展局面难度非常大。

(4)劣势的非区域性非经济要素进一步锁定了老少边穷地区的落后地位。一般而言,劣势的非区域性非经济要素对区域经济发展的不利影响是最小的,因为这些不利的要素都是可以转移出去的。但是,受交通、经济发展水平等条件的限制，老少边穷地区劣势的非区域性非经济要素向外转移的难度非常大，这进一步锁定了其发展的落后地位。

（二）长周期中劣势初始要素禀赋导致老少边穷地区发展滞后

在区域经济生命周期的长周期中，老少边穷地区属于典型的发展滞后型区域。所谓发展滞后型区域，指的是上一轮的短周期已进入衰退阶段，新一轮的短周期在区域经济发展衰退的压力下实现，区域经济处于最低谷时，新一轮的短周期才刚刚开始，这是区域经济发展最不理想的类型（如图4-4所示）。

老少边穷地区成为区域经济发展中滞后型区域的主要原因在于：老少边穷地区的要素禀赋劣势太明显，导致其经济发展的动力严重不足，经济结构的演化缓慢。因此，只有在上一轮的短周期完全进入衰退阶段后，老少边穷地区的要素禀赋才被动地开始新一轮的调整。

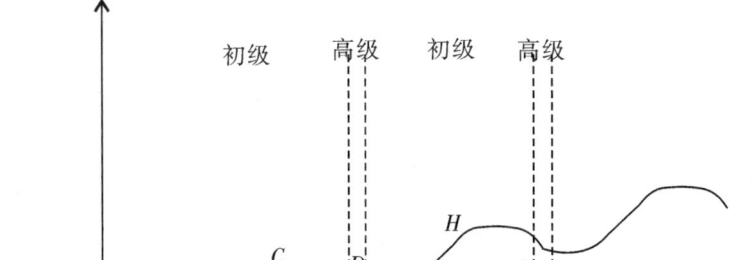

图4-4　区域经济发展中的滞后型区域

要注意，图4-4描述的是在长周期中老少边穷地区的经济发展水平仍然在缓慢提升。事实上，在区域经济发展转型失败的情况下，长周期中老少边穷地区的经济发展水平可能是呈下降状态的。在这种情况下，老少边穷地区会在长周期中进入一个发展水平持续下降的阶段，从而形成现实中老少边穷地区长期处于发展落后阶段的局面。

第三节 老少边穷地区发展问题的解决对策

本节首先论述老少边穷地区在我国区域协调发展中的地位，在此基础上，提出基于包容性增长的老少边穷地区分类发展战略。

一、重视老少边穷地区在我国区域协调发展中的地位

（一）区域协调发展的内涵

关于区域协调发展的内涵，目前研究中有不同的观点。其中，覃成林认为区域协调发展是一个动态的过程[①]，即区域之间在经济交往上日益密切、相互依赖日益加深、发展上关联互动，从而实现各区域的经济均持续发展的过程。陈秀山等则从发展战略的角度定义了区域协调发展，他们认为区域协调发展是在国民经济发展过程中，既要保持区域经济整体的高效增长，又要能促进各区域的经济发展，使地区间的发展差距稳定在合理适度的范围内并逐渐收敛，从而实现各区域协调互动、共同发展的一种区域发展战略[②]。张可云则认为区域协调发展是在区域经济非均衡发展过程中不断追求区域间的相对平衡和动态协调的发展过程[③]。此外，郝寿义从三方面对区域协调发展的一般内涵进行了定义[④]，认为区域协调发展：一是要素的协调，即区域发展中要素利用和要素条件要实现协调，例如区域经济发展规模要受到环境承载力的约束；二是区域发展的协调，即区域发展水平之间要实现协调，区域的发展差距要保持在合理区间范围内；三是要素与发展间的协调，即发展条件和发展成果要保持协调，例如区域发展必

---

① 覃成林. 中国区域经济差异研究［M］. 北京：中国经济出版社，1997.
② 陈秀山，刘红. 区域协调发展要健全区域互动机制［J］. 党政干部学刊，2006（1）：26-28.
③ 张可云. 论区域和谐的战略意义与实现途径［J］. 创新，2007（4）：5-9.
④ 郝寿义. 区域经济学原理（第二版）［M］. 上海：格致出版社，2016.

须保持一定的投入产出效率水平。

在郝寿义对区域协调发展所作的一般性定义的基础上，本部分从空间视角对其进行进一步的拓展。首先，从单个区域来看，区域协调发展意味着区域内部发展结构处于协调状态，此时区域协调发展的目标是实现单个区域的收益最大化；其次，从多个区域来看，区域协调发展更多的是指大区域内部不同次级区域间的关系处于协调状态，此时区域协调发展的目标是实现整体区域的收益最大化。也就是说，区域协调发展，既包括区域内部协调发展，也包括区域间协调发展。因此，区域协调发展必须处理好区域内部的关系与区域间的关系。需要注意的是，从理论上看，在实现区域协调发展的过程中，在市场机制下，单个区域的收益最大化与整体区域的收益最大化既有统一的地方，也可能出现矛盾。因此，必须通过一定的政策干预来协调两者间的关系，这些政策干预在我国主要体现为区域经济发展战略。

（二）老少边穷地区在区域协调发展中的地位

习近平总书记指出，区域协调发展的目标为："要实现基本公共服务均等化，基础设施通达程度比较均衡，人民生活水平大体相当。"老少边穷地区的发展与区域协调发展的上述三大目标存在密切联系。

1. 老少边穷地区是目前实现基本公共服务均等化的短板区域

基本公共服务是最基本的民生需求，范围包括公共教育、就业创业、社会保险、医疗卫生、社会服务、住房保障、文化体育、残疾人服务等八个领域。基本公共服务均等化是指全体公民都能公平地获得大致均等的基本公共服务。推进基本公共服务均等化是区域协调发展战略的一项艰巨任务。2017年3月，《国务院关于印发"十三五"推进基本公共服务均等化规划的通知》提出，到2020年，基本公共服务均等化总体实现。城乡区域间基本公共服务大体均衡，贫困地区基本公共服务主要领域指标接近全国平均水平，广大群众享有基本公共服务的可及性显著提高。实施区域协调发展战略，也要紧扣这个目标，补齐城乡区域间资源配置不均衡、硬件软件不协调、服务水平差异较大等短板,缩小基本公共服务差距,使各地区群众享有均等化的基本公共服务。但是,从当前老少边穷地区的发展现状来看,与发达地区相比,在教育、医疗、住房、社会保障等方面供给明显不足,质量和服务水平还比较低,在互联网等信息技术基础设施上也存在明显的短板。因此,要实现我国区域协调发展目标中基本公共服务均等化这一点,必须注重老少边穷地区的发展。

2. 老少边穷地区的基础设施通达程度普遍较低,也阻碍了我国区域协调发展目标的实现

基础设施对经济增长有重要影响。基础设施水平的高低往往决定了一个地区贸易成本的大小,各地区内以及地区间贸易成本的不同又决定了产业的空间分布,进而影响各地福利水平与社会总效率。推动基础设施均衡发展是区域协调发展战略的一个重要目标。随着大规模基础设施特别是高速铁路网和通信网的建设,我国区域间互联互通达到前所未有的水平,为从整体上形成东西南北纵横联动区域发展新格局创造了条件。但是,基础设施建设方面的地区差距还很明显。加快建设内外通道和区域性枢纽,完善基础设施网络,依然是区域协调发展的重要任务。老少边穷地区由于受区位、历史等因素的限制,其交通基础设施水平普遍较低,因此要将其基础设施建设置于优先位置,这样才能打通我国区域间的联系,促进老少边穷地区与其他区域间的要素与产业流动,促进自身发展。

3. 老少边穷地区人民生活水平显著低于发达地区

实施区域协调发展战略,要践行"以人民为中心"的发展思想,坚持共享发展,解决好收入差距问题,使发展成果更多更公平地惠及全体人民。当前,地区之间发展水平的差距比较大,不同区域间的人均财政收入、人均占有财富等重要指标继续分化,人民生活水平的区域差距明显。由于老少边穷地区集中了我国区域经济发展中的落后区域,要落实好区域协调发展战略,促进各地区协调推进现代化建设,努力实现全体人民共同富裕,必须抓住老少边穷地区这个重点。习近平指出:"我们要继续大力

关心老区人民群众的生产生活,加大人力物力财力的投入,切实帮助老区加快致富发展步伐,促进区域协调发展、科学发展,让老区人民生活得更加富裕、更加幸福。"推进区域协调发展,结果公平是最终目标。要最大限度地创造机会公平,调动各地区人民群众的积极性和主动性,共同创造财富,促进各地区人民的收入水平和生活质量在不断提高的过程中趋于一致,最终实现国民收入分布与人口地理分布基本吻合,让改革发展的成果惠及全体人民。

二、基于包容性增长的老少边穷地区分类发展战略

包容性增长的概念最早是由亚洲开发银行在2007年提出的。包容性增长寻求的是实现社会和经济的协调、可持续发展,而不是单纯地追求经济的高速增长;包容性增长强调不同群体间平等地增长,特别是弱势群体也能共享经济增长的成果。从现有研究来看,其内涵有三方面:第一,建立包容性的制度,提供广泛的机会,通过维持长期经济增长,确保增长效益为大众所广泛共享[1];第二,包容性增长必须减少不平等和解决制度性贫困问题,包括收入和非收入不平等[2];第三,包容性增长是可持续增长,强调经济增长速度与质量并重、经济增长平衡和增长过程的制度变迁与结构调整[3]。老少边穷地区作为区域经济发展中的弱势区域,在发展战略上要摆脱传统不平衡的发展战略,建立基于包容性增长的发展新模式,让老少边穷地区也能享受到公平的发展机遇与合理的发展成果。

尽管老少边穷地区发展落后局面形成的最根本原因在于劣势的要素禀赋导致其在区域经济生命周期中处于弱势地位,但根据上文对老少边穷地

---

[1] 邵宜航,刘雅南. 从经济学再到政治经济学:理解包容性增长[J]. 经济学家,2011(10):5-13.
[2] 文雁兵. 制度性贫困催生的包容性增长:找寻一种减贫新思路[J]. 改革,2014(9):52-60.
[3] 李刚. "包容性增长"的学源基础、理论框架及其政策指向[J]. 经济学家,2011(7):12-20.

区发展问题成因的分析，不同地区发展落后局面的成因仍然存在较大的差异性，这意味着必须建立针对老少边穷地区的分类发展战略。具体而言，本节提出针对老少边穷地区的分类发展战略如下。

（一）具备发展潜力的老少边穷地区

所谓具备发展潜力的老少边穷地区，主要指的是那些拥有比较优势的要素禀赋（例如自然、社会、文化等方面的资源），但没有得到有效开发利用的老少边穷地区。例如对于具有丰富的矿产资源，或者自然风光、民俗文化等方面的资源的老少边穷地区，重点就是通过对其自身要素的重组与经济结构的优化，形成内生的发展动力。

1. 要素重组

老少边穷地区利用要素重组机制推动区域协调发展的核心就是要摆脱过度依靠"政策洼地"这种被动的发展模式，转而依靠自身的要素禀赋优势，通过要素重组与培育来促进自身发展，同时通过与周边区域的合理分工，避免区域间出现过度竞争的局面。具体方法如下。

（1）要素密度的空间重组。在内部市场一体化的基础上，通过对其内部要素的重组，进一步提高自身集聚水平，以进一步获取集聚经济带来的收益，这就要求老少边穷地区的发展在空间上必须是集约的。同时，多样化要素的集聚会带来更明显的范围经济，这有利于老少边穷地区与周边区域价值链在空间上的重组，实现差异化竞争。

（2）不同性质要素的重组。改变传统的劳动力、资本、土地与技术等要素的组合比例与结构，发挥新功能，特别是要发挥老少边穷地区制度要素这一优势。利用国家赋予其在发展上的各类优惠政策与制度红利，优化传统要素间的配置；同时，积极鼓励创新，抓住以互联网为核心的新一轮科技革命的机遇，通过培育、引入新的要素禀赋来促进自身发展。新一轮科技革命和产业变革意味着信息化和工业化加速融合，老少边穷地区的工业化迎来一次重大历史性机遇。新一轮科技革命和产业变革催生了大量新技术、新产业、新业态、新模式，为老少边穷地区的产业从中低端走向中高端奠定了技术经济基础、指明了发展方向，通过抓住这次机遇，推进信息化和工业化深度融合，老少边穷地区是有机会实现跨越式发展的。例如，目前基于大数据、互联网的扶贫策略就是很好的实践。

2. 结构优化

老少边穷地区在经济结构上的失衡也制约了其自身的发展。特别是老少边穷地区与其他区域间如果没有形成合理的地域分工与产业分工格局，那么就不能理顺区域间的竞争与合作关系。具体方法如下。

（1）空间结构的优化。空间结构的优化指的是老少边穷地区在发展过程中，将自身以及周边区域原先分散、无序分布的要素集聚起来，形成具有明确经济功能属性的经济功能区，实现老少边穷地区与其他区域在空间上的合理分工。首先，老少边穷地区要积极推动自身改革进程，打破体制机制问题导致的市场分割、行政垄断等，形成空间一体化的市场，推动区域间要素的有序流动，提高资源在空间上的配置效率。其次，要充分利用目前已有的发展基础与条件，进一步提高其内部要素空间分布的有序性；同时，老少边穷地区要积极协调其内部不同功能区的发展，避免恶性竞争，优化内部空间结构。

（2）产业结构的优化。产业结构优化的核心是老少边穷地区按照比较优势形成自身的主导产业。首先，老少边穷地区要制定积极的产业政策，充分发挥产业政策在主导产业培育上的促进作用。对一些本地在短期内不具备条件来培育，但具有长期发展潜力的产业的引进与扶持上，老少边穷地区要积极制定并实施有效的产业政策。其次，老少边穷地区要积极利用发达地区的扩散效应来推动自身产业结构的优化升级。产业结构的优化升级对要素质量的要求比较高，现实中老少边穷地区可能没有足够的研发投入。因此，老少边穷地区要积极利用发达地区的扩散效应，通过技术合作、创新合作等方式提升自身的创新能力，利用发达地区技术、知识的空间溢出与扩散来带动自身的梯次升级，一方面可以避免与发达地区产业结构上的同质化竞争，另一方面可以实现不同区域在价值链上的分工，带动区域整体产业结构的优化。此外，老少边穷地区在优化自身产业结构的过程中，要按照建设现代化经济体系的要求，关键是要提高实体经济的比重，推动传统产业改造升级，促进经济发展中新技术、新产业、新业态、新模式的不断出现，实现产业结构的合理化。

3. 发展动力强化

老少边穷地区的发展必须建立在长效机制的基础上，否则区域间不能形成有效的空间经济自组织。要建立促进老少边穷地区发展的长效机制，关键是增强区域经济发展的动力。从理论上看，老少边穷地区的发展是一个复杂的时空演化过程，既存在空间上的集聚，也存在时间上的增长。总的来看，强化老少边穷地区经济发展动力主要体现在以下两方面。

（1）采用积极的政策干预来激发其发展动力。空间经济学的理论认为，现实中经济发展往往存在多重稳定均衡。在历史偶然性因素的影响下，一个区域可能会陷入低端锁定状态。在这种情况下，政府通过对老少边穷地区实施外生的政策干预，可以为区域经济发展提供新的初始条件，使原有区域向新的更高质量、更高效率与更可持续的均衡移动。第一，着力推进供给侧结构性改革，加快转变经济发展方式。全面深化经济体制改革，努力健全制度体系，使市场在资源配置中起决定性作用和更好发挥政府作用。在适度扩大总需求的同时，用改革的办法推进结构调整，促进产业优化重组，优化要素配置，提高供给结构对需求变化的适应性和灵活性，为经济持续健康发展提供源源不断的内生动力。第二，着力促进创新发展，实现新旧动能转换。坚持创新驱动发展战略，深化科技体制改革，破除思想障碍和制度藩篱，推动科技和经济社会发展深度融合，让一切创新源泉充分涌流。加快产学研深度融合，让机构、人才、市场、资金都充分活跃起来，形成推进创新发展的强大活力。推动新技术、新产业、新业态、新模式蓬勃发展，使创新成果转变为实实在在的经济活动，培育发展新动力。

（2）塑造老少边穷地区的空间经济自组织。空间经济自组织的形成是区域经济发展进入良性循环的重要标志。当系统处于自组织状态时，系统将会具备内生的调节能力，而不需要外部的干预。在区域经济发展中，空间经济自组织主要体现在区域主体的空间行为彼此产生累积因果的内生动力，这种动力推动着区域经济结构的演化。此时，区域经济将会形成自身的内生增长机制。因此，空间经济自组织的形成标志着区域真正处于协调发展状态。

在现实中，一些具备发展潜力的老少边穷地区往往面临着经济发展内生动力不足的问题。一般而言，从宏观经济学来看，经济发展的动力主要来源于"三驾马车"，即消费、投资、出口。但是长期以来，我国经济增长的推动力在于政府的宏观经济政策或者说是政府主导下的投资与出口，对消费重视程度不够。尽管老少边穷地区自身的经济发展水平低、市场规模小、消费能力低，但要积极契合中国整体消费升级的大趋势，发挥自身优势。具体来看，我国的消费升级主要有三大趋势。一是从传统消费到新兴消费。随着收入上升和人口老龄化，食品在消费中的占比正在持续下滑，而耐用消费品占比也将见顶下滑，以衣食住行为代表的传统消费比重趋于下行，而新兴消费占比则趋于上行。二是从数量消费到质量消费。收入上升为人们改善生活质量提供了物质基础，而人口老龄化的到来令提升生活质量变得更为迫切，技术进步则降低了生活质量提升的成本，使得这种改善加速到来。在食品消费中，饮食不再纯粹以温饱为目标，膳食均衡、膳食健康被赋予更高的权重，这在肉类、饮料类消费中均有所体现。在耐用品消费中，舒适化和智能化成为新的方向。三是从物质消费到服务消费。随着收入持续上升，服务消费的重要性得到凸显，医疗教育、信息服务、文化娱乐等领域的消费呈现爆发式增长。在服务业内部，节约时间和提升体验度被赋予更高的溢价。因此，老少边穷地区在自身产业发展方向上也要积极契合上述发展趋势，例如，充分利用自身的自然环境、人文等方面的优势发展旅游业等生产性服务业。

此外，在增强老少边穷地区的内生发展动力上，要切实提高老少边穷地区的全要素生产率。具体而言，老少边穷地区要紧紧依靠科技管理创新和人力资源开发利用，加快改造提升传统产业，不失时机地发展战略性新兴产业，尤其是以节能增效和生态环保为抓手，强化技术改造，淘汰落后产能，加快发展绿色经济、循环经济和节能环保产业，推广应用低碳技术，积极应对气候变化，实现产业升级和结构优化。要立足当前，着眼长远，致力于加快经济发展方式转变，推动经济转型和发展模式创新，着力提高经济增长质量和效益，增强发展动力。

（二）不具备发展潜力的老少边穷地区

不具备发展潜力的老少边穷地区指的是那些自身要素禀赋存在明显劣势，而又难以改善的区域，这意味着即使给予这些老少边穷地区外生的政策干预，也难以实现自身的内生增长。针对这些区域的不同情况可以采取以下针对性策略。

1. 区域援助

区域援助政策是指政府针对具有一种或多种区域问题而且难以依靠自身力量解决这些问题的问题区域采取的一系列政策手段组合，旨在缓解或解决问题区域所面临的经济社会发展障碍，促进地区协调发展[①]。对于这些不具备发展潜力的老少边穷地区，由于其自身发展能力不足，基于包容性增长的发展理念，需要在上一级政府的主导下，通过区域间的转移支付，完善老少边穷地区的基础设施、社会保障与公共服务。此时政策的核心是实现区域间的公平。实践中，我国实施了大量的区域援助，例如中央与省级政府主导的区域间财政转移支付、区域间的对口支援等。从国内外的相关实践来看，区域援助政策的关键是要制定明确的进入与退出标准，例如国外往往对人均收入、失业率、经济增长率等制定明确的标准，否则区域援助政策容易让被援助地区产生严重的政策依赖，不利于其长期发展。

---

① 邬晓霞，魏后凯. 实施差别化国家区域援助政策的科学基础与基本思路 [J]. 江海学刊，2011（3）：84-89.

2. 人口易地搬迁

从政策效率来看，现实中一些老少边穷地区的人口主要居住在深山、石山、高寒、荒漠化、地方病多发等生存环境差、不具备基本发展条件，以及生态环境脆弱、限制或禁止开发的区域，对于这类自然条件恶劣、经济发展要素禀赋条件一般以及人口居住密度很低的老少边穷地区，那些旨在提升其经济发展水平的政策往往实施成效是很低的。此时，在文化、社会以及经济条件允许的情况下，采用人口易地搬迁的方法，将分散的人口转移出来，集中安置到基础设施条件良好、就业方便的区域，建立新的人口集聚区，这对于提升资金的使用效率、获取规模收益都是非常有利的，我国在扶贫中实施的易地扶贫搬迁政策也属于这一类型。人口易地搬迁策略实施的关键在于搬迁目的地的选取，如果能够搬迁到那些具备发展潜力的区域，那么通过政策的刺激可以实现其内生的增长；如果搬迁目的区域仍然不具备发展潜力，那么仍然主要依赖区域援助来实现老少边穷地区的包容性增长。但是，相对于搬迁之前分散的居民模式，政策效率仍然得到了提升。

第五章
构建多中心、群网化的城市体系

中国进入新的时代,现代化经济体系的发展也要求塑造现代化的城市新体系,问题是,适应现代化经济体系和区域协调发展要求的中国城市新体系是什么模样?要如何构建这样的新体系?

第一节 构建多中心、群网化城市体系的背景与经验

一、现代化经济体系、区域协调发展与城市新体系

城市是人类文明的标志，是人类发展的内容，也是国家和区域发展的核心。从全世界范围看，经济社会发展与城市及城市体系演化发展是互促共进的，一方面，经济社会发展需要并促进与相应的城市规模、水平、形态和结构相匹配；另一方面，城市的规模、水平、结构和形态又反过来影响着经济社会的发展。城市与经济社会发展也在一定程度上通过区域关系来反映和表现。

随着国家工业化的不断推进和收入水平的逐步提高，大量劳动力从低就业、低产出的农业部门和农村地区不断转向高就业、高产出的非农产业部门和城市地区，这是一国城镇化加快推进的核心内容和重要表现，展现了由传统农业社会迈向工业社会，又从工业社会迈向服务社会的进程。与此相对应，国家的区域关系也发生了重要变化，一国的城市体系发生着深刻的演变。

我国作为拥有大约1/5世界人口和1/15世界陆地面积的巨型国家，过去40多年实现了从贫穷到温饱，从温饱到小康，再从小康向基本现代化和全面现代化转变的过程。与此相对应的经济发展也经历从传统农业经济向工业化前期和中期转变，进而向工业化后期的现代化经济体系转变的过程。区域间的关系从不协调到严重失调，再到趋向协调发展。

中国在改革开放40多年的快速经济增长过程中，劳动力就业和城乡人口空间分布结构也出现了巨大变化，大量的农村剩余劳动力不断进入城市，进而逐渐导致中国城镇化进程加速。根据国家统计局的统计数据，中国城镇化率由1978年的17.92%稳步提升至1995年的29.04%，提高了11.12个百分点。1996年后，中国步入城镇化加速发展期，城镇人口由37304万

人增加到 2014 年的 74916 万人，扩大了 2 倍多，城镇化率由 30.48% 上升到 2014 年的 54.77%。其间，2011 年城镇化率首次突破 50%，达到 51.27%，城乡人口结构发生逆转。在当前中国城镇化加速发展期，伴随着国家交通状况的不断改善，以及大规模人口在城乡和区域之间的流动转移，中国的经济空间正在重塑，城市体系正在发生深刻的变化。

二、城市新体系构建的理论依据及国际经验

从本质上看，城市体系是在一定空间范围内，以中心城市为核心，各种不同性质、规模和类型的城市相互联系、相互作用的城市群体组织，城市规模体系、空间结构体系、组织体系和联系体系是城市体系的主体。城市体系本身含有多空间尺度、中心性、集群性和联系性等属性。

在动力机制上，城市体系的形成与演变是在特定的自然地理条件和经济社会发展环境下，由家庭、企业和政府部门三大主体的空间互动及经济活动集聚与扩散机制复杂博弈的结果，并从城市内部和城市（大都市区）之间等不同空间尺度上呈现着多中心城市体系的演变过程。

在全世界不同国家城市发展及城市体系形成与演变的过程中，个性与共性特征并存，尤其是在城市规模体系、空间结构体系、组织体系和联系体系方面存在的普遍趋势、基本特征及发展经验，对于研究中国的城市发展和城市体系的形成与演变具有重要的启发和借鉴意义。

（一）城市规模体系的大型化

城市规模体系是城市体系的核心内容，它实质上指的是与城市规模相关的城市等级关系，集中体现为城市首位分布与位序-规模分布两方面内容。一国首位城市究竟有多大以及哪种规模分布更为合理，既是相对的，也是绝对的，相对性体现在与其他城市比较以及经济发展阶段有关，绝对性体现在国家人口规模直接决定着首位城市及其他城市规模的大小。

纵观国外发达国家与发展中国家城市规模体系的演变历史，并结合现

阶段各国城市规模体系发展程度可以发现：总体上，随着国家城镇化率的不断提升，城市人口比例越来越高。另外，发达国家和发展中国家城市规模体系呈现出明显不同。发达国家尤其是欧洲的小城市普遍较多，城市规模相对均衡，而发展中国家城市规模差异非常大，少数几个大城市集聚了全国相当一部分人口，城市首位度非常高，城市之间规模分化非常严重。发展中国家大城市在迅速发展，其人口规模的不断增长使这些发展中国家大城市的规模已经接近发达国家大城市的规模，而且这些大城市的规模还在不断膨胀，并不断吸收国家更多的要素资源。

城镇化发展过程中城市规模体系的变化除了具有相似之处外，不同地区也有不同的特色。

在欧洲，除伦敦、莫斯科等巨型城市外，其他大部分城市规模均偏小，紧凑性较强，这主要是因为欧洲城镇化起步较早，2000年以前欧洲的城镇化率就已经接近80%，其他大部分城市均为中心型城市，欧洲人口过百万的城市只有35个。

在北美，由于受人口密度和发展区位特点的影响，其人口主要分布在东部和西部沿海地区，这就导致其城市规模体系具有城市规模较大、分布松散的特点。20世纪60年代，美国有38.7%的人口生活在总人口超过100万的大城市，而这一比重一直在上升。

在东亚，城市规模大小分化较为严重，像东京、北京、上海等为全球范围内的巨型城市，但该地区人口总量不足100万人的中小型城市较高。同样，非洲和南美与东亚城市规模体系分布有共同的特点。

总体而言，城市规模与工业化进程和地区生活习惯有密切关系，其在工业化各阶段表现出不同的特点和规律：在工业化初期阶段，城市规模普遍较小，分布较为分散；在工业化中期阶段，个别城市规模开始急剧扩张，形成大城市带领小城市的规模格局；在工业化后期阶段，城市规模均衡发展，形成城市规模偏小且紧凑的格局。

（二）城市结构体系的多中心

城市结构体系是指城市内外部各区位之间的关系，即单中心、双中心或多中心结构。从一个城市自身发展看，城市发展初期，城市呈现出单中心结构，当城市超过一定规模，可能向多中心演化。从国际经验看，随着经济和科技发展，大多城市先后从单中心向多中心发展。

从发达国家来看，美国城市化水平在突破70%后，洛杉矶、纽约等大都市开始突破单核发展模式，城市空间从单中心结构向多中心结构演变。在美国，有首都华盛顿，纽约金融中心、洛杉矶影视文化中心、芝加哥工商业中心、底特律汽车工业中心、西雅图飞机航空工业中心、波士顿高等教育中心等多中心结构。同时，大西洋地区的费城、纽约城、匹兹堡，太平洋海岸区的西雅图、波特兰、旧金山、洛杉矶，密西西比河谷地区的底特律、芝加哥、辛辛那提、克利夫兰还构成了美国的区域性多中心城市空间结构。

在法国，1965年，巴黎在区域规划中首次提出建设新城，由单中心向多中心发展。沿着城区的外围地区，巴黎建设了马恩拉瓦莱等5座新城。新城并不脱离巴黎独立发展，而是与老城互为补充，构成多中心的城市体系。而且巴黎的新城各具特色，可以避免同质化竞争，其公交化率达到85%，比老城还要高，5条轻轨与巴黎老城紧密连接，居民能在工作、生活方面享有与巴黎老城同等的水平，已成为巴黎大区新的增长中心。

在新加坡，也曾采用单中心同心圆的空间结构。从1953年开始，新加坡重新确定了葡萄串式的空间结构发展模式，沿南海岸环岛建设了47个新镇，而且各城区由快速有轨交通相互连接。

在日本，东京为解决中心区人口过度集聚问题，1969年制定了《城市改建法》，将东京城由原来的单中心结构转变为由中心区、新宿、池袋和涩谷共同组成的多中心结构，并促进城市中心职能分散化。

（三）城市组织体系的都市圈、城市群、城市带

城市组织体系是城市之间的自组织状态，如是孤立的城市还是都市区、都市圈、城市圈、城市带。自从1957年戈特曼提出大都市带的概念

后，与城市群相近的概念也逐渐涌现。随着中国城市规模向外扩散和城市群组织结构的发展变化，城市群组织及其体系将成为研究中国城市体系不容忽视的内容。从全球范围看，城市组织体系经历了由单个城市向大都市区、都市连绵带和城市群的演变过程。

就城市群而言，纵观世界发达地区城镇化进程的推进，既不是个别城市群的"一城独大"，也不是多数城市群的"简单均衡"，而是通过多层次梯度演进的城市群规模体系格局的发展来推动的。根据城市群中各城市规模和功能的不同，城市集群化组合又可以分为两种形式：一是单中心城市群，即以某个大城市为核心，逐步向外扩展，在其周围形成若干中小城镇的团状群组；二是多中心城市群，即由若干座规模相仿的城市为中心，组成多核心带状或块状的城市群。随着社会经济的发展，城市化程度也越来越高，城市群在国家中的地位越来越重要，不仅数量迅速增加，规模逐渐扩大，而且经济总量占国家经济总量的份额也越来越大（见图5-1）。同时，城市群呈现出空间结构复杂化、产业结构分化等特点，并且随着竞争日趋激烈，一些地方开始出现更高层次的大城市集群区。

以美国为例，作为全球城镇化水平最高的国家之一，美国在城市群发

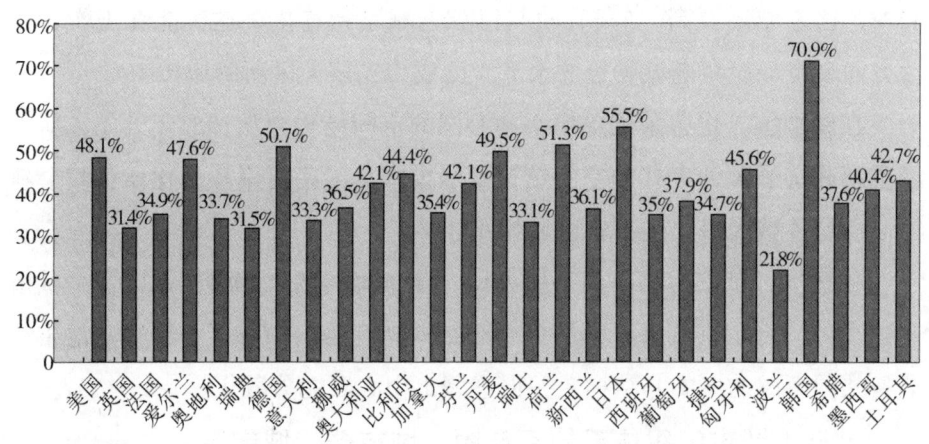

图5-1　经济合作与发展组织（OECD）城市群GDP占所在国GDP的比重
注：OECD城市群GDP是通过对一国的各个城市群GDP进行加总获得的。

资料来源：OECD Territorial Reviews: *Competitive Cities in the Global Economy*。

展方面大致经历了三个阶段。第一阶段是从1850年到1945年，第一次工业革命使得城市成为以制造业为主的经济活动中心，在纽约、芝加哥、洛杉矶等大城市聚集了大量的人口和产业活动，在空间上表现为城镇的集聚，美国城市群开始出现；第二阶段是"二战"以后到20世纪70年代，以大都市区为代表的城市群成为美国城市发展的主流，随着交通和通信的发展，太平洋沿岸的波士顿、纽约、费城、华盛顿等和北美五大湖沿岸城市相互连接，最后发展为跨越数州的都市圈；第三阶段是从20世纪70年代至今，城市群的发展趋缓，在空间上表现为城镇的扩散，整个区域城镇化水平达到均衡状态，城市群外延式扩展形成城市带。

目前，城市群在美国分为两个档次：大城市群和大都市区。大城市群的功能是带动全国经济发展，大都市区的功能是带动地区经济发展。美国主要有东北部大西洋沿岸城市群、北美五大湖城市群和洛杉矶大都市区。美国东北部大西洋沿岸城市群是最为典型的核心带动发展模式，即纽约居于绝对核心地位，其他核心城市如波士顿、巴尔的摩、费城等都有各自的优势产业，并形成了与纽约错位发展的格局。北美五大湖城市群是齐头并进的城市群发展模式，以芝加哥为代表的多个中心城市在功能上各有所长、互相依存，形成齐头并进的城市群发展特征。洛杉矶大都市区属于多中心格局大都市区发展模式，洛杉矶城市布局是以组团模式发展起来的，打破了市区和郊区的传统规则，是典型的同核城市群。

（四）城市联系体系的网络化

城市联系体系也是城市的功能体系，是指城市间在重要功能上的相对关系。在工业化初期，城市之间表现出中心与外围的等级关系，但是随着经济与科技的发展，尤其是全球化和新科技的发展，城市体系由等级化逐渐走向网络化，城市之间形成分工协作、密切联系、水平而非层级性的网络体系。城市体系的网络化联系是指，随着全球一体化分工和城市专业化发展，各城市在功能上由垂直的关系变成了垂直和水平兼有、互补和协调并存的关系。城市网络更加强调城市之间的合作关系，特别是功能的互补和协作，从而形成水平而非层级性的联系和流动的网络体系。

在北美，美国的城市体系大致经历了三个发展阶段：19世纪以前为大城市时期，20世纪前半叶为城市带时期，20世纪中期至今为大城市区时期。第一阶段的大城市时期强调城市的规模等级，大城市依靠规模优势控制、领导腹地小城镇，但大城市之间的联系并不紧密。第二阶段的城市带时期，在空间上表现为连绵不断的城市群，如东北部大西洋沿岸的波士华城市带以及五大湖南岸城市带，大城市与其周围小城市的联系更加紧密，形成生产活动横向关联的带状系统，但从功能上讲，当时的城市带主要还是制造业带。第三阶段的大城市区则是在城市带的基础上融合而成的，在地域上形成连片的城市区域，目前美国已经形成了8个大城市区。与城市带相比，大城市区的规模更大、功能更加综合、联系更加紧密，大城市已不再像早期那样"身兼数职"，中小城市则多为专门化的工商业节点，城市之间形成分工协作的网络系统。中心城市与中小城市之间的功能联系有两种基本类型：第一种是中心城市的功能扩散型，从而形成了同行业地域间协作；第二种是互补型，即中心城市与节点城市的功能互补。

在欧洲，目前也出现了8个多中心巨型城市地区，分别是英格兰东南部地区、荷兰兰斯塔德地区、比利时中部地区、莱茵-鲁尔地区、莱茵-美茵地区、瑞士北部地区、巴黎地区和大都柏林地区，这些巨型城市地区均呈现出明显的网络特征。荷兰兰斯塔德地区是其中的代表，阿姆斯特丹、鹿特丹、海牙和乌得勒支这4个荷兰大城市成为网络中的主要节点，周围还有众多专业化特点明显的中小城镇，城市之间职能分工明确，并通过完善的基础设施和发达的管理协调网络密切联系，形成了相对独立又彼此关联的网络系统。然而，也需要认识到网络化并非完全取代等级，而是在网络中整合等级，但城市在网络中所处的地位主要取决于其所承担的城市功能而非规模等级。

第二节 支撑现代化经济和区域协调的未来城市体系

一、中国城市体系发展未来趋势判断

作为世界上人口数量庞大、国土面积辽阔的巨型国家，中国改革开放40多年来城镇化进程迅速推进，区域以及城市内部交通等基础设施不断完善，城市体系发生着深刻的变化，东部沿海和内陆地区出现了规模不等的城市集群发展现象。城市群的产生，标志着中国城镇化进程进入了一个崭新的阶段。按照中国进入新时代，构建现代化经济体系和区域协调发展的条件及要求，结合理论、国际经验和中国城市发展历程，基于中国巨型国家在人口规模、经济发展、制度政策等方面的特征及其变化趋势，我们预判：中国的城市体系将是一个城市群体系，它在局域空间尺度上体现为城市群内部的多中心城市体系，从全域空间尺度上体现为巨型国家的集群化、哑铃型、多中心和网络化城市体系。从总体上看，将是一网数带、数十群、数百都市圈、数千城市、数万小镇的城市体系格局。

（一）中国将形成集群化的城市组织体系

结合国家城市首位度和最优规模理论，在现有交通条件下，国家人口规模直接决定了我国多个中心的数量及人口规模分布。中国庞大的人口数量决定了其基本的城市区域单元将是比单个城市规模更大的城市群（或大都市区），在国家快速交通网络已经出现的条件下，人流、物流、资金流、信息流等空间流交汇频繁，城市孤立发展的格局将被打破，中国巨型国家城市体系将呈现为一个由诸多规模不等的城市群组成的集群化城市组织体系。

（二）中国将形成哑铃型城市规模体系

根据理论推论和国际经验，中国将形成"两端大、中间小"的哑铃型城市规模体系。第一，根据国家城市首位度，中国中心城市的人口规模还将扩大。第二，根据人口最优规模理论以及国际经验，中国人口100万以上的大城市应该保持在一定比例，并且还将继续增加（除非没有人口储备，不然就会向最优规模发展）。第三，中间位序的中小城市可能会进一步弱化（人口增长较慢）。一方面，经济竞争力强的中小城市将大型化；另一方面，中小城市分化还会继续进行。第四，小城镇将在分化中发展。一方面，城市周边和城市群内的小城市、发达地区、人口密集区的小城镇，将得到更好的发展；另一方面，远离城市和城市群、经济落后、人口稀少地区的小城镇，将消失合并，大批的农村居民点将消失。

（三）中国将形成多中心城市结构体系

结合国家城市首位度和最优规模理论，一个国家或地区的中心数量取决于该国的人口规模以及交通条件。在中国这样一个幅员辽阔、人口规模庞大的巨型国家里，将形成一个多尺度的多中心城市结构体系。第一，从国家尺度上看，整个中国将出现多中心的城市群体系；第二，从城市群尺度上看，中国大城市群内将是一个多中心的体系；第三，从城市内部看，随着人口规模的继续增加，大城市内部将呈现多中心。

（四）中国将形成网络化城市联系体系

随着国家工业化水平的提高和城市发展向高级形态的演变，在现代化经济体系下，城市间将形成不同城市间功能差异、互补的城市联系体系。在城际快速交通网络的建立和地区开放发展过程中，中国将逐步形成网络化城市联系体系。第一，城市功能网络化，即不同城市间形成水平分工和功能互补；第二，空间联系将从点联系发展到线联系，再发展到点线联系相结合的面联系和网联系，呈现出点、线、面、网的多元化空间联系形态。

二、以城市群为主体，多中心、网络化城市体系的设计

根据理论分析，将代表城市未来潜力的可持续竞争力与代表城市未来规模的腹地人口相结合，构建城市之间的引力模型①，以全国287个地级及以上城市为样本（不包括港澳台地区和拉萨市），分别计算了基于城市规模和主要功能的城市吸引力指数，然后将其叠加，得到一个全新的、多中心的、网络化的、集群化的国家城市体系。这一体系是对国家未来城市体系的预判，预计到2030—2050年，国家城镇化率将超过70%。此外，通过计算每个城市与全国其他286个地级及以上城市空间联系强度的总和，获得该城市的对外经济联系总量，用以反映每个城市与其他城市空间相互作用的总和（见表5-1）。

表5-1 对外经济联系总量前十名的城市及其指数

城市	对外经济联系总量指数	排名	城市	对外经济联系总量指数	排名
上海	1	1	深圳	0.3405	6
北京	0.7331	2	杭州	0.3288	7
广州	0.5537	3	武汉	0.3123	8
苏州	0.4902	4	佛山	0.3098	9
天津	0.4543	5	南京	0.2990	10

资料来源：中国社会科学院城市与竞争力指数数据库。

从对外经济联系总量上看，上海在全国287个地级及以上城市中排名第一，对外经济联系总量最大，在全国的影响范围也最大。在快速综合交通体系下，上海、北京、广州等区域中心城市的对外经济联系总量巨大，其辐射范围也将不断扩大。

---

① 受文章篇幅限制，正文中省略了引力模型的构建和计算过程，如有需要请与课题组联系。

（一）未来中国以城市群为主体的城市规模体系

根据城市空间联系总量的排名确定区域中心城市，使用邻近原则，"自下而上"逐级归并①，确定城市群的精确范围。我们最终确定了29个城市群，涵盖29个中心城市，共计209个地级及以上城市，剩余78个城市不在城市群范围内。这29个城市群的范围已经打破了省级行政界线的限制，城市群的组织更为高效。城市群覆盖的城市越多，中心城市之间的联系度就越高，这说明城市之间越具备城市群体系的特点，用城市群体系研究国家城市体系就越准确。

我们将每个城市群视为一个城市，精确计算城市群的对外经济联系总量，并进行排名。得到了以上海为中心城市的长三角城市群、以北京为中心的京津唐城市群和以广州为中心的珠三角城市群为29个城市群空间联系总量前三名的城市群。与城市的归并过程类似，同时考虑国家的七大地理分区（东北、西北、华北、华中、华东、华南、西南），在每个区域都确定一个规模较大的城市群作为区域的中心，最后确定了每个区域的经济腹地范围，得到七个区域中心城市分别为：上海、北京、广州、郑州、重庆、沈阳和西安。

中国空间联系总量最大的三个城市群中上海的影响范围最大。上海作为全国的中心城市，其影响范围不仅限于长三角最初的十几个城市，而是逐渐向西延伸，辐射苏、浙、皖并与中原城市群、长江中游城市群、川渝城市群相连，甚至对西北地区的关中城市群、西南地区的滇中城市群和黔中城市群都有辐射作用。北京作为全国中心城市主要辐射华北和东北地区，广州的影响范围主要在东南地区，相对于上海和北京而言，辐射范围相对有限。表5-2所示即为中国未来城市（群）体系。

---

① "自上而下"的逐级归并是指将城市空间联系总量由高到低排列，从排名靠后的城市开始，找到与之空间联系最密切的城市，形成隶属关系并进行归并，直到将所有城市归并到中心城市为止。

表5-2 全国29个城市群归并结果

全国中心城市	区域中心城市	城市群中心城市	地级及以上城市
上海	上海	杭州、南京	杭州、嘉兴、湖州、绍兴、宁波、舟山、南京、扬州、常州、泰州、镇江、无锡、南通、苏州、金华、衢州
		徐州	宿迁、连云港、宿州、淮北、济宁、枣庄、临沂、淮安、盐城
		合肥	马鞍山、滁州、芜湖、铜陵、安庆、池州、宣城、六安、蚌埠、淮南
		福州	泉州、漳州、厦门、宁德、莆田
		南昌	景德镇、九江、鹰潭、上饶、抚州
		温州	丽水、台州
		菏泽	商丘、亳州、濮阳
	郑州	洛阳	新乡、平顶山、焦作、许昌、开封、漯河、驻马店、三门峡
		武汉	黄冈、黄石、孝感、咸宁、鄂州
		南阳	襄阳、十堰、随州
	西安	咸阳	渭南、宝鸡、铜川、运城、天水、汉中、安康、商洛
		兰州	定西、白银、武威、西宁
		银川	吴忠、中卫、石嘴山、乌海
	重庆	成都	南充、绵阳、乐山、德阳、眉山、内江、遂宁、资阳、广安
		贵阳	遵义、六盘水
		昆明	曲靖、玉溪、保山、普洱、临沧、昭通
北京	北京	天津	唐山、沧州、张家口、秦皇岛、廊坊、承德
		呼和浩特	包头、鄂尔多斯
		太原	忻州、晋中、吕梁

| 区域协调发展战略

续表

全国中心城市	区域中心城市	城市群中心城市	地级及以上城市
北京	北京	济南	青岛、潍坊、烟台、淄博、威海、东营、日照
		保定	石家庄、衡水、邢台、邯郸、阳泉、沈阳
	沈阳	大连	鞍山、抚顺、本溪、丹东、营口、铁岭、盘锦、辽阳、锦州、阜新
		哈尔滨	齐齐哈尔、绥化、牡丹江、大庆、鸡西、双鸭山、鹤岗、七台河、伊春、佳木斯
		长春	吉林、四平、松原、辽源
广州	广州	深圳	佛山、江门、惠州、肇庆、珠海、东莞、中山
		长沙	株洲、湘潭、邵阳、衡阳、益阳市、娄底、常德、永州
		湛江	茂名、阳江 海口、三亚
		汕头	揭阳、潮州、梅州、河源、汕尾
		南宁	北海、防城港、钦州、崇左、柳州、桂林、来宾

资料来源：中国社会科学院城市与竞争力指数数据库。

未来形成国家层面的多中心、网络化、集群化城市体系。具体表现为以城市群为空间单元的多中心体系，即以上海、北京、广州作为城市群中心城市的长三角、京津唐和珠三角城市群形成了国家层面的多中心体系。同时，以三大城市为中心，以三大城市群为依托，除未设市的地区因数据缺失无法获取计算结果外，其辐射范围覆盖了全国绝大部分地区。从空间联系的角度看，长三角城市群处在全国中心区位，向北与京津唐城市群，向南与珠三角城市群形成空间联系网络。

未来形成区域层面的多中心、网络化、集群化城市体系。分别以上海、北京、广州、郑州、重庆、西安和沈阳为中心城市的七大区域也形成了区域层面的多中心、网络化、集群化城市体系。同时，每个区域都包含多个城市群，每个城市群的中心城市与区域中心城市又形成了区域内部的多中心、网络化、集群化城市体系。从空间区域来看，华北地区的多中心、网络化、集群化城市体系由区域中心城市北京，与城市群中心城市天津、呼和浩特、太原、济南、保定组成。华中地区由区域中心郑州，与城市群中心城市洛阳、武汉、南阳组成。华东地区由区域中心上海，与城市群中心杭州、南京、徐州、合肥、福州、南昌、温州、菏泽组成。华南地区由区域中心广州，与城市群中心深圳、长沙、湛江、汕头、南宁组成。东北地区由区域中心沈阳，与城市群中心大连、长春、哈尔滨组成。西北地区由区域中心西安，与城市群中心咸阳、兰州、银川组成。西南地区由区域中心重庆，与城市群中心成都、贵阳、昆明组成。

未来形成城市群的多中心、网络化、集群化城市体系。长三角城市群由上海、杭州和南京组成了城市群的多中心体系，形成了"群下有群"的体系结构。珠三角城市群以广州、深圳为中心组成了多中心体系。京津唐城市群以北京和天津为中心共同组成了多中心体系。成渝城市群以重庆和成都为中心组成了多中心体系。海峡西岸城市群以福州和厦门为中心组成了多中心体系。中原城市群以郑州和洛阳为中心组成了多中心体系。辽中南城市群以沈阳和大连为中心组成了多中心体系。山东半岛城市群以济南和青岛为中心组成了多中心体系。关中城市群以西安和咸阳为中心组成了多中心体系。还有一些城市群经过成长会在未来的城市群体系中发挥更重要的作用。如以南阳为中心的鄂豫、以菏泽为中心的鲁豫皖，以及呼包鄂、浙东、黔中、滇中、环鄱阳、北部湾、兰西、汕潮揭、琼海等城市群，现阶段已经具备了城市群经济的形态，未来将不断成长走向成熟。

（二）未来中国以城市群为主体的城市功能体系

我们设计了四类指标来分别测量城市的制造、金融、科技与文化功能，并用引力模型测算了地级及以上城市四大功能的吸引力指数。透过城市之间功能城市吸引力指数可以看出城市在某个功能上对外联系的情况，同时也可以看出城市功能的网络化发展格局。表5-3列出了制造、金融、科技和文化功能指数排名前20位的城市情况。

表5-3 四大功能指数排名前20位的城市

排名	制造功能		金融功能		科技功能		文化功能	
	城市	指数	城市	指数	城市	指数	城市	指数
1	东莞	1.000	上海	1.000	北京	1.000	北京	1.000
2	苏州	0.962	北京	0.916	上海	0.988	上海	0.952
3	广州	0.931	深圳	0.760	南京	0.596	苏州	0.800
4	上海	0.836	广州	0.661	广州	0.585	西安	0.794
5	佛山	0.834	苏州	0.578	苏州	0.562	武汉	0.781
6	深圳	0.807	天津	0.485	杭州	0.481	杭州	0.760
7	无锡	0.793	杭州	0.453	天津	0.480	南京	0.753
8	南京	0.744	无锡	0.417	深圳	0.473	济南	0.658
9	杭州	0.733	南京	0.390	无锡	0.464	广州	0.648
10	天津	0.731	武汉	0.388	武汉	0.423	绍兴	0.642
11	北京	0.731	宁波	0.337	常州	0.393	郑州	0.611
12	合肥	0.707	济南	0.322	合肥	0.354	洛阳	0.571
13	武汉	0.700	长沙	0.311	佛山	0.322	天津	0.551
14	郑州	0.656	西安	0.296	济南	0.311	镇江	0.547
15	常州	0.652	佛山	0.289	镇江	0.310	无锡	0.538
16	济南	0.649	合肥	0.281	郑州	0.305	长沙	0.509
17	镇江	0.648	厦门	0.258	长沙	0.295	扬州	0.492
18	长沙	0.619	郑州	0.245	宁波	0.287	安阳	0.488
19	徐州	0.611	青岛	0.243	西安	0.284	南昌	0.484
20	宁波	0.584	成都	0.236	嘉兴	0.266	佛山	0.467

数据来源：中国社会科学院城市与竞争力指数数据库。

从中国四大功能指数的城市排名可以看出,很多城市集多种功能于一身,这里取每个城市四大功能中排名最靠前的功能作为城市的功能定位。全国层面功能中心的辐射范围可以扩展到全国,因此,形成跨区域的空间联系网络。其余区域层面中心城市的辐射范围主要在区域内部的城市群之间,形成区域内网络关联。

第一,上海、北京和广州等既是全国的中心,又是组合多功能的中心。基于代表城市未来发展潜力的可持续竞争力与城市腹地人口相结合,测算的城市联系度结果显示,上海、北京和广州是国家级中心城市,三个城市的辐射范围覆盖到全国。从功能中心的测算结果发现,上海、北京和广州同时又拥有多个中心功能,而且与各自区域内的其他中心城市形成组合多功能的中心,让三大城市的实力更加雄厚,辐射能力更加突出。上海作为全国的金融中心,兼具文化和科技中心功能,同时与区域制造中心苏州、科技中心南京组合,使区域发展更加多元,分工更加合理,经济效率得到提升。北京兼具全国科技和文化中心功能,与区域制造中心天津组合,形成区域内网络化发展格局。广州本身具备制造、金融和科技功能,与全国制造中心东莞、区域金融中心深圳形成组合,功能互补,提升城市整体实力。

第二,制造业的全国中心城市为东莞、苏州和天津等。三大城市群的制造业中心城市主要为珠三角城市群的东莞、广州、佛山、深圳,京津唐城市群的天津以及长三角城市群的苏州、上海、无锡、南京等,其余制造业中心城市还包括中原城市群的郑州、江淮城市群的合肥、武汉城市圈的武汉,上述这些制造业中心城市主要位于华东、华南及中部地区,其相互之间通过城市信息流、物质流等沟通连接,组成制造业中心城市网络。

第三,金融业的全国中心城市为上海、北京和深圳等。在全国中心城市的辐射带动作用下,珠三角城市群的佛山,京津唐城市群的天津,长三角城市群的苏州、杭州、无锡、南京等都是区域及城市群的金融中心城市。其他金融业中心城市包括武汉城市圈的武汉、山东半岛城市群的济南以及长株潭城市群的长沙，这些不同层面的金融业中心城市通过其较高的交通可达性，叠加为一个集约化的金融业中心城市网络。

第四，全国层面的科技中心城市为北京、上海和广州等。区域及城市群的科技中心城市主要分布在长三角、京津唐、珠三角城市群，即长三角城市群的南京、苏州、杭州、无锡，京津唐城市群的天津以及珠三角城市群的深圳、佛山等，其余科技中心城市包括武汉城市圈的武汉、山东半岛城市群的济南以及江淮城市群的合肥，这些不同层面的科技中心城市在区域版图上相互呼应，构成集群化的网络结构。

第五，全国层面的文化中心城市为北京、上海和广州等。在设置功能城市的指标时为避免功能之间的重复，文化城市的指数更加侧重对历史文化底蕴和现代文化气息的考量。北京的文化功能全国排名第一，是京津唐城市群、华北地区以及全国范围的中心城市。长三角城市群的苏州、杭州、南京、镇江、无锡凭借丰厚的历史文化遗迹和多元的现代文化成为全国、区域以及长三角城市群的文化中心。广州是华南地区以及珠三角城市群的文化中心。其他文化中心城市有武汉城市圈的武汉、山东半岛城市群的济南、关中城市群的西安，以及中原城市群的郑州、洛阳，这些不同层面的文化中心城市主要分布在华北、华东、华中和西北地区，组成一个文化中心网络。

第三节 构建未来中国城市体系的对策与建议

理论模型及国际经验皆显示,单靠市场力量驱动下的城市发展通常会超出最优规模而造成"城市病"等严重问题,由于存在市场失灵,实现以上目标,需要更好地发挥政府的作用。随着中国迈入新时代,中国城市和城镇化也进入新阶段并被赋予新的任务,为适应现代化经济体系建设和发展的需要,巨型国家经济、社会和环境的健康和可持续发展必须以完善的城市体系为支撑。为此,规划和构建中国城市体系应确立"经济竞争力强、社会凝聚力强、环境永续力强"三个目标价值,以及"多中心、网络化、集群化、哑铃型"四项目标任务,采取重点发展城市群体系、放开对大城市的限制、因地制宜区别发展小城镇、构建多尺度的多中心以及促进城市空间和功能体系的网络化等五项路径措施,推进建立一个以城市群为主体,经济竞争力强、社会凝聚力强、环境永续力强的多中心网群化城市体系,支撑中国的现代化发展和民族复兴。

一、中国城市体系建设需要围绕三个目标价值

顺应发展规律是规划城市体系的根本立足点。城市体系实质上涉及的是人口分布与产业体系。人口向就业机会集中、劳动生产率高、收入吸引力强的城市特别是大城市迁移是内在的经济规律使然。而人口与产业的集聚和联系能够创造规模经济,并促进规模红利的共享,这也是一个普遍的规律。因此,任何违背经济规律制造新的公共服务不均等、将人口限制于中小城市(镇)等的做法不仅将直接造成经济增长效率的损失,还会严重影响社会公平,降低资源环境的利用效率。为了更好地顺应城镇化的客观规律、满足巨型国家转型的迫切需要、开拓城市体系支撑国家发展新格局,规划和构建中国的城市体系必须从经济、社会和环境层面确立目标价值。

（一）经济竞争力强

该目标价值是指城市体系要具备较强的创造经济价值、获取经济租金的能力，从竞争力的产出方面体现城市体系中城市集群化组织更多、更高效、更快地创造价值，获取经济租金，从而不断为国民提供福利。

（二）社会凝聚力强

该目标价值要求城市体系的构建要遵循公平性目标原则，符合凝聚社会力量、缩小地区差距、共享发展成果、促进社会转型的目标要求，能够让不同城市和地区获得公平的发展机会，更好地实现协调发展，促进社会和谐稳定。

（三）环境永续力强

该目标价值从环境维度上体现城市体系要具备较强的环境永续发展能力，要求经济发展与社会进步要以自然资源的永续利用和良好的生态环境为基础。城市体系的规划要在兼顾效率和公平的过程中保护环境，以便可持续地促进经济发展和社会进步。

二、中国城市体系建设需要完成四项目标任务

顺应发展规律，基于"经济竞争力强、社会凝聚力强、环境永续力强"三个目标价值，规划和构建中国未来的城市体系需要在城市体系的结构、联系、组织与规模方面确立四项目标任务。

（一）城市结构体系：单中心向多中心转变

中国城市体系需要在多个空间尺度上从单中心向多中心转变。在城市内部，推进大城市空间结构从单中心向多中心转变；在城市群内，从核心城市独大向多中心协调发展转变；在全国范围，构建以多个中心城市群为支撑的国家城市体系。

（二）城市联系体系：等级化向网络化转变

在城市功能联系上，需要从行政隶属、垂直性等级联系，逐步向网络

化水平联系转变；在城市空间联系上，需要从点联系、线联系主导向点线结合、面网延伸转变；从联系通道单向、非对称向双向、多样化转变，使城市间在金融、科技、制造等功能上形成互补性分工合作，以此获得更大的整体效益，推动城市体系经济竞争力和社会凝聚力不断增强。

（三）城市组织体系：孤立城市向集群转变

一方面，通过构筑广泛的联系通道使原先孤立的城市或城镇逐步融入城市群组织体系中，形成不同规模、类型城市间有机联系系统，获得更大的整体性组织效应；另一方面，提升已有城市群的内聚力和外联度，从而达到城市与区域高效互动、综合发展的目的。

（四）城市规模体系：塔尖型向哑铃型转变

按照"经济竞争力强、社会凝聚力强、环境永续力强"的目标价值，未来中国城市规模体系的构建需要确立从塔尖型向哑铃型转变的目标任务。顺应发展规律，让大城市数量及规模保持合理上升，以与中国巨型国家庞大的人口规模相匹配；让大量环境承载力较强、经济竞争力较高的小城市、小城镇不断发展壮大，以带动城乡协调发展。

三、中国城市体系建设需要采取五项路径措施

（一）重点发展城市群体系，形成城市群之间分工合作和专业化联系以创造新红利

城市群既是城市和区域经济演进的必然产物，也是实现区际区内良性分工和合作的重要手段。作为既能分享正外部性，又能克服负外部性的城市集群化组织，城市群在提高经济竞争力、社会集聚力和环境永续力方面具有突出的优势，未来城市群必将成为我国生产力布局新的增长点、城市与区域发展中最具活力和潜力的动力源，因此加快形成多梯度集群化、多节点网络化的城市群体系是中国经济增长和规模红利的源泉、优化中国经济格局、缩小地区差距的重要途径。一方面，把城市群作为规划和构

建中国城市体系的重要内容，通过发展城市群来真正实现群内大中小城市（镇）的协调发展。改变个别城市群"一城独大"布局，通过构筑城市群内部多层次梯度演进的城市规模体系格局，来推动实现中心城市和中小城市的优势互补，提高经济社会效益和资源环境综合利用水平。另一方面，形成城市群之间分工合作和专业化联系，推动构建以北京、上海、广州等城市群核心城市为主导的合作性职能分工格局，以促成协调有序的城市群体系，把发展和释放城市群体系的正外部性、深化城市群之间的分工合作和专业化联系作为提升中国城市体系经济竞争力、社会凝聚力和环境永续力的重要手段。

（二）放开对大城市的限制，以多中心布局创造、释放和共享规模经济红利

大城市是经济增长的高地，具有创造更强经济竞争力的规模优势，有利于提高劳动生产率及居民收入水平，其集聚力、辐射力强，土地利用效率高，环境效益较高，规模经济优势突出，这是全世界都适用的普遍规律。同时，在中国城镇化快速推进过程中，城市大型化也将是不可避免的规律性趋势。因此，构建经济竞争力强的国家城市体系，需要采取有效措施放开对大城市的限制，同时构筑大城市内部的多中心布局，以继续创造、释放、共享规模经济红利。第一，改变过去限制城市规模的做法，通过适度的户籍制度改革，稳妥放开一线、二线城市的人口限制，同时辅之以大城市内部多中心规划和布局措施，让大城市不断向与国家人口规模和城市化发展水平相匹配的最优规模靠近；第二，鼓励城市群内有条件的大中城市扩大规模，在合理规划下引导其发展为规模更优的城市，以在分享城市群规模经济的同时，创造更大的规模经济红利；第三，强化大城市规划与管理，通过提高城市规划的前瞻性和科学性引领大城市健康、可持续发展，同时完善大城市基础设施和公共服务的供给结构，构建快速、便捷的城市通勤系统，以弱化拥挤效应对大城市规模经济的抵消。

（三）因地制宜区别发展小城镇，共享外部经济，避免规模不经济

小城镇只有依托城市群才能快速发展，反过来，小城镇的发展也会成为大城市发展的重要推动力量。在城市群内部全面发展小城镇更为合理，因为城市群经济发展程度高、政府公共财政实力雄厚，基础设施和公共服务的投资和使用效率高，全面发展小城镇可以实现规模经济；城市群以外的地区多数是国家的落后地区，因为政府财政收入有限，无法实现基础设施和公共服务的全面覆盖，受人口规模的限制，全面发展小城镇会带来规模不经济。另外，在城市群内部全面发展城镇经济不仅可以更加充分地分享城市群外部经济，还能解决大城市的负外部性问题，缓解大城市日益严重的"城市病"，反过来带动大城市的经济增长。小城镇的全面建设最终会实现城市群、大城市经济竞争力的提升，缩小城区与县区的经济差距，提高社会凝聚力，减轻大城市生态环境压力，强化环境永续力。鉴于城市群以外的地区，地级城市分布较为分散，经济实力较差，小城镇更加无法实现网络化发展，造成小城镇孤立无援、发展滞后的现状，在小城镇的建设与发展上更应该抓住重点，坚持"抓大放小"的方针，在经济实力相对较好的地级城市周边培育和支持重点城镇的建设。

（四）构建多尺度的多中心结构，释放、共享正外部性，克服负外部性

多尺度的多中心结构有助于提升城市体系的社会凝聚力和环境永续力。克服人口过度集聚的负外部性，落实建设多中心空间结构的目标，是当前我国发展的迫切要求。多尺度的多中心结构形成的重点在于对城市群副中心、城市内部副中心、新城的建设，关键是要做到副中心职能均衡和功能融合。第一，加快公共服务均等化，基础设施一体化。加强副中心科、教、文、卫、市政、市容建设，增加更多的就业岗位。强化职住均衡和多功能融合。第二，加强城市群间和城市内部各中心之间的快速轨道、

桥梁、码头建设，推动多中心交通一体化。第三，推动城市群副中心、城市副中心与主中心形成联动发展，形态上多中心，功能上一体化。第四，加大对新中心的财政支持。多中心格局不可能一蹴而就，城市发展是经济规律和政策共同作用的结果，多中心战略要遵循城市发展规律，也需要政府的积极引导，在实施中制定统筹全局的周密计划。

（五）促进城市空间和功能体系的网络化，释放、共享范围经济

顺应中国城市体系发展的客观趋势，促进城市体系由垂直性等级联系逐步向网络化水平联系转变，是提升城市体系经济竞争力、社会凝聚力和环境永续力的重要途径。因此，未来需要在功能网络和空间网络上推动城市体系的网络化。第一，发展城市功能网络，分享范围经济。城市网络更加强调城市体系的整体功能，必须进一步优化城市功能，避免"大而全"的同质竞争，通过专业化分工形成功能互补，通过节点之间的协作实现价值呈几何级数增长的网络外部性，使城市之间在制造、金融、科技等功能上展开分工合作。联系方式也从单向、非对称、通道单一向多向、通道多样化转变，使任何节点都能通过多向选择融入区域分工体系，从而发挥网络效应，分享范围经济，提升中国城市体系整体的经济竞争力。第二，发展城市空间网络，促进区域均衡协调发展。以区域共享、共融、共赢为理念，立足于区域整体效益。一方面在体制机制上实现从地方政府的单一型治理到区域整体的网络化治理；另一方面推动交通体系的网络化、快速化，特别是要引导东部的快速化网络体系向中西部扩展，形成互联互通的网络化格局，推动中国城市体系实现"由点向线，再向网"演进，分享经济外溢和网络外部性，促进区域经济协调发展，支撑巨型国家的转型升级和民族复兴。

第六章
促进陆海统筹协调发展

据统计，世界经济总量的一大半集中在沿海300公里范围内的区域。因此，陆海统筹协调发展是新时代我国区域协调发展的重要课题，也是建设海洋强国的客观要求。本章第一节对陆海统筹协调发展的内涵、现状与问题进行总结；第二节从要素禀赋变化的视角阐释陆海统筹协调发展的理论基础，在此基础上论述陆海统筹协调发展在我国区域经济发展中的地位以及对建设现代化经济体系的作用；第三节从国家战略、制度设计、规划建设、管理体制、产业体系以及执法体系六个方面分析推进陆海统筹协调发展的对策建议。

第一节　陆海统筹协调发展的内涵、现状与问题

本节首先梳理陆海统筹协调发展的内涵，其次总结目前我国陆海统筹协调发展的特征与现状，最后归纳我国陆海统筹协调发展中存在的问题。

一、陆海统筹协调发展的内涵

党的十九大报告提出："坚持陆海统筹，加快建设海洋强国。"建设海洋强国，符合我国发展规律、世界发展潮流，是实现中华民族伟大复兴中国梦的必然选择。随着中国的崛起，中国的利益范围不再局限于传统的陆地上，建设海洋强国对中国拓展发展的空间、维护国家主权与安全、成为具有全球影响力的大国是非常必要的。因此，陆海统筹协调发展也是中国特色社会主义进入新时代后，建设社会主义强国的必然要求。陆海统筹协调发展是一个综合的概念，从现有研究来看，其具体内涵包括以下几方面。

（一）发展理念

陆海统筹协调发展是一种新的发展理念，是指统一筹划沿海陆域与海洋两大系统的资源利用、经济发展、环境保护、生态安全和区域政策。具体的发展模式与发展态势的选择，应本着因地制宜的原则，采取各种措施和多种形式推动陆海统筹，促进区域又好又快地发展。

（二）空间资源配置

强调陆海统筹协调发展是对陆地与海洋这两种不同空间上资源的再配置过程，而这种资源既可以是经济资源，也可以是更广义上的政治等资源。鲍捷等人从空间范围和目标范畴上界定了海陆统筹的内涵，认为从地理学视角看，海陆统筹其实就是对海洋和陆地的统一谋划[1]。李义虎

---

[1] 鲍捷, 吴殿廷, 蔡安宁, 等. 基于地理学视角的"十二五"期间我国海陆统筹方略[J]. 中国软科学, 2011（5）: 1-11.

从地缘政治角度分析,认为中国海陆度值高,兼具陆地大国和濒海大国双重身份,在发展空间战略选择上需要海陆统筹,消除海陆两分①。王芳认为海陆统筹是指根据海陆两个地理单元的内在联系,把海陆地理、社会、经济、文化、生态系统整合为一个统一整体②。韩增林等人认为陆海统筹强调统一规划、整体设计③。陆海统筹是将陆域与海域看作两个相对独立但又不是完全分开的系统,陆海统筹的统一规划不应局限在海岸带的狭小区域内。对于陆域经济来说,它不仅仅是强调沿海地带的陆域,还应包括更广阔的向内陆延伸的陆域资源。同样,海洋资源的范围也应该有所扩大,甚至扩展为可以利用的全球资源。曹忠祥和高国力认为海洋和陆地一样,都是人类生存发展的重要物质来源和空间载体,是国土资源的重要组成部分,理应在国家发展中具有同等重要的地位④。

(三)区域经济发展战略

强调陆海统筹协调发展是区域经济发展中的一个最新战略,为中国区域与产业发展提供了新的指导原则。韩增林等人认为陆海统筹是一个区域发展的指导思想,它强调的是将陆域经济与海洋经济统一起来看,发现二者的关联性与互补性,将陆域与海洋的发展统筹考虑和安排。韩立民和卢宁认为,海陆统筹是以海陆两方面协调为基础进行区域发展规划、计划的编制及执行工作,以便充分发挥海陆互动作用,从而促进区域社会经济和谐、健康、快速发展⑤。杨荫凯将陆海统筹的内涵表述为:在经济社会发展过程中,立足陆地、海洋资源环境特点,国家综合运用规划、计划和政策手段,对陆地和海洋资源开发、产业布局、生态环境保护及综合管理等

---

①李义虎. 从海陆二分到海陆统筹:对中国海陆关系的再审视[J]. 现代国际关系,2007(8):1-7.
②王芳. 对海陆统筹发展的认识和思考[J]. 国土资源,2009(3):33-35.
③韩增林,狄乾斌,周乐萍. 陆海统筹的内涵与目标解析[J]. 海洋经济,2012,2(1):10-15.
④曹忠祥,高国力. 我国陆海统筹发展的战略内涵、思路与对策[J]. 中国软科学,2015(2):1-12.
⑤韩立民,卢宁. 关于海陆一体化的理论思考[J]. 太平洋学报,2007(8):82-87.

领域进行宏观调控,协调发挥陆地和海洋的经济功能、生态功能和社会功能并实现综合效益的最大化,以促进经济社会的持续发展和人与自然的健康和谐[①]。

二、陆海统筹协调发展的特征与现状

(一)陆海统筹协调发展的基本特征

杨荫凯从四个方面概括了陆海统筹发展的四个基本特征[②]。一是本质上的战略性。实施陆海统筹涉及陆地、海洋两大系统,既与单纯的行政区划不相重合,又超越了诸多部门管理职能,必须由中央政府或地方政府进行战略引导与统筹调控。二是内容上的广泛性。陆海统筹是海洋开发、利用与保护过程中的全方位统筹,内容涉及陆海开发规划的统筹、陆海经济一体化调控、陆海生态环境的保护以及海岸带综合管理等多个方面,具有明显的综合性特征。三是统筹手段的多样性。推动陆海统筹,需要综合运用经济、行政、法律等手段,包括制定实施海洋发展战略、区域规划、产业规划、海洋功能区划、围填海年度计划以及制定相关法律法规等。四是追求目标的持续性。实施陆海统筹的目的是实现陆地、海洋经济发展与生态环境的全面协调发展,而实现这一目标需要长期努力、持续推进。本书认为,陆海统筹协调发展作为我国区域协调发展战略的重要组成部分,具有以下基本特征。

(1)陆海统筹协调发展的主体是陆地与海洋两大主体。传统上区域协调发展中的区域主要是指陆地区域,强调不同陆地区域之间的协调发展。而陆海统筹协调发展则进一步将区域的内涵扩大,包含了海洋这一重要的区域,这是对区域协调发展理论的重要突破。

(2)陆海统筹协调发展的目标是协调发展,其实现机制更为复杂。

---

①杨荫凯.陆海统筹发展的理论、实践与对策[J].区域经济评论,2013(5):31-34.
②同上。

首先,在区域协调发展中要素的协调上,由于陆地、海洋要素禀赋的分布、属性存在显著差异,因此协调难度会更大。其次,在要素利用与要素利用条件的协调上,传统上海洋主要是作为与自然地理条件相类似的非经济性要素而存在,但随着科技的进步,海洋中的部分要素已经开始向经济性要素转变,因此在促进陆海统筹协调发展时要具有动态的视角,关注海洋要素利用条件的变化。此外,在要素与发展的协调上,由于海洋资源主要针对的是沿海区域,我国大部分区域都是不临海的,因此要避免由于发展海洋经济而导致新一轮区域经济发展差距加大。

(3)实现陆海协调发展最重要的是统筹好海洋、沿海陆地区域与非沿海陆地区域三大主体间的关系。首先,统筹发展是实现陆海协调发展的重要手段。要将陆地与海洋发展视为一个整体进行规划,由于海洋的公共品属性,因此一定要有全国层面的统筹规划,避免不同区域的恶性竞争。其次,实现陆海协调发展要注意陆地区域的复杂性,特别是要处理好沿海陆地区域与非沿海陆地区域之间的关系。要避免仅仅把陆海统筹协调发展视为沿海区域的事情,要基于全国整体利益的最大化来推动陆海统筹协调发展。

(二)陆海统筹协调发展的现状

1. 整体上陆海统筹协调发展尚处于起步阶段

为促进我国陆海统筹协调发展,2003年《国务院关于印发全国海洋经济发展规划纲要的通知》颁布,明确指出整合海洋区域、开发海洋经济、发展海洋事业需要国家进行战略安排。2009年以来,国务院相继批准并实施了一系列的沿海地区发展规划,主要有《江苏沿海地区发展规划》《辽宁沿海经济带发展规划》《山东半岛蓝色经济区发展规划》《浙江海洋经济发展示范区规划》《广东海洋经济综合试验区发展规划》《河北沿海地区发展规划》《平潭综合实验区总体发展规划》等,其中,山东省的《山东半岛蓝色经济区发展规划》和浙江省的《浙江海洋经济发展示范区规划》分别上升为国家战略[①]。同时，国家"十二五"规划也明确提出将山东、浙江、广东等省作为我国海洋经济发展的试点地区。2010年12月《国务院关于印发全国主体功能区规划的通知》经批准实施，以指导沿海地区海洋开发活动，科学规划海洋空间布局。《国务院关于印发全国海洋主体功能区规划的通知》也于2015年8月发布。可以看到，国家正在进行海洋战略顶层设计，中国海洋开发格局愈加清晰[②]。

2. 陆海统筹协调发展的重要性不断提升

首先，海洋经济在国家战略中的地位日益提升。从国家宏观战略定位上看，海洋从最初的以防御功能为主，扩充到资源提供，再提升到以经济发展为主的综合定位，再到与陆地在产业、资源、环境、安全、科技等方面全方位对接的战略地位，尤其是近年来，海洋的战略地位获得了空前的提高。相应地，涉及海洋功能区划、海洋经济发展、海域使用、海洋事业发展、海洋环境保护、涉海产业、海洋科技等的政策规划密集出台。同时，海洋行政主管部门的职能不断强化，2013年，国家海洋委员会的成立标志着我国海洋综合管理水平提升到新的阶段。无论是在国家宏观政策方面，还是在法律、规划、管理体制等方面，国家对海洋的重视程度均在提升。特别是社会主义建设进入新时代，习近平总书记对建设海洋强国作出了重要论述。习近平总书记强调，海洋在国家经济发展格局和对外开放中的作用更加重要，在维护国家主权、安全、发展利益中的地位更加突出，在国家生态文明建设中的角色更加显著，在国际政治、经济、军事、科技竞争中战略地位也明显上升。这也进一步提高了海洋经济在国家发展中的战略地位。

其次，国家出台了大量的政策措施来推动海洋产业结构的转型升级。党的十八大以来，党和国家从政策上着力推动海洋传统产业升级，积极推

---

①翟春霞. 加快推进陆海统筹 促进经济协调发展［J］. 中国国土资源经济，2012，25（10）：23-25.
②李靖宇，李锦鑫，张晨瑶. 推进陆海统筹上升为国家大战略的构想［J］. 区域经济评论，2016（3）：29-38.

动海洋新兴产业发展。国家发展改革委、国家海洋局印发的《全国海洋经济发展"十三五"规划》提出要"调整优化海洋传统产业""培育壮大海洋新兴产业"。2013年3月《国务院关于促进海洋渔业持续健康发展的若干意见》颁布，提出"海洋捕捞由近海向深远海拓展，海水养殖从传统养殖向健康养殖过渡，渔业加工从粗加工向精深加工发展"。《国务院关于印发"十三五"旅游业发展规划的通知》提出要大力发展海洋旅游，大力推动邮轮游艇、海洋海岛旅游开发。《工业和信息化部、发展改革委、财政部、人民银行、银监会、国防科工局关于印发〈船舶工业深化结构调整加快转型升级行动计划（2016—2020年）〉的通知》提出"到2020年，建成规模实力雄厚、创新能力强、质量效益好、结构优化的船舶工业体系，力争步入世界造船强国和海洋工程装备制造先进国家行列"。

三、陆海统筹协调发展中存在的问题

（一）海洋经济的发展长期滞后

1. 海洋经济与陆地经济发展的总量差距大

近年来我国海洋经济得到了很大发展，但是，与陆地经济相比，海洋经济占GDP的比重仍然相对较低，我国海洋经济总量占GDP的比重始终在9.6%徘徊，而同期发达国家海洋经济总量占GDP的比重在20%以上。同时，沿海地区海洋经济规模和腹地经济规模的差距也一直未能缩小。此外，我国区域间海洋经济发展不平衡问题突出，主导产业低层次雷同问题明显。海洋渔业、滨海旅游业及海洋交通运输业在大多数省份都占主导地位，海洋产业同构化问题严重。

2. 海洋经济发展方式粗放、结构不合理

目前我国海洋经济总体上仍处于以资源开发和初级产品生产为主的粗放型发展阶段。滨海旅游业、海洋交通运输业、海洋渔业三大传统产业占主要海洋产业的比重偏高，而海洋生物医药业、海水利用业等新兴产业的总产值占主要海洋产业总产值的比重较低。我国海洋产业总体上仍处于粗放型发展阶段，海洋资源简单开发利用，资源精深加工水平不高，海洋产品单一且附加值低。

（二）陆海发展不协调

1. 区域间海洋经济发展不协调

由于海洋经济发展所带来的良好经济效益，沿海省份纷纷加强对海洋资源的开发与利用，传统与粗放型的经济发展方式导致不同区域间陆海经济的矛盾日渐突出。同时，由于我国行政区域划分的客观存在性，各区域之间协调性受到限制，产业布局趋同，区域的资源配置与流动性没有很好地实现，陆海产业矛盾更加激烈。各地海洋经济发展存在明显的过度同质化现象，沿海各市大多集聚发展石化、钢铁、电力、海洋工程建筑、滨海旅游、渔业和船舶工业，造成城市与城市之间产业结构雷同，集聚效应难以发挥。

2. 陆海发展衔接不协调

主要体现在陆海功能不协调，对海岸与近岸区域的开发不合理。在一些人口、产业集中度高的发达地区，片面追求港口规模扩张，大量布局临港、临海重化工业，导致城市岸线资源紧张、原始景观被破坏、生态环保压力大。同时，港口重复建设问题明显存在。一些地方政府不顾规划，不顾自然资源条件，不顾现实需求，脱离实际，盲目建设，导致我国的码头、港口利用率和集约化程度低，造成了资源严重浪费，破坏了生态环境。

（三）海洋环境形势严峻

1. 近海开发强度过大，超出海洋资源环境承载力

首先，我国的海洋渔业资源十分丰富，但是由于缺乏宏观指导和科学管理，养殖水体污染及捕捞开发利用过度等，尤其是近海捕捞强度不断增大，因此渔业资源严重衰退。其次，以满足城市、港口、工业建设需要的填海造地高潮迭起，围填海面临潜在失控危机。我国围填海总面积从1990年的8241平方公里增至2008年的13380平方公里，平均每年新增围

填海面积约285平方公里;与20世纪50年代相比,我国累计丧失57%的滨海湿地,2/3以上海岸遭受侵蚀,沙质海岸侵蚀岸线长度已逾2500公里,许多湿地鸟类栖息地和觅食地消失,海洋和滨海湿地生态服务价值大幅降低[①]。

2. 海洋环境污染问题突出

根据《2018年中国海洋生态环境状况公报》,党的十八大以来,各地区各部门坚持以习近平生态文明思想为指导,坚决贯彻落实党中央决策部署,认真贯彻实施《中华人民共和国海洋环境保护法》,不断加大工作力度,在增强海洋生态环境保护意识、深入推进海洋环境保护制度建设、统筹推进近岸海域环境综合整治、不断加大执法监管和司法保障力度方面取得了积极进展,海洋生态环境保护取得了积极成效。但仍然存在入海排污口设置不规范与监管不严、陆源污染防治力度不够、海上污染防控措施执行不到位、海洋生态保护与修复工作相对滞后、海洋环境监督管理制度落实不到位、科技支撑有待加强和海洋生态环境保护法律法规不完善等问题。

---

① 曹忠祥,高国力. 我国陆海统筹发展的战略内涵、思路与对策[J]. 中国软科学,2015(2):1-12.

第二节 陆海统筹协调发展在建设现代化经济体系中的作用

本节首先从要素禀赋变化的视角阐释陆海统筹协调发展的理论基础，其次论述陆海统筹协调发展在我国区域经济发展中的地位，最后总结陆海统筹协调发展对建设现代化经济体系的作用。

一、要素禀赋变化与陆海统筹协调发展的理论基础

（一）现有陆海统筹协调发展的相关理论研究

现有研究从不同角度对陆海统筹协调发展的内涵进行了总结，王奎旗和韩立民根据发达国家经验，指出海陆经济带之间的经济发展具有相对的独立性，但经济带区域之间的分工与合作非常密切，并且海陆产业结构呈现综合、多元和开放的趋势[①]。肖鹏和宋炳华进一步从四个方面总结了陆海统筹协调发展的理论基础[②]：①国家发展战略说。国家发展战略说认为，陆海统筹应当作为一种国家发展战略，强调陆海统筹协调发展是区别于传统上只重视陆地发展的一种新的战略思维。②区域发展说。区域发展说将陆海统筹与区域发展相结合界定陆海统筹的内涵，认为陆海统筹要求区域整体的协调发展，包括经济、社会、文化、生态等多个方面。③地理学说。地理学说认为陆海统筹问题本质上是一个地理学问题，陆海统筹战略是国家陆地战略与海洋战略的整合与衔接，战略重点在海洋国土部分以及沿海地区（主要指沿海各省区市），其影响涉及国家整个领土范围，并拓展到国际上与我国战略利益密切联系的区域，其目标是促进国家安全及

---

① 王奎旗，韩立民. 试论我国海岸带经济开发的问题与前景[J]. 中国渔业经济，2006（2）：40-43.
② 肖鹏，宋炳华. 陆海统筹研究综述[J]. 理论视野，2012（11）：74-76.

社会经济生态的全面进步。④地缘政治说。地缘政治说站在地缘政治的角度,认为陆海统筹是一种全方位思维,它跳出和超越了陆海二分的自然限制,以陆海关系的整体作为考虑地缘战略的出发点。

(二)基于要素禀赋变化的理论解释

陆海统筹协调发展战略的提出在本质上与我国区域经济发展中要素禀赋内涵的动态演进有关,简而言之,就是在新的经济、技术条件下,原有的海洋这一要素开始转换为要素禀赋,与经济发展的关系更加紧密,此时必须要促进陆地与海洋之间的协调发展,这本质上反映了我国区域经济发展水平的不断提升。

具体而言,区域经济发展中的要素可分为经济要素与非经济要素,两者统称为经济性要素。但是,一个区域所有的要素数量并不等同于其要素禀赋的数量,要素是一个相对静止的概念,而要素禀赋是要素动态演进而形成的稳定状态。从要素的移动性来看,要素禀赋可以分为三种类型:第一类是自然资源等天然要素禀赋;第二类是人类投入固化在特定空间上所形成的后天要素禀赋;第三类是动态化的要素禀赋。第一类和第二类是区域性要素,第三类是非区域性要素。图6-1描绘了经济性要素动态演进与要素禀赋内涵的变化。

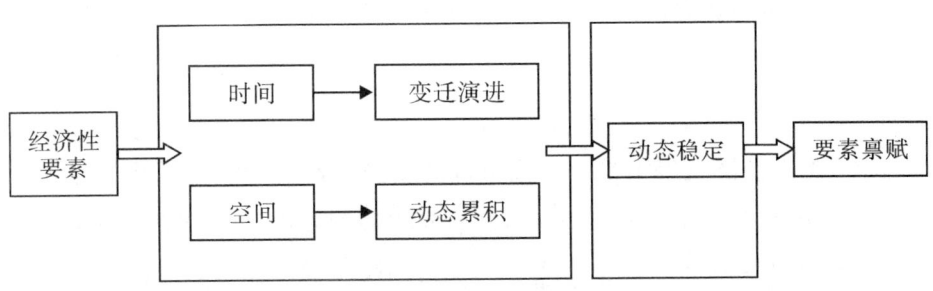

图6-1 经济性要素动态演进与要素禀赋内涵的变化

图6-1中,经济性要素同时在时间和空间维度动态演进,随着时间的推移,经济性要素或者出现数量上的变化,或者出现内容上的变迁,而在空间上则不断进行着动态的累积。这种变化不会呈现为简单的线性关系,

而是经常在某些时候表现出相对稳定的结构,此时的经济性要素就内化为要素禀赋。当然,要素禀赋的这种稳定性只是相对的和暂时的,它会在新的层面表现为经济性要素的继续累积和演进,从而出现"经济性要素→要素禀赋→经济性要素→要素禀赋"这种螺旋式动态变化形式。每一次经济性要素运动都是在更高层次产生变化,区域经济的发展也伴随着这种螺旋式的要素变迁和运动。

图6-1描述了经济性要素动态演进与要素禀赋内涵变化的一般过程,具体到陆海统筹协调发展上,海洋要素作为经济性要素,随着我国经济发展水平的提高,其动态演进也促使我国要素禀赋出现新变化,具体体现在以下方面。

(1)技术进步使海洋要素由非经济要素向经济要素转换。受技术条件的限制,传统上海洋要素更多的是作为外生的非经济要素而存在,但随着我国技术水平的提高,海洋资源已经部分转换为经济要素,并成为区域经济发展中的要素禀赋优势。例如,近年来我国海洋科技创新推动海洋事业发展的引擎效应凸显。"蛟龙号"达到世界应用型载人潜水器最高水平,与"海龙号"和"潜龙号"组成的"三龙"深海装备体系基本成熟。海水淡化技术、波浪能和潮流能发电、系列海洋卫星等跻身国际领先或先进行列。南海神狐海域天然气水合物试采成功,标志着中国成为世界首个成功试采海域天然气水合物的国家。这些都表明我国增强了开发海洋资源的能力。

(2)因经济发展水平提高而形成的新需求推动了海洋要素的升级,形成了新型要素禀赋。突出地表现在近年来我国海洋经济转型升级的步伐不断加快、亮点频现,海工装备、海洋电力等新兴产业不断取得突破,海洋渔业、船舶制造业等传统产业加快升级改造,海洋服务业创新发展并领跑海洋经济,海洋休闲娱乐、涉海金融等新业态彰显生机活力。京津冀、长三角、珠三角等区域凭借海洋经济优势不断焕发新的活力,海洋要素已成为陆海内外联动、东西双向互济的开放格局中的关键一环。

因此，实施陆海统筹协调发展与我国区域经济发展的最新阶段是一致的。从经济总量来看，我国已经成为世界第二大经济体，综合国力不断增强，科技水平也得到了很大提升。一方面，我国经济体量的增大对发展海洋经济提出了新要求，而技术手段的成熟则为我国发展海洋经济提供了条件。另一方面，随着中国的崛起，中国面临的国际政治形势、安全风险也日益复杂。从中国的近现代史来看，来自海洋的威胁是对中国崛起的重大挑战。由此可见，发展海洋经济，实现陆海统筹协调发展，也是我国采取积极主动的发展战略，维护海上主权与权益，为国家发展提供安全保障的需要。

二、陆海统筹协调发展在我国区域经济发展中的地位

（一）促进我国区域经济产业格局的优化

作为一个拥有巨大陆地与海洋面积的国家，我国长期以来单纯重视陆地的发展模式已与我国当前的经济体量与发展阶段不符。陆地经济与海洋经济作为我国整体经济系统中两个重要的子系统，它们相互间的协调发展对我国经济发展整体空间格局的优化具有重要的推动作用。推进海洋资源开发，需要强大的陆地经济和相关产业作支撑，而依托海洋经济则是提升陆地经济发展优势、拓展战略空间的重要基础。当前，我国陆海间存在着功能区配置不合理、产业联系不紧密、沿海港口布局和腹地需求不匹配、个别临海产业重复建设等诸多不协调问题。只有坚持陆海统筹协调发展，才能把陆海产业的优势充分释放出来，才能实现沿海地区经济的持续健康发展[1]。同时，随着我国经济发展水平的提高，我国对海洋经济的开发利用水平与程度也不断提高，出现了许多新业态；而且海洋经济天生的开放属性也与我国全面开放新格局的建设具有一致性；陆地与海洋不同经济部门的合理分工，有助于形成合理的产业链分工，提高我国产业发展的竞争力。

---

[1] 杨荫凯.陆海统筹发展的理论、实践与对策［J］.区域经济评论，2013（5）：31-34.

(二)促进生态环境的改善与保护

落实绿色发展理念是当前我国区域经济发展的重要方向。从我国生态环境的改善与保护来说,陆海统筹协调发展也具有重要的意义。传统上我国在经济发展中将海洋视为单纯的公共品,对其生态环境的保护不足,这对我国经济的可持续发展是不利的,也限制了我国陆地经济发展的活力。从生态系统的角度来看,陆海生态系统之间存在着密切、复杂的物质能量交换,这种物质能量交换过程在海岸带表现得最为典型和强烈,并相应形成了兼有陆地、海洋特点的陆海复合生态系统。陆海间自然要素的流动没有界线,也不会因为管理上的分割而断开联系,而这就是实施陆海资源统筹管理的自然基础[①]。因此,陆海统筹协调发展对我国整体生态环境的改善与保护都是非常关键的。

(三)协调发展是陆海统筹发展的本质要求

陆海统筹发展涉及海洋、沿海陆地区域与非沿海陆地区域三大主体,不同主体间存在较强的异质性,因此陆海统筹发展本质上要求必须协调发展,这实际上对我国区域协调发展提出了更高的要求。因此,必须坚持协调可持续的原则,将陆地与海洋视为一个系统,在对陆海系统进行规划的同时,必须意识到其承载能力,尤其是海岸带,作为联系陆海系统的空间载体具有极为敏感的生态系统。因此,要坚持以协调可持续的发展观为指导,综合考虑各系统的承载能力以及整体的资源条件,在整个区域内进行资源配置,以免发生对某一区域形成高负荷压力,另一区域的资源得不到顺畅的流通与利用的现象。尤其是陆海系统对接的空间地带,要充分考虑这一地带的承受能力,及时对这一空间地带的高负荷压力进行分散,从而形成陆域与海域互为条件和优势互补的复合体系,获得系统效应。

---

① 杨荫凯.陆海统筹发展的理论、实践与对策[J].区域经济评论,2013(5):31-34.

三、陆海统筹协调发展对建设现代化经济体系的重要作用

（一）为现代化经济体系建设提供安全保障

我国地处亚洲东部、太平洋西岸，大陆海岸线总长1.8万多公里，拥有7600多个岛屿，内海和边海的水域面积约470万平方公里。要维护这样一个庞大的海洋国土与海洋权益本身就是一个大挑战。特别是由于历史、政治及政策等多种因素，中国海洋权益长期以来不断遭受侵犯，原本属于中国的东海、南海诸多岛屿为他国所觊觎，甚至窃占。如今在国际形势日益复杂的背景下，中国海洋安全环境与形势更趋恶化。因此，在建设现代化经济体系的过程中，中国的崛起必将引起全球经济政治格局的重大调整，中国如果不控制海洋，就难以成为一个具有全球重大影响力的大国，而陆海统筹协调发展为我国建设现代化经济体系提供了最基本的安全保障。

（二）为现代化经济体系建设提供资源支撑

改革开放40多年来，中国经济的迅速发展主要依靠的是陆地资源的支撑。但随着我国经济体量的不断增大，资源短缺的情况已经日益明显。中国的人均资源占有率很低，人均耕地不到世界平均水平的50%，人均淡水资源占有量仅为世界平均水平的25%，石油、天然气、煤炭等重要资源人均储量仅分别为世界平均水平的11%、45%和42%。以石油为例，从1993年开始，中国从石油出口国变为进口国。因此，单独依靠陆地资源已经难以满足我国建设现代化经济体系对资源的庞大需求。

在我国辽阔的海洋国土面积中，蕴藏着丰富的矿产资源。以油气资源为例，按照第三次油气资源评价结果，目前我国石油资源量为1072.7亿吨，其中海洋石油246亿吨，占总量的23%，海洋天然气16万亿立方米，占总量的30%。目前我国海洋勘探还处于早中期，根据第三次油气资源评价结果，我国海洋石油和海洋天然气探明率远低于世界平均水平，勘探开发潜力巨大。目前，中国海洋的开发主要集中在渤海、黄海和南海珠江口，对于南海其他地区并没有真正开发。据了解，目前整个南海的石油地

质储量为230亿～300亿吨，约占中国资源总量的1/3，其中70%蕴藏于深海区域，开发潜力十分巨大，南海也因此被誉为"第二个波斯湾"。此外，海洋中还蕴藏着丰富的可燃冰、锰结核等矿产资源。因此，推动陆海统筹协调发展，可以为我国建设现代化经济体系提供必要的资源支撑。

（三）为现代化经济体系建设塑造全面开放的新格局

现代化经济体系是一个开放的经济体系，过去40多年的开放给中国带来了全面的进步，中国在上一轮经济全球化中取得了巨大的红利。当前，新一轮基于内需的全球化浪潮正在兴起，中国要利用自己的内需优势，形成发展的自我强化机制，着力吸收全球先进的高级生产要素，为我国发展创新经济服务。按照建设现代化经济体系的要求，我国要进一步全面提高开放型经济水平，实施更加积极主动的开放战略，以"一带一路"建设为重点，坚持"引进来""走出去"并重，遵循共商共建共享原则，加强创新能力开放合作，统筹双边、多边、区域、次区域开放合作，加快实施自由贸易区战略，推动同周边国家互联互通。可以发现，建设现代化经济体系对我国对外开放的水平与层次提出了更高的要求。而我国传统上的开放主要依托海洋，因此形成了我国东部沿海地区开放程度比中西部高的格局。在新时代，要加强陆地的开放，除了要进一步加强海洋的开放，推动建设海洋强国，还要充分发挥陆地与海洋两个方向开放上的联动效应，为现代化经济体系的建设塑造全面开放的新格局。

第三节　推进陆海统筹协调发展的对策建议

由于陆海统筹协调发展涉及的内容众多，本节从国家战略、制度设计、规划建设、管理体制、产业体系以及执法体系六个方面对推进陆海统筹协调发展的对策建议进行分析。

一、将陆海统筹协调发展上升为国家战略

目前世界上的主要沿海国家都将陆海统筹的海洋战略提升为国家战略，例如：日本提出将海洋纳入国家大战略和全球视野；韩国、澳大利亚提出以发展海洋产业为核心，实现海洋经济发展的战略；美国、俄罗斯提出以海洋经济和海洋安全为核心的海洋战略。

我国作为一个拥有巨大陆地与海洋面积的国家，陆海统筹是一个事关国家发展与安全的重大战略问题，是我国建设海洋强国、迈向世界强国的必由之路和重大战略举措，其发展在很大程度上取决于国家的战略意志和战略决策，必须站在国家工作全局的高度来审视其战略功能定位。针对现阶段我国海洋战略地位不高、海洋发展滞后的实际，必须切实增强全社会特别是政府决策部门的海洋意识，树立全新的海洋国土观、海洋经济观、海洋安全观，注重建设海洋文明；将海洋开发作为国家国土开发的重要组成部分，在综合权衡陆地经济发展基础、发展需求和海洋国土资源状况及其开发现状的基础上，逐步将国土资源开发战略重点转移到海洋国土的开发上来，促进海洋大开发和海洋经济大发展，不断提高海洋在国家发展战略中的地位与作用。加快推动国家发展战略由"以陆为主"向"倚陆向海、陆海并重"转变，实现国家区域发展战略、海洋发展战略的有效衔接和陆海之间的战略平衡，为真正把我国建设成为海洋强国和陆海兼备的世

界强国创造条件[①]。

因此,从国家发展战略层面看,应该提升陆海统筹协调发展在构建战略格局中的地位,将陆地与海洋都视为我国整体经济发展中不可缺失的一环,特别是充分发挥海洋经济在国民经济发展中的重要作用,将陆海统筹协调发展上升为新时代国家的重大战略。

二、完善陆海统筹协调发展的制度设计

(一)完善陆海统筹协调发展的法律法规

陆海统筹协调发展牵扯面广,其推动落实必须要有完善的法律法规作保障。但目前我国的海洋法规绝大部分是专项法,缺乏统筹全局、统筹陆海两域的综合性法律法规。有的法律法规已经陈旧、过时,不能很好地适应国际形势发展。为了从法律上为陆海统筹战略保驾护航,实现依法治海、依法管海,加强海洋环境保护,有效维护中国海洋权益,需要加强海洋法律体系建设,建立中国海洋立法新秩序[②]。具体而言,在宏观层面,需要完善和制定海洋入宪、海洋基本法、海洋环境保护、海岸带管理等基本法律;在微观层面,需要增强各专项领域法律法规的针对性和细节性,完善实施细则、配套制度、配套措施、工作规程等,形成具有指导性和可操作性的法律法规体系。

(二)积极推动建立陆海统筹协调发展试验区

陆海统筹协调发展是一种新的区域经济发展理念,会涉及多方面的先行先试问题。因此在制度设计上要鼓励一些陆海统筹协调发展基础好、发展潜力大的区域积极先行先试,为全国其他区域提供可复制、可借鉴的经验,这也是我国在改革中总结出来的一条重要经验。

---

①曹忠祥,高国力. 我国陆海统筹发展的战略内涵、思路与对策[J]. 中国软科学,2015(2):1-12.
②李靖宇,李锦鑫,张晨瑶. 推进陆海统筹上升为国家大战略的构想[J]. 区域经济评论,2016(3):29-38.

具体而言，一方面要积极以陆海基础设施统筹建设、陆海生态环境统筹管理、区域建设用海统筹规划、海岸带统筹整治、重大基建项目统筹决策、执法维权统筹行动等重点工作领域为突破口，先行开展试验示范，通过局部领域的良性运转来推动相关部门的统筹联动；另一方面可选取具备一定经验和条件的重点地区，考虑设立以陆海统筹协调发展为主题的试验区，在产业发展与管理方面赋予相应的扶持政策，鼓励先行先试，积极探索陆海统筹的路径和方法。此外，要积极依托已经获批建设的山东、浙江、福建、广东等海洋经济示范省，选择设立不同类型、等级和功能的陆海统筹协调发展试验区，实施重点倾斜的政策，支持试验区在规划管理、陆海资源开发整合、产业结构调整、陆海生态环境一体化治理等方面先行先试，并对其他沿海地区发挥示范带动作用。

三、加快推进陆海统筹协调发展的规划建设

（一）尽快制定陆海统筹协调发展的各类规划

目前中国海洋规划的特点是缺乏中长期和宏观规划之下的具体规划，且存在规划之间不匹配的情况。因此，中国应尽快设计海洋规划体系并充分考虑体系结构的合理性，做好中长期与短期规划、宏观规划与具体规划，做到各级各类海洋规划间的相互配合。增强规划的可操作性，特别是要拓展与陆域规划衔接的深度与广度。另外，应当用动态的视角看待中国海洋发展态势，定期调整与不同时期的具体国情相适应的海洋发展规划。下功夫研究制定规划评估指标体系和考核办法，逐步建立相应的保障及监督机制，保障海洋规划目标落到实处[1]。陆海统筹协调发展规划的重点应包括海域和陆域资源开发利用空间布局研究，海岸带和近海资源的开发利用研究，海洋环境容量研究（研究海洋生态环境容量、资源承载能力，为

---

[1] 李靖宇，李锦鑫，张晨瑶. 推进陆海统筹上升为国家大战略的构想[J]. 区域经济评论，2016（3）：29-38.

陆海统筹奠定资源环境潜力基础），国外陆海统筹经验借鉴研究以及陆海统筹相关规划耦合研究，等等。

具体而言，在科学分析论证的基础上，加快编制南海海上开放开发经济区规划。有针对性地加快涉及陆海统筹发展的专项规划的制定，健全陆海统筹的规划体系，主要包括：国家建设用海规划和沿海各地方的区域建设用海规划（使之与围填海计划相结合）；以基于生态系统的理论为基础，与环保、水利和海洋等部门紧密合作并研究编制的山顶—流域—沿岸区域—近岸海域的全国统筹海陆生态环境保护规划；以海岸线基本功能管制为核心编制的全国、沿海省区市、地级市的三级海岸线保护与利用规划；以全国海洋经济发展规划以及国家出台的沿海区域发展规划为依据编制的沿海地区海洋经济区划方案和跨区域海洋经济发展规划[①]。

（二）加强陆海规划之间的统筹协调

做好陆海相关规划之间的协调与衔接是实现陆海统筹协调发展的重要前提。建议在组织编制沿海地区区域规划、产业规划、土地规划、城乡规划、基础设施建设规划时，高度重视海域的资源禀赋和生态环境容量，强化与涉海规划特别是海洋功能区划、主体功能区规划的衔接。在组织编制涉海规划时，也要高度重视相关陆域的经济社会发展情况，切实做好与相关陆域规划的衔接配合。在组织编制规划的过程中，要广泛征求相关部门和单位的意见，切实加大政策协调力度，确保各类规划能充分满足陆海两域部门的要求。考虑适时编制全国海岸带综合开发利用与保护规划或全国陆海统筹发展规划，科学确定海岸带的基本功能、开发方向和保护重点。进一步加强规划实施的督促检查工作，强化公众参与，确保规划目标任务能够付诸实现[②]。

[①]曹忠祥，高国力. 我国陆海统筹发展的战略内涵、思路与对策[J]. 中国软科学，2015（2）：1-12.
[②]杨荫凯. 陆海统筹发展的理论、实践与对策[J]. 区域经济评论，2013（5）：31-34.

四、健全陆海统筹协调发展的管理体制

（一）建立多部门协调的管理体制

陆海统筹协调发展涉及陆地与海洋不同的经济、行政部门，如何协调不同部门之间的行动是一种重大的挑战。这要求我们必须在体制机制创新方面有所突破。要切实打破陆海分割、部门分割、区域分割的现状，深化陆海统筹管理体制改革，积极开展海洋综合管理试点，整合管理职能，建立涉海部门联席会议制度或高层次的决策议事机制，统筹陆海行政审批和重大事务协调，切实提高决策的科学性和高效性。从长远来看，随着海域利用涉及的利益关系日趋复杂，依靠一事一议协商解决问题的方式必然难以为继，可考虑制定涉海部门统筹协调的原则和规范，或设立专责纠纷调处的常设机构[①]。

具体而言：一是要从宏观层面设立陆海统筹的最高决策机构，把握陆海全局性、战略性问题；二是要从执行层面整合多方力量，加大对宏观战略的执行力度；三是要从纵向层面尝试部分领域的综合管理，如在港口建设上，实行省级或大区统筹管理，以发挥规模集聚效应和分工协作作用，以及实现资源节约和环境友好的目标。

（二）制定多层次、精准化的政策体系

陆海统筹协调发展涉及的范围广、跨度大，这意味着要制定多层次、精准化的政策体系。特别是要处理好政府与市场的关系，政府不可能面面俱到，因此要积极完善促进陆海统筹协调发展的市场机制。未来陆海统筹的经济政策应更尊重涉海经济发展规律，加强行政区之间、各产业部门之间的协调，以环渤海地区、长三角地区、珠三角地区为重点，促进海洋经济集聚发展。与此同时，应采取多种举措，打破行政区划限制，发挥各个城市比较优势，实现经济协调发展，并将产业政策、财政政策、环境政策、人才政策、科技政策等整合调整，进一步加大对于涉海新兴产业，尤

---

①杨荫凯.陆海统筹发展的理论、实践与对策[J].区域经济评论，2013（5）：31-34.

其是海洋高技术产业的支持力度。涉海资源方面，由于海洋资源开采的紧迫性和可行性逐渐加强，未来涉海资源政策应进一步支持海洋资源的多样化开发和综合利用。

五、建立协调发展的陆海产业体系

（一）优化海洋产业结构与布局

针对目前海洋产业结构与布局存在的问题，加快推进海洋战略性新兴产业的科技攻关，促进海洋生物、海洋医药、海洋装备、海水淡化与综合利用等产业的发展；在全国进行统筹、优化资源配置，科学布局临港产业和园区；合理确定建港规模、时序，防止盲目建港、围垦而导致该地原有的建港优越条件被破坏；等等。同时，在空间布局上打造一批海洋经济发展的核心区域。发挥环渤海、长三角、珠三角、北部湾和闽三角等沿海经济增长核心区域的支撑作用，加快推进沿海发展低谷区的崛起，加强海岸带的总体实力和优势；优化海岸带发展空间格局，构建陆海生态协调、产业结构优化升级的支撑体系，促使资本、人口和其他生产要素向内陆地区和海域扩散转移，推动我国整体经济空间格局的优化。

（二）培育和发展海洋战略性新兴产业

1. 大力发展海洋工程装备制造业

海洋战略性新兴产业以海洋高新科技发展为基础，以海洋高新科技成果产业化为核心内容，具有重大的发展潜力和广阔的市场需求，包括海洋生物产业、海洋能源产业、海水利用产业、海洋制造与工程产业、海洋物流产业、海洋旅游业、海洋矿业等七大产业，涉及海洋风能、潮汐能、波浪能、海上油气钻井平台、深潜器、大型特种船舶、海洋风力发电设备、大型海上作业平台、海洋能电力设备、深海金属矿产开采设备等多方面内容。

2016年印发的《国务院关于印发"十三五"国家战略性新兴产业发展规划的通知》强调，要增强海洋工程装备国际竞争力，推动海洋工程装备向深远海、极地海域发展和多元化发展,实现主力装备结构升级,突破重点新型装备,提升设计能力和配套系统水平,形成覆盖科研开发、总装建造、设备供应、技术服务的完整产业体系。具体包括:①重点发展主力海洋工程装备。加快推进物探船、深水半潜平台、钻井船、浮式生产储卸装置、海洋调查船、半潜运输船、起重铺管船、多功能海洋工程船等主力海工装备系列化研发,构建服务体系,使设计建造能力居世界前列。②加快发展新型海洋工程装备。突破浮式钻井生产储卸装置、浮式液化天然气储存和再气化装置、深吃水立柱式平台、张力腿平台、极地钻井平台、海上试验场等研发设计和建造技术,建立规模化生产制造工艺体系,使产品性能及可靠性达到国际先进水平。③加强关键配套系统和设备研发及产业化。产学研用相结合,提高升降锁紧系统、深水锚泊系统、动力定位系统、自动控制系统、水下钻井系统、柔性立管深海观测系统等关键配套设备设计制造水平,大力发展海洋工程用高性能发动机,提升专业化配套能力。

2. 发展海洋旅游业

海洋旅游是指在滨海地区、近海、深海、大洋等区域开展的各种旅游休闲活动,包括海洋旅游建设、滨海配套基础设施建设和旅游活动,涉及酒店、餐饮、滨海别墅、旅游码头、零售业、海岸生态旅游、邮轮游艇旅游、潜水等多业态。当前,我国滨海旅游继续保持较快发展态势,邮轮游艇等新业态旅游成长步伐加快。2018年我国滨海旅游业实现增加值16078亿元,同比增长8.3%,依然是海洋经济的重要增长点。但从绝对量看,我国的海洋旅游收入仅占整个旅游业产值的30%左右,且该比例比较固定,对照发达国家海洋旅游收入占比普遍达到2/3的标准,我国海洋旅游业在体量上还有差距。随着我国人均收入的增长,滨海旅游业潜在发展空间十分广阔。

3. 加快海洋资源的开发利用

首先,要加快海洋油气资源特别是南海海域油气资源的勘探与开发,逐步推进海洋油气资源开发由近岸浅海向远海深水转移。重视海上新能源开发，科学开发海上风能、潮汐能等可再生能源，开展天然气水合物调查评价和关键技术研究。加快深海特别是专属经济区和大陆架的矿产资源勘探开发步伐，积极参与国际海域矿产资源调查评价。大力挖掘海洋生物资源潜力，坚持生态优先、养捕结合和控制近海、拓展外海、发展远洋的方针，严格控制近海捕捞强度，推动海水养殖业快速发展，加快海洋农牧化发展进程，建设"海上粮仓"，保障国家粮食安全。其次，要优先推动对黄海、东海、南海争议区渔业资源开发；把抢占国际水产资源作为现代渔业发展的主攻方向，扩大远洋渔业作业海域，建设远洋渔业服务基地，发展海外养殖基地。统筹围填海和海岛开发，严格控制近岸围填海，加快围填海技术和模式创新，积极推进离岸和岛（礁）基围填海；推动有居民海岛和边远海岛，特别是事关国家主权和战略利益的无居民海岛的基础设施建设，加快海岛开发进程[①]。

六、建立陆海协调联动的执法体系

（一）建立完善的陆海统筹环保执法体系

陆海统筹协调发展一定要避免走先污染后治理的老路，必须要建立起完善的陆海统筹环保执法体系，加强海洋生态环境保护。《中华人民共和国海洋环境保护法》以区域和行业管理原则为指导，授予环境保护行政主管部门、海洋行政主管部门、海事行政主管部门、渔业行政主管部门、军队环境保护部门五个部门共同行使海洋环境保护权。正因为如此，五个部门都要行使法律赋予自己的海洋环境监督管理权，并且都建立了自己的海洋环境执法队伍，此种情况下多部门共同执法的格局形成，致使我国海洋环境执法力量分散，降低了我国海洋环境执法效率，使我国海洋环境执法处于被动局面。因此，我们需要建立起统一的陆海统筹的环保执法体系，

---

① 曹忠祥，高国力. 我国陆海统筹发展的战略内涵、思路与对策[J]. 中国软科学，2015（2）：1-12.

形成合力,加强海洋环境保护规划执行和监督检查。

(二)建设强有力的海上执法力量

为了维护我国的海洋权益,在我国陆海统筹协调发展过程中不可避免地面临着海上执法的问题。由于执法环境与对象的特殊性,海上执法的特点有以下几点:一是国际性,海洋的开放性,使得海上执法涉及国内外,涉及涉外执法和国际合作等问题;二是法律依据多重性,涉及国内法和相关国际法;三是执法复杂与风险性,海洋特殊的自然环境以及执法对象的不确定性等,使得海上执法的复杂性与风险性远大于陆地执法。为建设强有力的海上执法力量,在执法体制上,要将目前分散在各个部门中的执法力量进行整合。同时,加强对执法专业人员的培训,加大对海上执法的资金投入。此外,要加快制定我国的海洋法,为我国海上执法提供明确的法律依据与保障。

第七章
推动长江经济带发展

习近平总书记在党的十九大报告中明确指出:"以共抓大保护、不搞大开发为导向推动长江经济带发展。"这是在新的历史起点上推动长江经济带发展的总要求和根本遵循。2018年4月26日,习近平总书记在深入推动长江经济带发展座谈会上强调:"新形势下,推动长江经济带发展,关键是要正确把握整体推进和重点突破、生态环境保护和经济发展、总体谋划和久久为功、破除旧动能和培育新动能、自身发展和协同发展等关系,坚持新发展理念,坚持稳中求进工作总基调,加强改革创新、战略统筹、规划引导,使长江经济带成为引领我国经济高质量发展的生力军。"习近平总书记提出的新发展理念和"共抓大保护,不搞大开发"为新时代长江经济带的开发开放提出了理念指导和战略要求,生态优先、绿色发展是新时代长江经济带发展的必然选择。

第一节 长江经济带的基本状况

在新时代，区域协调发展战略是我国的重大国家战略之一。我国已经形成了"4+3"的区域协调发展战略组合，即以"四大板块"（西部地区、东北地区、东部地区和中部地区）为核心的区域发展总体战略和以"三个支撑带"（"一带一路"、京津冀、长江经济带）为核心的区域协调发展实施战略。在诸多区域发展战略和区域发展规划中，长江经济带有着独特的区域战略特色和独有的协调发展价值。这主要取决于其自身天然的区位和地理优势，长江是我国国土空间开发最重要的东西向轴线，从区域战略地位来看，长江经济带是促进东中西互动合作、沿海沿江沿边全面推进的协调发展带。同时，长江货运量位居全球内河第一；长江流域是世界上人口最多、产业规模最大、城市体系最为完整的流域之一，在我国区域发展总体格局中具有重要战略地位。因此，在新时代区域协调发展新格局的塑造中，长江经济带的发展影响最大、涉及范围最广、辐射带动区域最多。

一、长江经济带的地理范围与区位特征

2014年6月，国务院常务会议部署建设综合立体交通走廊，打造长江经济带，范围东起上海，西至云南，涉及上海、江苏、浙江、安徽、江西、湖北、湖南、重庆、四川、贵州、云南9个省2个直辖市。长江经济带横贯我国东中西三大区域，面积约205万平方公里，占全国的21%，涉及三大城市群——长三角城市群、成渝城市群、长江中游城市群，其中特大城市7座、干流沿线大中城市47座，这是我国城镇化水平和城市密度最高的地区之一，城市密度为全国平均密度的2.16倍（见表7-1）。长江跨越我国东中西三大区域，无论是从经济还是从自然和生态来说，都是非常重要的河流，战略地位突出。长江经济带具有优越的天然地理区位优势，

干支流网络密集，港口众多，黄金水道建设潜力大。同时，长江经济带拥有较为完备的基础设施和辐射带动内地发展的功能，对外开放格局已经形成。借助上海自贸区，长江经济带连接国际市场和广大内陆市场的作用也将越来越大。同时，长江经济带连接东海出海口和西部云南口岸，把对东部的开放和对西部、西南部的开放，通过渝新欧大通道与对中亚西亚乃至东欧地区的开放连接起来，与我国"一带一路"有着强烈的呼应。因此，长江经济带具有重要区位战略价值。

表7-1 2017年长江经济带的人口密度与城镇化水平

区域	区域面积/万平方公里	2017年常住总人口/万人	城镇化率/%	人口密度/（人·公里$^{-2}$）
上海	0.63	2418.33	89.00	3838.61
江苏	10.26	8029.30	68.80	782.58
浙江	10.20	5657.00	68.10	554.60
安徽	13.97	6254.80	53.50	447.73
江西	16.70	4622.10	54.60	276.77
湖南	21.18	6860.20	54.60	323.89
湖北	18.59	5902.00	59.30	317.48
重庆	8.23	3075.16	64.10	373.65
四川	48.14	8302.00	50.70	172.45
贵州	17.60	3580.00	46.10	203.40
云南	38.33	4770.50	45.00	124.45
长江经济带上游	112.30	19727.66	50.60	175.66
长江经济带中游	56.47	17384.30	56.20	307.85
长江经济带下游	35.06	22359.43	66.50	637.74
长江经济带	203.83	59471.39	58.20	291.77
全国	960.00	139008.00	58.52	144.80

资料来源：根据中国各省市2017年统计公报整理而得。城镇化率采用城镇常住人口占总人口的比重计算；人口密度为总人口数与区域面积的比重。

二、长江经济带的人口与城镇化状况

长江经济带历来为我国城镇密集地和人口高度聚集地,改革开放以来长江经济带城镇化快速发展。统计资料显示,1978—2017年,长江经济带沿线的城市总数由70个增加至217个,约增长2.1倍。表7-1显示2017年长江经济带常住人口增长至约5.95亿人,约占全国人口的42.80%。长江经济带城镇化率达到58.20%,基本与全国城镇化率平均水平相等;与2000年的城镇化率(34.36%)相比,长江经济带城镇化率增长了约23.84%,这表明21世纪以来长江经济带城镇化进程进入快速增长阶段。从人口密度而言,长江经济带的人口密度约为全国平均水平的2倍,这表明长江经济带是我国人口的高度聚集地。同时,长江经济带上中下游区域人口分布差异明显,下游地区以占长江经济带约17.2%的区域面积,集聚了约37.6%的人口,区域人口密度明显高于上游和中游地区。长江经济带内各地区人口密度呈现出明显的从沿海向内陆地区递减的阶梯式分布;长江经济带内人口城镇化水平总体呈现东北高西南低的空间格局,区域差异明显。

城市群是人口高度聚集的空间载体,2017年长江经济带三大城市群集中了全国26.8%的人口和26.7%的城镇人口,其城镇化水平达57.9%,略低于长江经济带和全国平均水平,这表明长江经济带城市群的集聚能力尚未得到有效发挥。尤其是三大城市群之间存在较大的差异,长三角城市群的城镇化率比长江中游城市群和成渝城市群均高约11个百分点(见表7-2)。此外,长三角城市群的人口密度约为长江中游城市群和成渝城市群的2倍和1.5倍,表明长三角城市群是长江经济带重要的人口聚集地。

表7-2　2017年长江经济带三大城市群人口分布

区域	区域面积/万平方公里	区域面积占比/%	2017年常住总人口/万人	2017年常住人口占比/%	城镇化率/%	人口密度/（人·公里$^{-2}$）
长三角城市群	22.16	10.87	15312.1	25.75	64.42	690.90
长江中游城市群	36.38	17.85	12964.5	21.80	53.60	356.36
成渝城市群	18.50	9.08	9094.0	15.29	53.08	491.57
长江经济带	203.83	—	59471.4	—	58.20	291.77

资料来源：根据中国城市统计年鉴以及各省统计年鉴整理而得。城镇化率采用城镇常住人口占总人口的比重计算；人口密度为总人口数与区域面积的比重。

三、长江经济带的区域经济发展差异

1984年9月，中国科学院陆大道院士初步提出我国国土开发、经济布局的"T"型宏观战略，即以沿海开放区为横轴、以长江流域为纵轴的"T"型开发开放战略，长江经济带和沿海地区共同构成了我国经济发展的黄金走廊[1]。然而，改革开放以来，为了发挥比较优势，我国将沿海地区作为经济发展的重点地区，忽视了长江经济带的开发，这使得长江经济带整体发展水平与沿海经济开放区相比仍显落后[2]。从长江经济带内部来看，区域经济社会发展存在较大的差异（见表7-3）。

---

[1] 陆大道. 建设经济带是经济发展布局的最佳选择：长江经济带经济发展的巨大潜力 [J]. 地理科学，2014，34（7）：769-772.
[2] 刘志迎，陈侠飞. 改革红利：中国制度变迁与内生增长 [J]. 经济与管理研究，2015，36（10）：17-24.

表7-3 2017年长江经济带区域经济发展情况

区域	GDP/亿元	人均GDP/万元	产业结构	城乡居民收入比	社会消费品零售总额/亿元	全社会固定资产投资总额/亿元	出口总额/亿元
上海	30133	12.5	0.32∶30.7∶68.9	2.2	11830.3	7246.6	13120.0
江苏	85900	10.7	4.74∶44.99∶50	2.3	31737.4	53000.2	24607.0
浙江	51768	9.2	3.89∶43.4∶52.6	2.1	24308.0	31126.0	19446.0
安徽	27518	4.4	9.49∶49∶41	2.5	11192.6	29186.0	1996.4
江西	20818	4.5	7.79∶48.74∶43	2.4	7448.1	22085.3	2222.6
湖南	34590	5.1	10.6∶40.89∶48	2.6	14854.9	31328.1	1565.5
湖北	36523	6.2	10.2∶44.51∶45	2.3	17394.1	31872.6	2064.1
重庆	19500	6.4	6.86∶44.08∶49	2.5	8067.7	17440.6	2883.7
四川	36980	4.5	11.5∶38.65∶49	2.5	17480.5	32097.3	2538.5
贵州	13540	3.8	14.9∶40.17∶44	3.3	4154.0	15500.0	377.0
云南	16531	3.5	13.9∶38.63∶47	3.2	6423.1	18474.9	748.7
长江经济带上游	86552	4.4	11.5∶40.11∶48	2.8	36125.2	83512.8	6547.8
长江经济带中游	91932	5.3	9.87∶44.09∶46	2.4	39697.1	85286.0	5852.2
长江经济带下游	195321	8.8	4.51∶42.93∶52	2.5	79068.3	120558.8	91815.0
长江经济带	373806	6.3	7.44∶42.56∶49.98	2.7	154890.6	289357.5	10421.0
全国	827122	6.0	7.91∶40.45∶51	2.7	366262.0	641238.0	153321.0

资料来源：根据中国统计年鉴及各省市统计公报整理得出。

表7-3给出了2017年长江经济带的区域经济发展差异。就长江经济带的经济总量而言，"十二五"以来，长江经济带的GDP由21.2万亿元增加到37.38万亿元，实现年均增长约10个百分点，保持了良好的增长态势。然而，虽然长江经济带下游地区GDP总量占长江经济带GDP的50%以上，但是"十二五"以来长江经济带中游和上游地区的GDP增速均高于下游地区1~2个百分点。同时，长江经济带经济总量占全国的45.19%，是我国经济保持中高速增长的重要支撑带。从经济增长动力来看，长江经济带的增

长仍然主要依赖于固定资产的投资，2011—2017年实现年均增长19.10%，高于社会消费品零售总额年均增长率（14.34%）和出口总额年均增长率（12.61%）。长江沿岸长期积累的传统落后产能体量很大、风险很多，动能疲软，沿袭传统发展模式和路径的惯性巨大。习近平总书记指出：推动长江经济带高质量发展要以壮士断腕的决心、刮骨疗伤的勇气，积极稳妥腾退化解旧动能，破除无效供给，彻底摒弃以投资和要素投入为主导的老路，为新动能发展创造条件、留出空间，进而致力于培育发展先进产能，增加有效供给，加快形成新的产业集群，孕育更多吃得少、产蛋多、飞得远的好"鸟"，实现"腾笼换鸟、凤凰涅槃"。同时，长江经济带社会消费品零售总额占全国的42.29%，表明长江经济带存在广阔的内需市场；在对外出口放缓的情况下，可以充分挖掘国内市场进而实现经济增长动力的转换。

长江经济带是我国产业集聚带，更是我国重要的工业经济走廊；长江经济带肩负着打造世界级制造业集群以及推动传统产业转型升级发展的重要使命，是推进我国新型工业化、建设制造强国的重要主战场。长江经济带的产业结构由2011年的9.16∶49.9∶40.9调整为2017年的7.44∶42.56∶49.98，表明长江经济带的产业结构正逐步由"二三一"型向"三二一"型转变。然而，这一水平仍低于全国平均水平。同时，长江经济带内部区域之间产业结构存在一定的差距，下游地区凭借其自身的区位和政策等比较优势，产业结构基本实现向"三二一"型的转变，第三产业的比重已经超过50%。

此外，表7-3显示长江经济带区域间的发展水平和城乡发展水平存在较大的差异。2017年，长江经济带下游地区的人均GDP是中游地区的1.6倍和上游地区的2倍，但是出现上游地区和中游地区人均GDP增速（分别为11.94%和10.78%）高于下游地区（9.78%）的态势，这表明区域间的发展差距存在缩小的趋势。然而，从区域内的城乡收入差距来看，长江经济带的城乡居民人均可支配收入比仍然较大，略高于全国平均水平，尤其是长

区域协调发展战略

江经济带上游地区的城乡居民收入比（2.8）高于全国平均水平。同时，长江经济带是我国贫困地区集聚带，三峡库区、中部蓄滞洪区和7个集中连片特困地区脱贫攻坚任务还很繁重。长江经济带的城乡居民收入比整体呈现下降趋势，由2011年的2.8下降到2017年的2.7。这表明城乡居民的生活水平在逐步提高，城乡居民收入差距的降低有利于新型城镇化建设。

因此，以上分析表明长江经济带地区发展条件差异大，基础设施、公共服务和人民生活水平的差距较大，即流域发展不平衡不协调问题突出。破解长江经济带发展不平衡不协调问题，关键是要正确把握整体推进和重点突破、生态环境保护和经济发展、总体谋划和久久为功、破除旧动能和培育新动能、自身发展和协同发展等关系，坚持新发展理念[①]，推动长江经济带高质量发展。

[①] 资料来源于习近平总书记2018年4月26日在深入推动长江经济带发展座谈会上的讲话。

第二节 长江经济带发展与区域协调发展战略的理论基础

所谓协调发展,就是促进有关发展各系统的均衡、协调,充分发挥各要素的优势和潜力,使每个发展要素均满足其发展的需求,发挥整体功能,实现经济社会持续、均衡、健康发展[①]。从区域经济学视角看,区域经济是特定区域的经济活动和经济关系的总和;它是国民经济整体的一个部分,是国民经济整体不断分解为其局部的结果。所以,要增强系统思维,统筹各区域改革发展、各项区际政策、各领域建设、各种资源要素,使系统内各区域实现协同发展。这就表明要实现区域协调发展必须处理好两类关系:一是区域经济系统内部的协调和区域外部的联系,强调区域内部的均衡发展与区域间的协同发展;二是经济系统与自然资源、生态环境等发展环境的协调,强调人与自然的和谐共生发展。长江经济带在新时代中国区域发展总体格局中具有重要战略地位,对于推动东中西互动合作、缩小区域差距具有重要的现实价值。同时,长江经济带作为流域经济,是一个包含政治、经济、社会、生态和文化等多方面的完备系统,涉及水、路、港、岸、产、城等多个方面,要运用系统论的方法,正确把握自身发展和协同发展的关系。因此,长江经济带发展要运用系统论的方法,既要正确处理长江经济带内部的协调问题,加强区域间的联系,实现区域内外的协调发展;也要重视长江经济带经济发展与生态保护的关系,实现人与自然的和谐共生。

一、系统论视角下长江经济带协调性均衡发展

(一)系统论视角下的区域协调发展

人类的生产实践活动蕴含着丰富的系统思想,社会经济的发展过程

[①] 范恒山,孙久文,陈宣庆,等. 中国区域协调发展研究[M]. 北京:商务印书馆,2012.

以及在此过程中形成的复杂经济关系，构成了人类的社会经济系统。按照辩证唯物主义的思想，任何事物都不是简单的存在物，而是由存在相互影响、相互作用的各种元素按一定的规律组成的、具有特殊功能的有机整体，以系统的形式存在。在系统内，元素相互作用、相互制约共同决定着整体的功能；一般的整体的功能大于个体功能。系统论创始人贝塔朗菲（Bertalanffy）将系统定义为"相互作用的多元复合体"。这既体现了元素之间存在相互作用，也强调了系统对元素有整合的作用。系统具有多元性、差异性、相关性和整体性的特点；尤其是系统作为一个整体，具有"整体大于部分"的作用。系统的多元性不仅仅指组成系统的元素是多样的，至少有两个彼此区别的要素，而且还体现为系统元素之间的联系方式的多样性，如经济活动存在时间和空间的联系，技术上的前向与后向联系等。

新时代，我国经济已由高速增长阶段转向高质量发展阶段，正处在转变发展方式、优化经济结构、转换增长动力的攻关期，建设现代化经济体系是跨越关口的迫切要求和我国发展的战略目标。习近平总书记强调："现代化经济体系，是由社会经济活动各个环节、各个层面、各个领域的相互关系和内在联系构成的一个有机整体。"《关于贯彻落实区域发展战略促进区域协调发展的指导意见》要求："按照'五位一体'总体布局和'四个全面'战略布局，牢固树立和贯彻落实创新、协调、绿色、开放、共享的新发展理念，主动适应引领经济发展新常态，以区域发展总体战略为基础，以'一带一路'建设、京津冀协同发展、长江经济带发展为引领，坚定不移实施主体功能区制度，创新完善区域规划和区域政策，健全区域协调发展机制，推进全国统一市场建设，积极推动形成沿海沿江沿线经济带为主的纵向横向经济轴带，塑造要素有序自由流动、主体功能约束有效、基本公共服务均等、资源环境可承载的区域协调发展新格局，为国民经济持续健康发展和全面建成小康社会作出新贡献。"因此，建设现代化经济体系要求转变区域发展的思路和观念，运用系统论的方法，统筹协调西部地区、东北地区、东部地区和中部地区四大板块，优化经济发展空间格局，促进区域协调发展、协同发展、共同发展，进而充分发挥好我国经济韧性好、潜力足和回旋空间大的优势[①]。

（二）长江经济带协调性均衡发展

新时代、新阶段，我国经济发展的支撑带正由沿海地区向沿江内陆扩展。经过改革开放40多年的发展，沿海地区已经成为我国经济发展坚实的支撑带；而沿江地带的整体发展水平与沿海地区相比尚存在较大差距，尤其是长江经济带作为我国国土开发格局中的重要轴线，区域间联动发展水平较低，极大地影响了该区域乃至全国经济增长潜力的发挥。作为新时代三大区域发展战略之一，长江经济带的开发开放应在充分考虑系统内各区域的发展阶段、资源禀赋、产业分工、生态环境等的差异的基础上，增强系统思维能力，统筹各地改革发展、各项区际政策、各领域建设、各种资源要素，使沿江各省市协同作用更明显，促进长江经济带实现上中下游协同发展、东中西部互动合作，把长江经济带建设成为我国生态文明建设的先行示范带、创新驱动带、协调发展带。2018年4月，习近平总书记在深入推动长江经济带发展座谈会上强调："长江经济带作为流域经济，涉及水、路、港、岸、产、城等多个方面，要运用系统论的方法，正确把握自身发展和协同发展的关系。长江经济带的各个地区、每个城市都应该也必须有推动自身发展的意愿，这无可厚非，但是在各自发展过程中一定要从整体出发，树立'一盘棋'思想，把自身发展放到协同发展的大局之中，实现错位发展、协调发展、有机融合，形成整体合力。"长江经济带作为我国经济发展的重要战略支撑带，引领着我国区域协调发展的方向，肩负着打造中国具有全球影响力的内河经济带、东中西部互动合作的协调发展带、沿海沿江沿边全面推进的对内对外开放带和生态文明建设的先行示范带的重任。然而，长江经济带的发展面临诸多亟待解决的困难和问题，主要表现为生态环境形势严峻、长江水道存在瓶颈、区域发展不平衡问题突

---

① 成长春. 长江经济带协调性均衡发展的战略构想[J]. 南通大学学报（社会科学版），2015，31（1）：1-8.

出、产业转型升级任务艰巨、区域合作机制尚不健全等[①]。未来长江经济带的开发既要实现区域协调发展，又要实现发展的均衡，即协调性均衡发展。

所谓长江经济带协调性均衡发展，就是指坚持"创新、协调、绿色、开放、共享"的新发展理念，以共抓大保护、不搞大开发为导向，以打造新时代中国经济新增长极、新战略支撑带为目标，以推动长江经济带各区域内部和区际融合为抓手，以构建社会经济系统内部各经济主体之间以及人与自然之间和谐共生关系为根本，通过一体建设和推进创新引领、协同发展的产业体系，统一开放、竞争有序的市场体系，体现效率、促进公平的收入分配体系，彰显优势、协调联动的城乡区域发展体系，资源节约、环境友好的绿色发展体系，多元平衡、安全高效的全面对外开放体系，充分发挥市场作用、更好发挥政府作用的经济体制，将区域内分散的经济社会活动有机地联动起来，充分发挥长江经济带下游地区的辐射引领作用，有效激活长江经济带中游和上游地区潜在的经济活力，不断提高长江经济带发展的整体性、联动性和协同性，形成上中下游之间协调发展、协同发展、共同发展的空间开发开放新格局。所以，推动长江经济带协调性均衡发展，就是要以创新驱动为新动力实现经济的高水平发展，以区域间协同融合、空间结构优化和产业结构升级为抓手促进经济的高效率发展，以城市群为区域分工协作塑造新型城镇化格局，以上海、重庆、云南为节点打造全面对接"一带一路"的对外开放新格局，以人与自然和谐共生为导向提高绿色发展水平，以市场为主、政府为辅推进现代化经济体系建设。因此，长江经济带是我国现代化经济体系构建的示范带，具有重要的战略价值和现实意义。

二、要素适宜度视角下长江经济带的绿色发展

（一）要素适宜度与区域经济发展

区域经济发展是一个开放系统，它根据自身的要素禀赋优势选择具

[①]李春艳，文传浩. 长江经济带合作共赢的理论与实践探索："长江经济带高峰论坛"学术研讨会观点综述 [J]. 中国工业经济，2015（2）：44-49.

有比较优势的产业，参与区域经济分工与竞争。然而，随着社会分工的深化，一个区域内部的要素难以满足其发展需求，这就要求引进非区域性要素。但是在这个过程中，我们应该考虑清楚要素条件与区域经济发展之间的关系。或者说要考虑在某一个区域的一定发展阶段，它所利用的要素间的连接程度以及它所利用的要素条件和发展成果间的连接程度。我们称之为要素适宜度。要素适宜度所关注的并不是多区域间如何协调的问题，而是一个区域自身如何协调的问题。但是，要素适宜度与多区域协调存在紧密联系，多区域协调发展乃是要素适宜度最优化之后的理想目标。一个区域自身的发展是否充分利用了其要素禀赋条件才是要素适宜度要判断的内容[①]。要素适宜度是衡量区域要素条件和区域经济发展间的联系程度的一种概念和指标，它对区域经济发展具有非常重要的意义。要素适宜度有多层次的含义。一是要素条件与发展战略之间的协调。发展战略首先要考虑要素条件，并且确立适合其条件的发展道路。二是一个区域经济发展的模式与要素适宜度之间的关系。三是多个区域之间的分工与合作问题[②]。要素适宜度在一定程度上可以强化人们对于区域要素禀赋和区域经济发展路径之间的关系的认识。同时，要素适宜度还能提供区域经济协调发展中有关协调的评价基准。

党的十九大报告明确提出："中国特色社会主义进入新时代，我国社会主要矛盾已经转化为人民日益增长的美好生活需要和不平衡不充分的发展之间的矛盾。"其中，"不平衡不充分的发展"体现为社会生产力发展水平总体上已经提高，但是存在着快慢、高低、优劣的不平衡现象。当前，我国发展的不平衡主要体现为领域不平衡、区域不平衡、群体不平衡等问题，尤其是区域不平衡一直是困扰我国经济发展的重要问题。以区域之间和城乡之间的发展差距为代表的不平衡发展，是中国特色社会主义初

---

①郝寿义. 区域经济学原理：2版［M］. 上海：格致出版社，2016.
②李清彬，金相郁，张松林. 要素适宜度与中国区域经济协调：内涵与机制［J］. 中国人口·资源与环境，2010，20（7）：55-59.

级阶段的客观现实,而贫困人口的存在则是不平衡发展的特殊表现[①]。然而,区域不平衡发展是相对的,既没有绝对的平衡发展,也没有绝对的不平衡发展。世界不可能是完全平衡的。各区域的要素禀赋条件本身是不平衡的,因此它们的发展结果也必然不平衡。区域经济发展的不平衡结构是动态过程,也是周期变化过程[②]。

(二)长江经济带绿色区域协调发展

千百年来,长江流域以水为纽带,连接上中下游、左右岸、干支流,形成经济社会大系统。长江经济带作为流域经济,涉及水、路、港、岸、产、城和生物、湿地、环境等多个方面,是一个整体,必须全面把握、统筹谋划。长江经济带是典型的带状区域经济类型,流域内一切生产性、生存性活动与区域内资源、环境、生态密不可分。长江经济带横跨东中西三大区域,是我国资源富集、经济集聚、城市密集的巨型经济带,它在我国区域经济发展中的优势明显。然而,区域内自然环境复杂、资源禀赋条件差异大,决定了各区域之间的发展模式不同,影响各区域主导产业的选择,导致长江经济带各区域间发展差距较大,区域内部的协调性较差。同时,粗放的发展方式造成了资源浪费、环境污染和生态破坏,再加上人口的聚集,工业化、城镇化的加快,长江流域的过度开发严重威胁了长江经济带的区域承载力。长江经济带发展应在顶层设计的指引下,运用系统论的方法,正确把握自身发展和协同发展的关系。长江经济带内部各区域应根据自身的要素禀赋优势,选择自身具备比较优势的产业参与区域内分工,推动区域经济发展向高质量发展转变。同时,通过构建区域协调发展新机制,促进要素在区域之间流动,增强发展统筹度和整体性、协调性、可持续性,提高要素配置效率。

从区域承载力的角度来看,要素适宜度有更重要的含义。区域具有自

---

① 刘铮,白银珠. 新时代中国不平衡发展难题的政治经济学阐述 [J]. 毛泽东邓小平理论研究,2018(2):77-82.
② 郝寿义. 区域经济学原理:2版 [M]. 上海:格致出版社,2016.

身的承载力，在其承载力的形成过程中，区域性要素与非区域性要素都起到至关重要的作用。如果区域经济的发展超过其承载力，区域经济发展会面临非常严峻的考验，因此，以要素条件为基础的区域经济的发展应该合乎区域自身的承载力[①]。长江经济带作为一种流域经济，生态环境是其赖以存在和发展的重要基础，关系着长江经济带产业的持续发展与沿岸人民的健康。所以，要发挥长江黄金水道的作用，必须坚持绿色发展理念，正确把握生态环境保护和经济发展的关系，探索协同推进生态优先和绿色发展新路子。生态修复与环境改善能够提升区域可持续发展的承载力，进而有助于提高长江经济带发展质量。习近平总书记强调，推动长江经济带绿色发展，关键是要处理好绿水青山和金山银山的关系。这不仅是实现可持续发展的内在要求，而且是推进现代化建设的重大原则。生态环境保护和经济发展不是矛盾对立的关系，而是辩证统一的关系。生态环境保护的成败归根到底取决于经济结构和经济发展方式。要坚持在发展中保护，在保护中发展，不能把生态环境保护和经济发展割裂开来，更不能对立起来。在长江经济带具体建设过程中，应将绿色发展理念贯穿到经济活动的各个系统，实现长江经济带的绿色低碳循环发展。

总之，推动区域协调发展，就是要促进区域有关发展各系统的均衡、协调，充分发挥各要素的优势和潜力，使每个发展要素均满足其发展的需求，发挥整体功能，实现经济社会持续、均衡、健康发展。区域协调发展重在处理好经济系统内部的协调问题、人与自然的和谐共生，进而实现区域经济高质量发展。

---

① 郝大江. 主体功能区形成机制研究：基于要素适宜度视角的分析 [J]. 经济学家, 2012（6）: 19-27.

第三节　长江经济带发展在区域协调发展战略中的作用

一、长江经济带发展提出的背景与历程

长江经济带横跨我国的东中西部，与沿海经济带构成了我国国土开发和经济建设的"T"型发展轴线，在我国经济发展中具有重要的战略地位。尤其是，2014年9月《国务院关于依托黄金水道推动长江经济带发展的指导意见》的发布，标志着长江经济带发展正式上升为国家战略，与"一带一路"、京津冀协同发展一起构成了区域协调发展的三大引领性战略，对我国的区域协调发展、经济增长新动能的培育、创新驱动产业升级、新型城镇化建设、优化空间结构、建设生态文明产生重要影响，进而对推动经济高质量发展、建设现代化经济体系具有重要的战略支撑作用。长江经济带发展战略是党中央、国务院准确把握时代变革大势，积极适应经济发展新常态而作出的重大战略决策[1]。

20世纪80年代以来，长江流域的经济合作一直备受关注。从沿海起步先行、溯内河向纵深腹地梯度发展，是世界经济史上的一个重要规律，也是许多发达国家在现代化进程中的共同经历。改革开放初期，我国经济发展主要是以沿海开放为主导的外向型经济，使得沿海地区凭借优越的地理区位获得相对优势。21世纪以后，我国经济发展逐步由沿海沿边向沿江内地推进。长期以来，长江流域是我国经济总量大、人口集聚度高、资源丰富多样、发展潜力强的经济带，它在国家经济发展战略中的地位不断提升。长江经济带发展战略的提出，经历了一个较长的过程。纵观长江经济带发展的过程以及相关学者的研究，大致可以划分为四个阶段：一是长江经济带战略的初步构想期（1978—1992年），该时期提出了"长江产业密

---

[1] 王佳宁，罗重谱．新时代中国区域协调发展战略论纲[J]．改革，2017（12）：52-67．

集带"和"T"型发展战略格局，强调加强长江沿岸地区的联合与合作；二是长江经济带早期启动阶段（1992—2005年），"九五"计划明确提出"以上海浦东开发、三峡建设为契机，依托沿江大中城市，逐步形成一条横贯东西、连接南北的综合型经济带"，长江经济带沿江开发进入新阶段，各地将建设重点转移到长江沿岸地带；三是长江经济带的合作开发阶段（2005—2013年），为了扩展经济发展空间，沿江各省市进行了自下而上的区域协同发展合作协调机制，试图打破行政壁垒；四是长江经济带正式上升为国家战略（2013年至今），并成为新时代区域协调发展的重要战略支撑。通过长江经济带的开发历程可以看出，长江经济带的发展经历了自我发展和国家推进两个阶段。经过多年的内生自我发展和国家区域发展战略的持续投入，长江经济带已在经济体量、发展速度、创新资源、产业基础、交通网络、生态资源等方面形成了良好的区域经济合作基础和条件，能够为新常态下我国经济的持续发展提供战略性支撑，成为挺起新时代中国发展的"脊梁"[①]。

长江经济带发展战略的发展历程清晰地表明，改革开放以来，长江经济带发展的背景在动态变化。同时，在不同时期、不同阶段，长江经济带开发开放表现出了不同的特征，具体见表7-4。

表7-4 长江经济带不同时期战略背景与特征

名称		长江沿江地区经济	长江经济带
提出时间		20世纪90年代	2013年至今
背景	宏观环境	改革开放以来，党和国家加大了对长江下游地区的支持力度，经济重心东移，浦东开发开放；三峡经济区；沿江省市与沿海开放城市和特区形成"一带一轴"的主要经济发展区	中国经济发展进入新常态，正处在转变发展方式、优化经济结构、转换增长动力的攻关期；金融危机冲击带来新的全球分工与一体化；世界政治格局发生变化

[①] 吴传清，黄磊. 长江经济带绿色发展的难点与推进路径研究[J]. 南开学报（哲学社会科学版），2017（3）：50-61.

| 区域协调发展战略 |

续表

名称		长江沿江地区经济	长江经济带
提出时间		20世纪90年代	2013年至今
背景	区域发展政策	沿海开放城市和经济特区与中西部地区享有完全不同的财政税收、经济发展和对外开放政策，改革开放存在较大的区域不同步和非均衡	市场成为资源配置的主导力量，区域发展的政策在全国趋同，沿海的特殊政策基本没有；国家把经济体制改革综合试验的任务主要放到长江流域，长江流域各省市享受的区域发展政策不断趋同
	区域发展差异	沿海地区的经济发展在人力资源、投资强度、进出口贸易等方面均远超内陆地区，沿海和内陆地区经济社会发展差距在不断拉大	长江沿岸的上海、南京、武汉、重庆、成都等特大城市和一批大城市的经济差距逐渐缩小
	政策需求	中央希望沿海地区的改革开放势头能传递到内陆地区，以缩小区域经济差距，沿海地区的开放优势、政策优势和日渐积累的经济优势与内陆地区的资源优势、可利用劳动力的数量优势形成一定的互补关系，各区域政府均希望通过合作和整合来扩大各自的优势；长江中上游地区占比很高的国有企业面临旧体制机制困扰和传统产业、产品缺乏竞争力等多重压力，关停并转的企业日益增多，期盼并多方争取获得激发沿海地区活力的政策	新时代区域协调发展是推动我国经济高质量发展、构建现代化经济体系的重要战略，核心在于缩小区域发展差距；新时代我国经济亟须为经济发展培育新的增长动能，促进产业结构优化和发展方式的转变，这就要求生产要素配置加快从东部向中西部、从沿海向内陆地区转移，优化产业的空间布局；长江经济带物流的快速发展催生了各相关省市区域合作意愿，各省市有了更强的发展流域经济的主动性和积极性
特征		局部的地方性政策；实施的间断性；地方行政分割严重	国家战略和顶层设计；格局大，兼顾东中西和南北；全方位的对外开放格局；陆海协同发展

新时期，党和国家领导人高度重视长江经济带发展，发表了系列重要讲话，明确了长江经济带发展的理念和方向。2013年7月21日，习近平总

书记在湖北考察时指出，"长江流域要加强合作，发挥内河航运作用，把全流域打造成黄金水道"。长江经济带建设作为我国新时代的重大区域发展战略正式启动，并与沿海经济带、丝绸之路经济带和21世纪海上丝绸之路共同形成"三带一路"的未来我国区域统筹、均衡、协调发展的战略新格局。2014年4月28日，国务院总理李克强在重庆主持召开座谈会，提出"建设长江经济带，就是要构建沿海与中西部地区良性互动的新格局，要依托长江黄金水道，让长江经济带成为中国经济发展的新引擎"；同年9月，《国务院关于依托黄金水道推动长江经济带发展的指导意见》发布，明确了加快长江经济带发展的指导思想、基本原则、战略定位与核心举措，标志着长江经济带被正式确立为国家重大战略，长江经济带发展进入全面推进阶段。

党的十九大报告明确提出了我国进入中国特色社会主义新时代，并对新时代长江经济带发展提出了明确的定位：以共抓大保护、不搞大开发为导向推动长江经济带发展。这一定位是基于建设现代化经济体系上的长江经济带高质量发展，打破了流域经济先开发、后保护的传统观念。2018年4月26日，习近平总书记在深入推动长江经济带发展座谈会上的讲话中，明确阐述了共抓大保护、不搞大开发和生态优先、绿色发展的内涵："共抓大保护和生态优先讲的是生态环境保护问题，是前提；不搞大开发和绿色发展讲的是经济发展问题，是结果；共抓大保护、不搞大开发侧重当前和策略方法；生态优先、绿色发展强调未来和方向路径，彼此是辩证统一的。"这为未来长江经济带发展指明了方向、提供了新的理念指导，长江经济带应该走出一条协同推进生态环境保护和经济绿色发展的新路子。习近平总书记在讲话中还明确指出："新形势下，推动长江经济带发展，关键是要正确把握整体推进和重点突破、生态环境保护和经济发展、总体谋划和久久为功、破除旧动能和培育新动能、自身发展和协同发展等关系，坚持新发展理念，坚持稳中求进工作总基调，加强改革创新、战略统筹、规划引导，使长江经济带成为引领我国经济高质量发展的生力军。"这也是未来推动长江经济带高质量发展需要坚持的指导方针,也是亟须解决的现实问题。

二、新时代长江经济带发展的战略定位

战略定位是科学有序推动长江经济带发展的重要前提和基本遵循[①]。党和国家领导人系列重要讲话为长江经济带的发展指明了方向,国家相关规划引领和指导着长江经济带发展战略的定位和实施,国家相关重要政策明晰了长江经济带发展的路径。新时期,党和国家领导人高度重视长江经济带发展,发表了系列重要讲话,明确了长江经济带发展的理念和方向。2016年1月5日,习近平总书记在重庆召开的推动长江经济带发展座谈会上指出:新的发展理念就是指挥棒,要坚决贯彻。当前和今后相当长一个时期,要把修复长江生态环境摆在压倒性位置,共抓大保护,不搞大开发。把推动新型城镇化作为重要抓手,加强与"一带一路"倡议衔接互动,培育长江经济带全方位对外开放新优势。《中华人民共和国国民经济和社会发展第十三个五年规划纲要》明确提出"坚持生态优先、绿色发展的战略定位,把修复长江生态环境放在首要位置,推动长江上中下游协同发展、东中西部互动合作,建设成为我国生态文明建设的先行示范带、创新驱动带、协调发展带"。2016年9月,推动长江经济带发展重大国家战略的纲领性文件《长江经济带发展规划纲要》(简称《纲要》)正式印发,明确提出"把保护和修复长江生态环境摆在首要位置,共抓大保护,不搞大开发,全面落实主体功能区规划",并明确提出了长江经济带的四大战略定位:生态文明建设的先行示范带、引领全国转型发展的创新驱动带、具有全球影响力的内河经济带、东中西互动合作的协调发展带。至此,《纲要》作为推动长江经济带发展的纲领性文件,明确了长江经济带发展的战略定位,具有重要的指导价值。新时代,长江经济带发展的战略定位是基

[①] 段学军,虞孝感,邹辉. 长江经济带开发构想与发展态势[J]. 长江流域资源与环境,2015,24(10):1621-1629.

于新阶段、新思路、新观念、新路径和新机制下的创新、绿色、协调、开放、共享的新发展战略（见表7-5）。

表7-5 长江经济带不同时期的战略定位对比

战略	"八五"战略构想	《国务院关于依托黄金水道推动长江经济带发展的指导意见》
定位	建成世界上规模最大的内核产业带和国际制成品基地	具有全球影响力的内河经济带；东中西互动合作的协调发展带；沿海沿江沿边全面推进的对内对外开放带；生态文明建设的先行示范带
生态环境	加强生态保护和灾害防治	加强流域生态系统修复和环境综合治理，建设长江绿色生态廊道
交通建设	开发长江黄金水道；建设沿江铁路与高等公路；建设机场（枢纽、干线、支线机场）	加强各种运输方式的衔接和综合交通枢纽建设，加快多式联运发展，建成安全便捷、绿色低碳的综合立体交通走廊
产业发展	基础工业发展（能源、钢铁、石化化工等）	创新驱动产业升级；培育世界级产业集群；发展绿色能源产业；产业分工与有序转移
城镇发展	建成以沪、宁、汉、渝为中心的沿江城市密集带，培育六大经济圈	优化沿江城镇化格局，形成集约高效、绿色低碳的新型城镇化发展格局；建设国际性和区域性城市群；创新城镇化发展体制机制
岸线建设	促进长江岸线合理使用	建立长江岸线开发利用和保护协调机制及有偿使用制度
对外开放	上海浦东开发开放	构建以上海、重庆和武汉为节点的全方位开放格局；构建长江大通关体制

资料来源：本表格借鉴段学军等对长江经济带发展战略的对比而得。

推动长江经济带发展，是党中央、国务院主动适应、把握、引领经济发展新常态，科学谋划中国经济新棋局，作出的既利当前又惠长远的重大决策部署,对于实现"两个一百年"奋斗目标和中华民族伟大复兴的中国梦,具有重大现实意义和深远历史意义。为了落实党中央和国务院关于长江经济带发展的重要指导,国家发展改革委、国务院以及相关部委围绕长江经济带的战略定位制定了相关的政策文件(见表7-6),助推长江经济带发展战略的实施。

表7-6 长江经济带发展战略相关规划与政策梳理

时间	发文机构	文件名称	重要内容
2014年9月	国务院	《国务院关于依托黄金水道推动长江经济带发展的指导意见》	提出了长江经济带发展的战略定位、总体要求和主要任务
2014年9月	国务院	《长江经济带综合立体交通走廊规划(2014—2020年)》	提出了现代化综合交通运输体系建设的要求、目标和任务
2015年4月	国务院	《长江中游城市群发展规划》	明确了长江中游城市群规划范围、发展基础、战略定位和发展目标
2015年6月	国家发展改革委	《关于建设长江经济带国家级转型升级示范开发区的实施意见》	提出了国家级转型升级示范开发区的建设目标和主要任务
2016年3月	国家发展改革委、科技部、工信部	《长江经济带创新驱动产业转型升级方案》	指出了创新驱动产业转型升级的战略定位、实施目标和重点任务
2016年3月	全国人大	《中华人民共和国国民经济和社会发展第十三个五年规划纲要》	提出了长江经济带发展的战略定位、总体目标和主要任务
2016年4月	国务院	《成渝城市群发展规划》	明确了成渝城市群的规划范围、发展基础、战略定位和发展目标

续表

时间	发文机构	文件名称	重要内容
2016年5月	国务院	《长江三角洲城市群发展规划》	明确了长江三角洲城市群的规划范围、发展基础、战略定位和发展目标
2016年8月	国家发展改革委	《关于贯彻落实区域发展战略促进区域协调发展的指导意见》	明确提出要"以'一带一路'建设、京津冀协同发展、长江经济带发展为引领",塑造区域协调发展新格局
2016年9月	国家发展改革委	《长江经济带发展规划纲要》	明确了推动长江经济带发展的指导思想、基本原则、战略定位、发展目标、重点任务
2016年9月	水利部、国土资源部	《长江岸线保护和开发利用总体规划》	对长江岸线进行了功能分区,并提出了相应的管理要求
2016年12月	国家发展改革委、交通运输部、中国铁路总公司	《"十三五"长江经济带港口多式联运建设实施方案》	提出了港口多式联运的发展要求和具体任务
2017年6月	工信部、发展改革委等五部委	《关于加强长江经济带工业绿色发展的指导意见》	对于如何推进长江经济带全面绿色制造,实现绿色生产,保护生态环境提出了具体要求和方案

资料来源：根据国家相关政策整理而得。

由表7-6可知,自长江经济带发展上升为国家战略以来,为了加强对长江经济带发展战略的引导,党中央和国务院以及相关部门通过制定相关的规定、规划与具体的实施方案,确保从顶层设计上推动长江经济带的健康发展。就具体内容而言，国家先后出台了一系列政策措施，从长江生态环境保护、综合立体交通走廊建设、创新驱动产业转型升级、新型城镇化建设、全方位开放格局构建、区域协调发展体制机制创新等六个方面着力推进长江经济带建设。长江经济带的开发开放更好地践行了创新、协调、绿色、开放和共享的发展理念，与早期的长江沿岸经济开发相比，新理念、新思路和新举措将长江经济带发展战略提升到了一个新的战略高度。

长江经济带发展战略作为一种顶层设计，将其付诸实施需要根据长江经济带区域发展、资源禀赋、产业分工等的差异，进行科学统筹协调。这就需要构建合理的区域协调发展机制，促进长江经济带上中下游地区的协调发展、协同发展和共同发展。长江经济带沿岸各省市应把自身发展放到协同发展的大局之中，实现错位发展、协调发展、有机融合，形成整体合力。沿江11个省市按照《国务院关于依托黄金水道推动长江经济带发展的指导意见》《长江经济带发展规划纲要》等顶层设计，并结合本地区发展状况，提出了包含生态文明建设、交通建设、产业升级、新型城镇化、区域合作开放等多维度、差异化的区域定位，积极参与并推动长江经济带建设和发展。沿江11个省市均将生态优先、绿色发展作为首要原则，严守生态安全底线和生态保护底线，有效地改善了长江经济带的生态环境，减少了长江流域的环境污染。

三、长江经济带发展与区域协调发展战略的关系

习近平总书记在党的十九大报告中指出，"实施区域协调发展战略"，"建立更加有效的区域协调发展新机制"。这是对我国区域发展的新部署新要求，是新时代解决人民日益增长的美好生活需要和不平衡不充分的发展之间的矛盾的重要途径，对加快建设现代化经济体系、促进高质量发展、实现"两个一百年"奋斗目标，具有重大战略意义。区域协调发展战略是解决国内区域发展不平衡问题和特定区域开发问题的制度性安排，其核心目的在于缩小区域发展差距和实现区域协调发展。中华人民共

和国成立以来,党中央、国务院高度重视区域发展问题,在不同时期、不同阶段制定并实施了一系列促进区域发展的战略。中国区域发展战略大致经过了三个阶段:区域均衡(平衡)发展战略阶段(1949—1978年)、区域非均衡(不平衡)发展战略阶段(1978—1995年)和区域协调发展战略阶段(1995年至今)。随着我国在区域发展战略上不断摸索、不断创新,当前,我国的区域协调发展战略已经初步形成了"总体战略+战略规划+实施战略"三位一体的基本框架。

新时代,实施区域协调发展战略是建设现代化经济体系的重要保障。实施区域协调发展战略,能够促进生产要素自由流动,提高资源空间配置效率;依据主体功能定位发展,充分发挥比较优势,推动各区域加快转变发展方式、优化经济结构和转换增长动力;推动各区域缩小基本公共服务差距,实现基本公共服务均等化;加强区域间互联互通,推动区域互动、城乡联动、陆海统筹,进而实现更高质量、更有效率、更加公平、更可持续的发展。当前,我国经济发展进入新阶段,面临着经济增速换挡、发展方式调整、结构优化、动能转换、城乡统筹、区域协调、生态保护等诸多挑战,迫切需要寻找新的复合巨型增长极支撑我国经济社会全面发展。在区域协调发展战略组合中,长江经济带是推动经济增长空间由东向西、由南向北拓展的重要支撑带,是促进东中西互动合作的协调发展带,是体现国家综合经济实力的第一大内河经济带,是探索大江大河流域生态文明建设的先行示范带。千百年来,长江流域以水为纽带,形成一个经济社会大系统,今天仍然是连接丝绸之路经济带和21世纪海上丝绸之路的重要纽带。建设长江经济带也是实现由沿海经济带向"T"型战略转变,对接国家"一带一路"建设,优化"两纵三横"主体功能区划布局,形成一体化发展新格局的需要。

因此,长江经济带在新时代中国区域发展总体格局中具有重要战略地位,对于推动东中西互动合作、新型城镇化建设、缩小区域发展差距等具有重要的现实价值。《国务院关于印发全国国土规划纲要(2016—2030

年）的通知》明确提出："以四大板块为基础、三大战略为引领，以国家优化开发和重点开发区域为重点，依托大江大河和重要交通干线，打造若干国土开发重要轴带，促进生产要素有序流动和高效集聚，着力打造国土集聚开发主体框架，积极构建多中心网络型开发格局，提升国土开发效率和整体竞争力。"长江经济带是我国国土开发格局中的重要一横，它横贯我国国土的东中西部，对我国经济发展的战略意义是无可比拟的；长江经济带建设不仅有利于促进长江上中下游沿岸地区发展，而且肩负着促进西部大开发，带动中部崛起以及加快全国区域协调发展的重任。新时代，按照五大发展理念和"共抓大保护，不搞大开发"的导向，推动长江经济带发展，有利于走出一条生态优先、绿色发展之路，让中华民族母亲河永葆生机活力，真正使黄金水道产生黄金效益。2018年4月，习近平总书记在考察长江经济带时强调："正确把握生态环境保护和经济发展的关系，探索协同推进生态优先和绿色发展新路子。推动长江经济带绿色发展，关键是要处理好绿水青山和金山银山的关系。这不仅是实现可持续发展的内在要求，而且是推进现代化建设的重大原则。""必须从中华民族长远利益考虑，把修复长江生态环境摆在压倒性位置，共抓大保护、不搞大开发，努力把长江经济带建设成为生态更优美、交通更顺畅、经济更协调、市场更统一、机制更科学的黄金经济带，探索出一条生态优先、绿色发展新路子。"

第四节　长江经济带绿色开发与建设

新时代，推动长江经济带协调发展，需要以"共抓大保护，不搞大开发"的绿色发展观为导向，从协同推进长江经济带绿色生态走廊建设、创新驱动产业转型升级与产业联动、优化城镇空间布局与形态、建设绿色综合运输体系、形成全方位对外开放格局等方面全面加快长江经济带建设，提高长江经济带在我国区域发展中的战略地位，发挥长江经济带在区域协调发展中的示范作用。自长江经济带发展上升为国家战略以来，在党中央的坚强领导下，有关部门和沿江省市作了大量工作，在强化顶层设计、改善生态环境、促进转型发展、探索体制机制改革等方面取得了积极进展。同时，也要清醒地看到存在的困难和突出问题，如对长江经济带发展战略仍存在一些片面认识，生态环境形势依然严峻，生态环境协同保护体制机制亟待建立健全，流域发展不平衡不协调问题突出，有关方面主观能动性有待提高。

一、长江经济带绿色发展现状与绿色生态走廊建设

资源环境是经济发展的物质条件，是人类生存的基础，它既可以促进经济发展，也可以阻碍经济发展。长江经济带跨越多个温度带，区域内的地质地貌、矿产资源、水文土壤和生态资源等存在显著的差异，资源丰富多样，见表7-7。

表7-7　长江经济带资源环境条件

资源	区域蕴藏量与分布
水	长江全长6397公里，仅次于亚马孙河和尼罗河，是世界第三长河，流域面积180多万平方公里，水量居全国之首，是我国第一大河；长江流域提供了中国1/3的淡水资源、2/3的内河通航里程、3/5的水能资源储量，是中国水资源配置的战略水源地

续表

资源		区域蕴藏量与分布
土地		长江经济带耕地总面积0.453亿公顷，占全国的33.4%。耕地环境质量总体良好，无重金属污染耕地约0.3亿公顷，占已调查面积的83.3%，主要分布在四川盆地、江汉平原、鄱阳湖平原、巢湖平原、洞庭湖平原和太湖平原等地区。此外，长江经济带绿色富硒耕地122.4万公顷
清洁能源	页岩气	页岩气可采资源量15.5万亿立方米，占全国的62%。目前我国页岩气探明地质储量5441亿立方米，集中分布在长江经济带的重庆涪陵、四川长宁—威远、云南昭通等地
	地热	长江经济带11个省市规划区浅层地温能潜力巨大，每年可利用热量折合标准煤2.0亿吨。若采用地源热泵系统充分开发利用浅层地温能，每年可实现夏季制冷面积24.6亿平方米，冬季供暖面积44.2亿平方米，可减排二氧化碳1.66亿吨
矿产资源		长江经济带矿产资源丰富并主要集中在中上游地区，区内共有各种矿产109种，储量占全国60%以上的就有13种。其中，长江经济带稀土、钛等矿产储量占全国的80%以上，锂、钨、锡、钒等资源储量占全国的50%以上，战略性矿产资源储备量大
生态资源		长江流域森林覆盖率达41.3%，河湖、水库、湿地面积约占全国的20%，淡水鱼类占全国总数的33%，物种资源丰富，珍稀濒危植物占全国总数的39.7%，长江及其流域共有保护物种1398种。长江流域建有各种类型、不同级别的自然保护区827个，保护面积达3532.9万公顷，占区域面积的19.9%，是我国物种多样性、生态系统多样性保护的重要区域
旅游资源		长江经济带共有4A级及以上景区693家，占全国比重为36%。其中，4A级景区595家，5A级景区98家，占全国的比重分别为35%和46%。可见，长江经济带分布了相对集中的高等级景区

资料来源：表中数据依据各省统计年鉴以及姜月华、王振等学者对长江经济带资源环境的研究整理而得。

长江经济带丰富多样的资源为长江经济带的发展提供了动力；然而，长江经济带的资源存在极大的区域差异与供给和消费错位。分区域来看，资源与经济活动的空间分布基本呈相反的态势，即水资源、耕地、森林和矿产资源从上游向下游递减，而经济活动中资源的需求与能源消费则相反。历经多年开发建设，长江经济带传统的经济发展方式仍未根本转变，生态环境形势严峻。随着长江经济带发展战略全面实施和生态文明建设加快推进，要把生态环境保护摆上优先地位。《长江经济带生态环境保护规划》（简称《规划》）中明确提出："围绕统筹推进'五位一体'总体布局和协调推进'四个全面'战略布局，牢固树立和贯彻落实创新、协调、绿色、开放、共享的发展理念，坚持生态优先、绿色发展，以改善生态环境质量为核心，坚持一盘棋思想，严守资源利用上线、生态保护红线、环境质量底线，建立健全长江生态环境协同保护机制，共抓大保护，不搞大开发，确保生态功能不退化、水土资源不超载、排放总量不突破、准入门槛不降低、环境安全不失控，努力把长江经济带建设成为水清地绿天蓝的绿色生态廊道和生态文明建设的先行示范带。"

2016年1月5日，习近平总书记在重庆召开的推动长江经济带建设座谈会上提出，"当前和今后相当长一个时期，要把修复长江生态环境摆在压倒性位置，共抓大保护，不搞大开发"。这是长江经济带发展这一国家战略发展路径的重大转折，标志着生态文明建设成为长江经济带的基调和主旋律[1]。长江经济带发展战略是第一个把生态优先、绿色发展作为首要原则的区域发展战略，这是基于新时代新发展理念的重大思路调整。页岩气、地热等清洁能源的开发，有利于促进城市节能减排和地热等相关产业的发展，进而将长江经济带打造成为清洁低碳能源产业带。同时，锂、稀土、岩盐等战略性矿产资源的开发利用，有利于推进新材料、高端制造、新能源汽车等新兴产业发展，促进长江经济带传统经济发展方式的转变，有利于长江经济带绿色生态走廊的建设。未来加强长江经济带生态修复和环境保护，则更主要依靠体制机制的创新，探索区域间合理的生态补偿机

---

[1] 王贤. 长江经济带生态文明建设现状、问题及对策[J]. 长江大学学报（社科版），2017，40（2）：36-40.

制,进而真正做到长江经济带各省市间共饮一江水、同下一盘棋、共建长江经济带,逐步恢复"一江碧水、两岸青山"的美景。

二、长江经济带创新驱动示范带建设

改革开放以来,长江经济带已成为我国综合实力最强、战略支撑作用最为重要的区域之一,已经成为我国重要的人口密集区、产业密集区、创新资源密集区。长江经济带产业优势突出,是我国重要的农业主产区、工业走廊和现代服务业聚集区。目前,已经形成了钢铁、石油化工、汽车工业、电力工业以及观光休闲旅游带等一系列产业带。改革开放以来,长江经济带的三次产业均获得较大的发展。其中,农业的基础地位不断得到加强,粮食总产量占全国1/3以上,水稻、油菜籽、淡水产品等重点农产品产量占比超过50%;农业现代化步伐加快。长江经济带历来是我国重要的工业经济走廊,工业一直是长江经济带产业体系的核心和支柱,是长江经济带持续发展的重要基石。尤其是现代制造业和高技术产业在长江经济带形成集群,电子信息、装备制造、有色金属、纺织服装等产业规模占全国比重均超过50%,新型平板显示、集成电路、先进轨道交通装备、船舶与海洋工程装备、汽车、电子商务、生物医药、航空航天等产业已具备较强的国际竞争力。第三产业尤其是以中心城市为引领的现代服务业获得了高速发展,金融保险、航运、工业设计、文化创意等服务业特色优势突出。

长江经济带区际产业发展的互补性特征鲜明,长江经济带上中下游地区产业结构与从业人员结构特征各异,工业化、城市化及现代化进程不同,发展诉求亦不同。上中游地区拥有自然资源优势、劳动力优势及尚待开发的内陆市场等,下游地区拥有技术、资本、人才等高端要素优势及海外市场等,为生产要素在上中下游地区流动创造先决条件,下游地区受到产业结构优化升级和全球经济复苏的影响,迫切需要进行产业结构调整,而中上游地区发展势头正盛,上中下游地区之间产业合作动力十足。长江经济带上中下游地区资源优势互补、发展阶段各异，由于信息技术和对内对外贸易的快速发展，上中下游地区之间商品和要素的流动范围突破地理区域的限制，下游地区的技术、资金、管理等高端要素将加速向中上游地区流动，而中上游地区也将利用自身的原材料、劳动力等中低端要素实现就地发展和"跳跃式"发展。长江经济带上中下游地区之间的要素空间流动较为频繁，区域产业分工与合作的条件日渐成熟。

长江经济带具有区域绝对比较优势的行业已由传统工业向高端制造业转变，区域之间的优势行业存在一定的差异，这为长江经济带上中下游地区之间的产业分工与合作提供了条件；同时，区域间优势产品存在差异，可以强化区域间的分工与合作。高技术产业在长江经济带上中下游地区产业中占比逐步提高，为下游地区产业转移及上中下游地区间的产业承接与合作提供了平台和契机。按照国务院颁布的《国务院关于依托黄金水道推动长江经济带发展的指导意见》的指引，"顺应全球新一轮科技革命和产业变革趋势，推动沿江产业由要素驱动向创新驱动转变，大力发展战略性新兴产业，加快改造提升传统产业，大幅提高服务业比重，引导产业合理布局和有序转移，培育形成具有国际水平的产业集群，增强长江经济带产业竞争力"。

长江经济带还是我国创新驱动的重要策源地，集聚着大量的教育和创新资源，为该地区保持持久的创新能力和持续的经济增长动力提供了源源不断的动力支撑。长江经济带凭借区域内的人才、智力、技术和产业优势，坚持创新发展理念，正加速推动经济向创新驱动转变，成为引领我国产业升级、发展方式转变的创新驱动带。

长江经济带云集了大量的创新资源，具有庞大的创新投入产出。整体上，长江经济带的创新资源、高等教育和高技术产业在全国均占有较高的比重，是我国科技创新资源的密集带。然而，长江经济带区域科技创新资源和产业分工存在较大的差异。长江经济带下游地区占据绝对优势，集聚了长江经济带约2/3的创新资源和高技术产业，具有较强的竞争力。同时，长江经济带上中下游地区的高技术产业分工相对明确，下游地区以医疗仪器设备及仪器仪表制造业和电子及通信设备制造业为主导产业，中游地区以医药制造业和信息化学品制造业为主导产业，上游地区以航空、航天器及设备制造业和计算机及办公设备制造业为主导产业。长江经济带区域内高技术产业分工的差异化，有利于区域间形成良好的合作，提高区域产业的竞争力，为我国经济增长和产业结构优化提供持续的创新驱动力。

实现动力变革、加快动力转换是推动长江经济带高质量发展，建设现代化经济体系的重要一环。正确把握破除旧动能和培育新动能的辩证关系，既要紧盯经济发展新阶段、科技发展新前沿，毫不动摇地把培育发展新动能作为打造竞争新优势的重要抓手，又要坚定不移地把破除旧动能作为增添发展新动能、厚植整体实力的重要内容，积极打造新的经济增长极。要着力实施创新驱动发展战略，把长江经济带得天独厚的科研优势、人才优势转化为发展优势。

三、基于绿色航运发展要求的综合运输体系建设

从"长江流域开发与治理"到上升为国家级战略的"推动长江经济带发展"，长江流域已经成为中国经济持续发展的重要支撑。长江横贯中国的东中西三大区域，丰富的水资源、便利的航运条件、相对发达的沿岸经济，创造了其作为全国国土开发一级轴线的优越条件。新时代，长江经济带肩负着打造中国具有全球影响力的内河经济带、东中西互动合作的协调发展带、沿海沿江沿边全面推进的对内对外开放带和生态文明建设的先行示范带等任务。提升长江黄金水道功能，建设综合立体交通走廊，是长江经济带发展的基础。交通基础设施发展对长江经济带实现自身战略定位具有至关重要的作用。《国务院关于依托黄金水道推动长江经济带发展的指导意见》指出："依托长江黄金水道，统筹铁路、公路、航空、管道建设，加强各种运输方式的衔接和综合交通枢纽建设，加快多式联运发展，建成安全便捷、绿色低碳的综合立体交通走廊，增强对长江经济带发展的

战略支撑力。"《长江经济带综合立体交通走廊规划（2014—2020年）》强调，"加快打造长江黄金水道，扩大交通网络规模，优化交通运输结构，强化各种运输方式的衔接，提升综合运输能力，率先建成网络化、标准化、智能化的综合立体交通走廊，为建设中国经济新支撑带提供有力保障"。

改革开放以来，长江经济带交通基础设施建设成效显著，路网规模持续扩大，结构布局不断优化，技术水平明显提升，运输能力大幅增强，初步形成了以长江黄金水道为依托，水路、铁路、公路、民航、管道等多种运输方式协同发展的综合交通网络。近年来，长江经济带沿岸各省市积极采取措施提升长江黄金水道功能，逐步形成了"一横一纵一网十二线"的高等级航道网络，实施了"电子巡航"系统，保证了航道的安全畅通；并且积极推进关检直通，关检合作"三个一"已全面推广至所有直属海关和检验检疫部门，上海国际贸易"单一窗口"3.0版上线运行，区域通关一体化成效显著。

然而长江经济带交通基础设施在发展过程中存在区域差距，尤其是中西部交通基础设施发展较为落后，阻碍了长江经济带协调发展。整体而言，长江经济带各省市平均公路密度大于平均铁路密度；各省市公路密度年均增长率最高，铁路密度次之；东部地区各省市平均交通基础设施密度最高，中部地区次之，西部地区最低。同时，交通运输网络的结构不合理，运输方式尚未实现有效衔接。未来长江经济带的开发与建设要以长江岸线作为重要载体，构建水域和陆域综合开发的结合带，完善综合交通体系网络。在长江经济带"共抓大保护，不搞大开发"新的发展理念下，作为水陆交界地带，长江岸线既是港口、临港产业及城镇布局的重要空间，也是长江生命河的生态屏障和污染入江的最后防线，是实施长江经济带发展战略，建设经济支撑带和绿色生态示范带的关键所在[1]。

---

[1] 段学军，邹辉. 长江岸线的空间功能、开发问题及管理对策[J]. 地理科学，2016，36（12）：1822-1833.

四、长江经济带城市群空间布局与联动

（一）长江经济带城市群空间布局

经济带是在劳动地域分工基础上形成的不同层次、各具特色的带状地域经济单元，是在一定的自然和人文环境基础上形成的以扩散通道为发展轴，以轴线上经济发达的多个大城市为核心，发挥其经济集聚和辐射功能，带动区域不同等级规模城市的经济发展，并由此形成点状密集、面状辐射、线状延伸的带状经济区域或经济走廊[①]。当前，长江经济带依托黄金水道将内陆发达的长江中游城市群、成渝城市群与海岸经济带的长三角城市群连接起来，成为贯通我国东中西三大区域的重要经济走廊和区域性的城市集群，在全国区域经济格局中具有十分重要的战略地位。长江经济带发展基本呈现出"东部以空间聚合的长三角城市群为面状核心区的多层次、网络状的都市连绵带，中西部以多个中心城市为点状核心区特征"的新空间格局，初步形成了"1+2+3"分级梯度发展的城市群空间组织格局，即包括1个世界级城市群（长三角城市群）、2个国家级城市群（长江中游城市群和成渝城市群）和3个地区性城市群（江淮城市群、滇中城市群和黔中城市群）。

城市群作为中国推进新型城镇化的主体形态，已经成为国家和地区适应与参与全球竞争和塑造国际城市体系的支撑平台。长江经济带是国家新型城镇化发展的主体和国家经济增长的主要支撑，其发展对国家新型城镇化的建设具有重要的影响[②]。新时代，长江经济带的建设需要以城市群为空间单元推动长江经济带协同发展，打造具有国际竞争力的内河经济带，增强长江经济带的可持续发展能力。《国务院关于依托黄金水道推动长江经济带发展的指导意见》（简称《意见》）指出，"以沿江综合运输大通

---

① 冯兴华，钟业喜，李建新，等. 长江中游城市群县域城镇化水平空间格局演变及驱动因子分析 [J]. 长江流域资源与环境，2015，24（6）：899-908.
② 方创琳，周成虎，王振波. 长江经济带城市群可持续发展战略问题与分级梯度发展重点 [J]. 地理科学进展，2015，34（11）：1398-1408.

道为轴线，以长江三角洲、长江中游和成渝三大跨区域城市群为主体，以黔中和滇中两大区域性城市群为补充，以沿江大中小城市和小城镇为依托，促进城市群之间、城市群内部的分工协作，强化基础设施建设和联通，优化空间布局，推动产城融合，引导人口集聚，形成集约高效、绿色低碳的新型城镇化发展格局"。因此，城市群能够在更大范围内实现资源的有效配置，并产生巨大的集聚效应和辐射效应，促进城市群之间联动发展，能够更好地促进长江经济带资源要素的流动，促进经济一体化的实现。

（二）长江经济带城市群间的联动发展

从区域经济学视角来看，长江经济带是以流域为基础，以长江为纽带，以城市经济区为基本单元的宏观协作经济区，既是一条依托黄金水道的交通物流经济带，又是一条城市密集分布的城市区域经济带。区域经济联动发展是区域分工与合作的外在表现和必然要求，跨区域发展是在更大的尺度空间内实现资源的优化配置，并产生巨大的集聚效应和辐射效应。就长江经济带这一尺度空间而言，城市群已经成为其竞争力的核心区和中国内引外出的重要枢纽与门户。

长江经济带城市群联动发展是一个长期复杂的动态过程，不仅要求各大城市群间存在显著功能分工，交通基础设施在空间上具有连续性，产业空间布局具有互补性，还要求文化发展、生态环境修复和环境保护与体制机制具有协调性。《意见》强调要"立足长江上中下游地区的比较优势，统筹人口分布、经济布局与资源环境承载能力，发挥长江三角洲地区的辐射引领作用，促进中上游地区有序承接产业转移，提高要素配置效率，激发内生发展活力，使长江经济带成为推动我国区域协调发展的示范带"。这为长江经济带上中下游城市群之间的联动发展明确了方向。当前，长江经济带城市群发展呈现出下游长三角城市群→中游城市群→上游成渝城市群的单向联动关系，城市群之间的联动强度随着距离的增加而下降；长江中游城市群并未能有效发挥"承东启西"的作用[①]。因此，推进长江经济带城市群间联动发展，应坚持生态优先、绿色发展的理念，在统筹长江沿岸丰富的生态要素基础上，通过建设综合立体交通体系，强化区域分工与协同创新，采取生态联防联治、缩小区域公共服务差距等措施，促进长江经济带上中下游城市群间高质量联动发展，进而为长江经济带的发展提供强有力的支撑。

[①] 李嫒，宁越敏，魏也华，陈斐然. 长江经济带沿江城市群空间分布格局与联动机理研究[J]. 长江流域资源与环境，2016，25（12）：1797-1806.

第七章 推动长江经济带发展

第五节 长江经济带发展的推进策略

中国作为一个区域发展不平衡的发展中大国,如何实现区域的协调发展是我们长期面临的艰巨任务。党的十八大以来,国家陆续提出实施"一带一路"建设、京津冀协同发展、长江经济带发展,这符合当前我国区域协调发展的总体要求,对完善区域发展战略体系、探索区域发展新经验、扩展国民经济发展新空间具有深远的意义。"十三五"规划为中国区域发展描绘了一幅新蓝图:以区域发展总体战略为基础,以"一带一路"建设、京津冀协同发展、长江经济带发展为引领,形成以沿海沿江沿线经济带为主的纵向横向经济轴带,塑造要素有序自由流动、主体功能约束有效、基本公共服务均等、资源环境可承载的区域协调发展新格局。中国区域空间布局模式的最新发展特点是经济带的形成与发展。"十三五"规划中,确定了以新空间与新动力之间的互动来拓展发展新空间的区域发展总体战略,推出了"经济带"这一新概念;其中"一带一路"建设、京津冀协同发展、长江经济带发展三大战略成为沿海沿江沿线经济带形成的引领。经济带的构建将是盘活整个区域棋局的关键,通过区域合作,建立区域间协调互动机制,是解决中国区域发展中多元结构不平衡问题、实现区域协调发展的重要途径。

长江经济带是横跨我国东中西部的、具有完整经济—社会—生态系统的沿江经济带,长江经济带发展是与新常态相适应的,着眼于国内区域协同发展谋篇布局,充分利用广阔内陆腹地、全国统一大市场乃至打造全方位开放战略平台,打开我国与周边各国互利共赢发展通途。未来推进长江经济带发展,要坚持创新、绿色、协调、开放、共享的五大发展理念和以"共抓大保护,不搞大开发"为导向,协同推进长江黄金水道运能提升、创新驱动产业结构升级、城镇空间布局优化、构建全方位对外开放格局、完善生态补偿机制和改革区域协调体制机制，最终实现长江经济带协调发展、协同发展、共同发展。

一、以生态文明观为指导建设绿色生态走廊

长江经济带是一条典型的流域经济带，依托长江黄金水道将上中下游、东中西部和沿江两岸连接起来，生态环境是长江经济带赖以存在和发展的基础，关系着沿江沿岸地区的生产和生活。然而，长江经济带集聚了大量的人口、产业和城市，对生态环境造成了较大的压力，生态环境状况不容乐观。长江经济带是我国传统制造业的重要集聚地，沿岸布局了诸多重化工业，高污染、高能耗的资源型产业与产能过剩产业，对长江沿岸的环境造成了严重的污染，尤其是水生态环境。同时，沿江人口和城镇高度密集，生活垃圾和废水的排放加剧了长江经济带的水生态环境污染。此外，长江经济带还面临着较大的生态退化风险，上游地区的水土流失加剧，中下游地区湖泊、湿地生态功能退化，使得长江流域的蓄水滞洪功能减弱；工业污水的排放、生活废水的流入、船舶运输流动污染以及农业生产面源污染严重造成了长江水污染和生态环境的恶化。

长江经济带是影响全国的生态基因库，对我国"两屏三带"的生态安全战略格局起到重要支撑作用；保持良好的生态环境对维护我国生态安全、实现我国可持续发展具有重大战略意义。因此，要树立尊重自然、顺应自然、保护自然的生态文明观念，转变长江经济带建设的战略理念——把实施重大生态修复工程作为推动长江经济带发展项目的优先选项。必须把保护和修复长江生态环境摆在优先位置，必须树立和践行"绿水青山就是金山银山"的理念，坚持节约资源和保护环境的基本国策，像对待生命一样对待生态环境，统筹山水林田湖草系统治理，坚持生活富裕、生态良好的文明发展道路。新时代，推进长江经济带协调性平衡发展，应主动从一味要GDP、要速度、要规模的粗放型发展方式转向追求创新、绿色、协调、生态、可持续的发展方式，大力发展绿色经济、循环经济和低碳技

术，培育壮大节能环保产业。

同时，长江流域作为一个整体，应探索多元化的生态补偿模式，逐步形成有效的流域生态补偿机制，形成上中下游多主体共同参与的生态联防联治模式。构建长江流域生态补偿机制就是使各自为政的孤立式、分散的区域发展变为联动式发展。要实现区域生态的联防联治，就必须树立补偿思维，建立健全公平的生态补偿机制，按照"谁受益谁补偿"的原则，探索上中下游开发地区、受益地区与生态保护地区的横向补偿机制，如通过国家财政转移支付、专项补偿补贴、建立流域基金等补偿形式，加大对生态环境修复和水污染治理重点省市的支持力度。长江经济带生态补偿机制的有效实施，要求打破地域限制和行政分割，强化流域管理部门的综合协调职能，形成上中下游生态环境联防联控机制。运用现代化的信息通信手段，加强对长江流域的实时监控、预警预报和事故处理，搭建长江经济带各省市沟通的信息共享平台，进而实现长江经济带生态环境的统筹规划和保护。

长江经济带作为流域经济，必须全面把握、统筹谋划。以"生态优先、绿色发展"的理念建设长江经济带，探索中国特色低碳循环发展模式，建设我国生态文明的先行示范带，对于新时代我国建设资源节约、环境友好的绿色发展体系，实现绿色低碳循环发展、人与自然和谐共生，具有重要的现实意义。

二、多式联运，建设立体交通网络体系

区域联动发展，交通必须先行。交通运输体系能够将区域内外联结起来，拓展区域经济发展的空间，促进区域间互相开放和经济合作，实现区域间资源的整合和优化配置。提升长江黄金水道运能，建设综合立体交通走廊，是长江经济带发展的基础。交通基础设施发展对长江经济带实现自身战略定位具有至关重要的作用。《长江经济带发展规划纲要》明确指出，加快交通基础设施互联互通，是推动长江经济带发展的"先手棋"。

区域协调发展战略

党的十八大以来，长江经济带沿江各省市把投资作为"驾辕之马"和"底盘"，加快投资建设步伐，投资规模不断扩大。基础设施投入加大，投资建设成绩斐然，为长江经济带经济快速发展打下了坚实的基础。长江经济带依托长江黄金水道，具有得天独厚的天然内河航运优势，沿岸形成上海、南京、武汉、重庆等港口群，铁路、高速铁路和公路的快速发展正形成发达的陆地动脉，以建设空港和提高吞吐能力的航空运输体系获得较快发展，长江经济带的整体运输能力在不断提升。随着长江经济带各省市逐渐加大对基础设施的投入，基础设施带来的累积效应将会逐步得到释放，长江经济带一体化的交通网络将形成。长江黄金水道运输能力的提升、铁路网的形成、公路网的完善和航空的快速发展，有效地将长江经济带各省市串联起来，促进区域间要素流动，大大缩短了区域间的时空距离，也扩展了各区域的经济发展空间，成为区域间联动发展的支撑。然而长江经济带交通基础设施建设仍存在区域差距，尤其是中西部交通基础设施建设较为落后，阻碍了长江经济带协调发展。以长江黄金水道为依托的东西向出海综合运输大通道未形成，长江航运潜能尚未被挖掘，沿线跨江交通设施建设较为滞后、航道梗阻、三峡水库的通航能力不足等都是制约长江黄金水道运能的重要因素，高效集疏运输体系尚未形成。区域间的交通运输网络结构存在差异，长江下游地区形成密集的铁路、公路运输网络，且各种运输方式的衔接较为紧密；上中游地区受地形地貌的影响，铁路、公路、水运和航空等运输方式之间尚缺乏有效的衔接，综合的交通枢纽建设亟须加强。此外，长江经济带交通运输多式联运的管理水平、区域间的协作水平亟待提高。

因此，对于长江经济带交通基础设施建设来说，不仅要发挥长江黄金水道运能，还要构建包括铁路、公路、航空、管道等多种运输方式在内的高密度、无缝衔接、综合、立体的交通网络和跨省市交通运输体系，即多式联运的综合立体交通网。多式联运的综合立体交通网能够实现不同地区、不同运输方式之间的有效衔接,提高交通运输效率,满足商品和人员在空间上流动的需求。《国务院关于依托黄金水道推动长江经济带发展的指导意见》指出:"依托长江黄金水道,统筹铁路、公路、航空、管道建设,加强各种运输方式的衔接和综合交通枢纽建设,加快多式联运发展,建成安全便捷、绿色低碳的综合立体交通走廊,增强对长江经济带发展的战略支撑力。"长江经济带多式联运的综合立体交通走廊建设,是单一区域公路、铁路、航空、管道运输能力和衔接水平的提升。这就要求坚持国家统筹规划,引领各地方政府通力合作共建一体化的横贯长江东西、南北两岸的综合立体交通网,推进长江经济带协调发展。

三、创新驱动产业升级,大力发展绿色产业

推进长江经济带协调发展应扎根于产业发展,这是发展的持久动力与根本基础。现代化经济体系的建设要求大力发展实体经济,筑牢现代化经济体系的坚实基础。实体经济是一国经济的立身之本,是财富创造的根本源泉,是国家强盛的重要支柱。长江经济带拥有世界上最大的内河产业带和制造业基地,促进产业协调发展是长江经济带建设的核心任务。同时,长江经济带是创新资源、高技术产业集聚带,引领着创新驱动产业升级,创新驱动已成为推动长江经济带产业转型升级的重要引擎。长江经济带各区域之间产业分工与合作具有良好的基础,区域间要素禀赋、产业结构、产品结构都存在较好的互补性,依托长江黄金水道,促进了区域间产业分工与合作。同时,还要充分发挥长江经济带下游地区的辐射引领作用,促进中上游地区有序承接产业转移,这也是国务院推动长江经济带建设的重要战略举措。在当前战略背景下,准确把握长江经济带上中下游地区产业梯度转移态势,辨析长江经济带产业转移及环境效应,破解产业转移中的环境污染问题,成为当前长江经济带建设中亟待解决的重大问题。

五大发展理念和"共抓大保护,不搞大开发"的导向为长江经济带产业发展指明了方向,即产业发展必须与生态环境和谐相融,注重产业的

绿色化发展，培育壮大绿色产业是长江经济带发展的必由之路。长江经济带产业发展必须依赖创新驱动，通过改善供给结构、改造传统产业、淘汰落后产能、提质降耗等方式、途径，以绿色发展理念引领长江经济带世界产业集群的建设，统筹推进沿江沿岸各省市生态环境修复和产业空间布局优化，协同走出一条防治环境污染、改善生态环境、保护自然资源的资源节约、环境友好的发展之路，构建绿色循环低碳发展、人与自然和谐共生的发展体系。新阶段，要以"互联网+"助推长江经济带各区域之间技术合作与产业升级，尤其是要借助大数据推动产业转型升级。应充分利用互联网、物联网、大数据、云计算、人工智能等新一代信息技术，培育新兴产业，促进其与先进制造业、现代服务业的融合发展，培育经济发展新的增长点。贵州率先在全国创建国家大数据综合试验区、国家大数据产业发展集聚区和国家大数据产业技术创新试验区，搭建起了全国首个政府和企业数据汇聚平台。现代化信息数据平台的建立，能够实现创新要素共享、创新信息及时更新、区际无障碍流动，提高企业和产业的创新效率和竞争力。创新能够引领产业向高端化、智能化、低碳化、绿色化方向发展，推动长江工业绿色发展、循环发展、低碳发展，进而实现长江经济带的经济效益、社会效益和生态效益的有机统一。

此外，推进长江经济带协调性平衡发展，还应引导产业有序转移，优化产业空间布局与加强分工协作。长江经济带上中下游产业结构具有较好的互补性，下游地区现代服务业、高端技术产业占比较大，中游地区是重要的粮食产地和高端制造业集聚地；上游地区则以航空、电子制造业等高端制造业为主，产业分工协作较为紧密。近年来，省会城市及其周边地区往往形成具有全国意义的城市群，如云南的滇中、贵州的黔中、安徽的皖江、湖南的长株潭等城市群，借助省级财政的大力支持，通过实施城市间产业经济合作、基础设施一体化、生态环境联防联治等策略，在中国区域经济发展格局中扮演了重要角色，也成为承接国内外产业转移的重要目的地。值得注意的是，长江经济带产业的转移要严格控制污染转移，即产业转移不能污染环境和破坏生态，严格推行产业的准入负面清单制度，以生态承载力作为产业发展和承接的基础和底线，实现产业结构的合理优化。

四、以城市群为引领，全面推进新型城镇化

全面推进新型城镇化是长江经济带发展的重要任务之一，长江经济带作为国家新型城镇化发展战略的主战场和主阵地，其新型城镇化的健康发展对中国新型城镇化整体发展起到至关重要的引领作用。《国务院关于依托黄金水道推动长江经济带发展的指导意见》指出："按照沿江集聚、组团发展、互动协作、因地制宜的思路，推进以人为核心的新型城镇化，优化城镇化布局和形态，增强城市可持续发展能力，创新城镇化发展体制机制，全面提高长江经济带城镇化质量。"长江经济带集聚了200多个县级以上城市，形成了人口、产业集聚中心，长江黄金水道将长三角城市群、长江中游城市群和成渝城市群等三大国家级城市串联起来，城市群间的分工协作逐步加强，从而带动整个长江经济带的协调发展。这是当前有效挖掘长江经济带巨大的内需潜力、拓展沿江内陆经济增长空间、优化沿江产业结构、优化城镇化布局和推动经济提质增效的必然要求。因此，城市群作为我国新型城镇化建设的主体形态，以城市群为空间单元推动长江经济带协同发展，有助于打造具有国际竞争力的内河经济带。

2015年4月以来，国家相继批复《长江中游城市群发展规划》《成渝城市群发展规划》与《长江三角洲城市群发展规划》，国家层面的城市群战略规划已经逐步被地方政府进一步落实部署，成为一些区域新一轮发展的行动指南。比较而言，城市群的战略定位主要围绕"改革开放—生态绿色—经济发展—社会发展"等关键性的维度展开，各个城市群在开放和经济发展格局中的角色和地位并不相同，而在社会发展的全局中城市群主要服务于国家城镇化战略和城乡统筹发展，更为重要的是城市群都具有承担

建设发展绿色生态的重要使命[①]。所以，未来长江经济带城市群建设应着力于差异化定位、互补性协作、融合式发展，进而推进城市群内部一体化和城市群间的联动发展。优化长江经济带城市群空间布局，应坚持大中小结合、东中西联动，构建规模结构合理、职能分工明确、空间布局合理的新型城镇体系。新时代，长江经济带新型城镇体系的建设，应以沿江沿岸一体化为核心，构建以长江黄金水道为轴线的网络状城镇体系；以创新驱动产业升级、优化产业空间布局与分工协作为主导，建设产城融合发展的城镇体系；以生态优先、绿色发展为导向，培育绿色城市群、打造绿色乡村、建设美丽中国；以陆海统筹发展为出口，建设东中西联动、全面开放的城镇体系；以体制机制创新为保障，形成协同、共享的城镇体系，最终形成"交通—产业—生态—开放—共享"的"五位一体"的新型城镇体系。

长江经济带新型城镇体系建设本质上是追求一体化发展，进而实现区域间协同发展和共同发展。然而，一体化建设不应忽略各个区域的差异，应将区域差异转化为区域互补，促进区域间合理分工、竞争与合作。要实现区域间差异化的协调发展，就必须构建合理的利益调节机制，进而协调各个地方政府之间的利益，必须依靠各种协调和共享机制，实现区域共赢。因此，要重视体制机制创新，扫除城镇化发展的硬性障碍。

五、深化互动合作，创新协调发展体制机制

紧扣我国社会主要矛盾的变化，实施区域协调发展战略，建立更加有效的区域协调发展新机制，这是长江经济带发展的重要抓手。按照流域管理特点，坚持共商共建原则，建立多层次多类型省际协商合作机制，立足长江上中下游地区的比较优势，统筹人口分布、经济布局与生态环境保护，协调解决跨区域重大问题，构建优势互补、互利共赢的长江经济带发

[①] 赵吉. 城市支点、协调发展与长江经济带城市群走向[J]. 重庆社会科学，2017（2）：42-49.

展新格局。党的十八大以前，我国的区域性战略规划大多是在省级行政区域内的，而三大战略都是跨区域的，具有明显的区域整合特征。区域经济合作存在困境（"集体行动困境""囚徒困境""公地悲剧"等）和矛盾（不确定的远期合作收益与直接的支付成本、合作利益分配与成本分摊、利己主义与信息不对称、非正式制度协调与短期利益、资源环境的公共物品属性与产权收益补偿等），区域经济合作机制是区域经济合作顺利进行的制度基础。所以，发展长江经济带，区域协调机制、合作机制的建立就成了一个非常关键的环节。

长江经济带不同于京津冀和泛珠三角地区，是一个包括三个大的次区域的"带"，经济合作范围比较宽，而且是多层次的。长江经济带范围内由国务院批复的区域规划就有长三角地区、成渝经济区、鄱阳湖生态经济区、皖江城市带、江苏沿海地区等，其已有的区域合作也各具特点。长江经济带发展战略的提出为区域合作的深化和扩展带来了良好契机，应勇于创新，积极探索区域经济合作新机制。长江经济带要发挥"串联效应"，利用长江黄金水道形成经济联系更加密切的经济区，应建立"自上而下"与"自下而上"相结合的经济合作机制。一是成立超越行政区划、具有较高权威性的协调机构，以制定整体性的合作发展规划，协调解决成员之间的利益冲突和矛盾；构建多层次合作体系，确保合作决策高效落实；完善区域合作决策落实的考评机制。二是建立高级别决策咨询机构，保障合作内容、合作制度的科学性。三是完善利益分配机制和补偿机制。根据市场原则，协调好合作收益分配和成本分担补偿，保障各利益主体能够在专业化分工中获益；建立各类专项基金，实现基金支持方式多元化，支持重大基础设施建设、生态环境保护以及落后地区产业转移对接等。四是推进制度化管理。完善规章制度建设，约束合作成员政府对经济合作的任意干预以及合作组织机构偏离公平原则的权力运用行为。

第八章
参与"一带一路"的开放发展

新时代,"开放"被列为五大发展理念之一。党的十九大报告指出:"要以'一带一路'建设为重点,坚持引进来和走出去并重,遵循共商共建共享原则,加强创新能力开放合作,形成陆海内外联动、东西双向互济的开放格局。"自2013年习近平主席提出"一带一路"倡议以来,"一带一路"建设从无到有,由点及面,逐渐从设想转化为实际行动,取得了超出预期的成果。"一带一路"建设将是我国步入高质量发展的重要着力点,是新时代中国对外开放政策的空间载体,更是新一轮经济全球化、产业新变革与建设现代化经济体系、实现区域协调发展的最佳结合点。

第一节　区域经济开放性与区域协调发展的关系

对外开放是推动一国经济增长的重要力量,这不仅被近代以来各先行工业化国家的历史所证明,也被经济学家的大量研究所证实[①]。区域开放既是一国参与全球经济一体化和国际产业分工的现实选择,也是落后地区寻求后发优势的阶段性制度安排。对于任何区域而言,区域经济系统的循环累积因果关系决定了区域经济活动的空间格局。区域经济循环累积往往表现出明显的"路径依赖"特征,或称之为"区位黏性"。推动区域开发开放是打破路径锁定,实现向高级循环累积发展转换的重要途径。通过政府政策的引导与激励和市场手段协同推动区域开发开放是大多数发展中国家的共同选择。因此,对外开放是推动区域发展的动力和手段,区域则是对外开放的空间载体,区域经济具有开放性。

一、区域经济的开放性

任何经济活动都与某一特定空间紧密相连,不管其发展水平如何,最终都能在这一特定空间上找到属于它的"影子和位置"。这些经济活动与特定空间的结合,便产生了区域经济。所以,区域是经济活动的空间载体,而经济活动则是区域所包含的要素。区域与区域经济都是人类经济活动发展到一定阶段的产物,是地域分工的必然结果。区域从本质上说是一种空间,只有加入要素与要素配置主体才使其具有经济意义,我们称之为"经济区域"。如果说,考察经济区域的着眼点在于人类经济活动的空间载体,那么,研究区域经济则关注一定地域空间上的人类经济活动。"区域经济"应是"经济区域的经济",顾名思义,区域经济学就是揭示经济区域的经济运行规律的科学。经济区域是由多元因素共同组成的综合体,

---

[①] 王睿,陈德敏.西部地区向西开放总体战略构想研究[J].中国软科学,2013(4):69-78.

而区域经济就是经济区域这一综合体中的重要组成部分，是支撑经济区域这个重要综合体不可缺少的重要内容之一，也是经济区域中特殊的载体。

区域通常是指以一定的地理范围为载体，具有组织区内经济活动和区外经济联系的能力，由一个以上以高级循环占重要比重的中心城市、一定数量的中小城镇及广大乡村地区所组成的空间范围[1]。从这一定义可以看出，区域的核心变量是专业化分工、均质性与非均质性、分层结构、自组织能力等，这些核心变量使得区域具备开放属性。在现实中，分工经济无处不在，每一个经济行为主体既是消费者又是生产者。分工受区域的均质与非均质属性——资源分布、地理状况以及历史文化等的影响，这在一国范围内表现为区际专业化与分工，在世界范围内表现为比较优势或国际分工[2]。区域是一个空间概念，而空间按照尺度范围的大小可以划分为不同的层次。这也就决定了区域分工与专业化存在分层结构，相比于区域内的分工，区际分工是一种更高层次的空间分工。在一定程度上，区际分工和均质性特征是一个问题的两个方面。同质区域是根据区内某些重要因素特征上的一致性或相似性进行划分的，区域内各部分之间的状态较区域以外部分更为相似。区域的同质性特征决定了其对外展现出承担某种专业化职能，区域内的生产和交易活动主要围绕一种或几种专业化部门进行。与同质区域相反，极化区域则是由若干异质部分构成的、在功能上联系很紧密的区域。这种区域是以某种区域的共同利益和集团意识所形成的内聚力为基础而形成的，其划分依据主要是组成极化区域的各部分之间在经济上的相互依存程度，因此它强调的是区域内事物的相互联系和内聚力，它反映的是一种结构。这种结构常"有一个场所、一个核心和在它们边缘地区有明确程度不同的变化梯度"。这种极化区域在空间上更多地表现为一个国家内部的子区域，如我国的长三角城市群、珠三角城市群。极化区域之间也存在组织分工与专业化生产，更强调各种异质部分相互紧密联系所蕴藏

---

[1] 郝寿义，安虎森. 区域经济学（第三版）[M]. 北京：经济科学出版社，2015.
[2] 安虎森. 新区域经济学[M]. 大连：东北财经大学出版社，2015.

的内生增长潜力。然而，如果某一区域选择专业化生产，而其他区域选择自给自足的生产方式，则不能进行专业化生产。因此，专业化分工具有空间特征，不同的区域特征决定了其在分工中的地位，这使得区域分工的层次性更加明显。

区域分工专业化与迂回生产方式是紧密相连的，最终产品的迂回生产方式变得更加细化，生产链不断被拉伸，生产的迂回过程变得更加复杂化、网络化。每个区域能够凭借自身拥有的要素禀赋优势参与专业化分工，且往往因自身禀赋优势在国际贸易中获得比较优势和竞争优势，进而实现与全球价值链的衔接。每个区域的专业化水平不仅决定了自身的生产力水平，而且也决定了其他区域生产的产品的市场容量，因而决定着其他区域的生产力水平和专业化水平。因此，不同区域之间的决策决定了生产链中分工网络的规模，这又决定了区域分工的层次结构。社会分工水平、专业化水平、生产迂回程度、分层结构等决定了区域经济是开放的，即区域经济发展是一个开放的系统，这也使得区域间要素流动构成了区域间的投入产出链，进而形成区域间分工与区域动态的网络生产链。

总之，人类的任何社会经济活动都离不开一定的空间载体，并在空间上反映出来。从区域经济学角度来看，我们将这一空间载体称之为经济区域。经济区域是由不同种类、不同等级、具有较强自组织能力、相对独立却高度开放的经济功能区彼此之间交互作用而形成的一种具有网络特征的经济空间。任何的经济区域都是开放的，与其他区域经济都发生着十分密切的经济联系，复杂的分工网络系统成为经济区域开放的重要手段和渠道，而物质流、能量流、资金流、信息流和劳动流等成为区域经济开放联系的主要内容。区域经济开放是社会生产力发展与分工专业化的必然结果，尤其是科技革命和生产力的发展促使国际分工深化，提高了世界各国、各经济主体间的相互依赖和协作程度；同时，世界经济发展的不平衡倒逼发展中国家开放，通过向发达国家或新兴工业化国家学习先进的技术、引进资本等带动本国经济发展。全球化是当今世界发展的基本特征与客观趋势。开放、市场化和创新是经济全球化的主要驱动力，在新科技革命的推动下，经济全球化日益加深，全球生产的专业化与需求的全面化之间的矛盾，促使全球价值链中各参与主体（或参与国）之间的经济联系日益密切，形成了纵横交织的全球生产网络。在这一全球性的开放过程中，无论是开放主体还是开放内容都被赋予新的内涵。因此，从区域经济学角度而言，区域经济开放就是打破自给自足状态，利用自身的比较优势，参与区际（或国际）竞争和交换，使一个区域经济与社会生产分工接轨，实行通行的区际经济贸易制度；并在这一过程中，通过开放培育自身的竞争优势。

二、区域经济开放与区域协调发展

人类的任何社会经济活动都离不开一定的空间载体，并在空间上反映出来。其中空间经济活动分布不平衡是一种常态的经济景观，不平衡的分布往往会导致人口、就业和财富的不均衡。区域不平衡发展不仅表现为区域经济发展水平的差距，还表现为区域间教育、医疗卫生等基本公共服务、人与自然关系等的差异。这种发展的空间差异主要取决于区域经济系统的内生力量，经济系统的循环累积因果关系决定了经济活动的空间格局，其是经济系统中集聚力和分散力共同作用的结果，在包含集聚力的经济中，要素的流动性和市场开放度的提高会进一步放大初始的差异。区域发展差异取决于初始发展条件，也受发展结果的制约。具体来说，经济活动空间分布的不均衡是人类经济活动进行区位选择的结果，即理性经济人往往会选择具有比较优势的空间作为其活动场所。这一比较优势来源于空间内的要素禀赋。要素及其结构的动态变化引致区域要素禀赋发生变化，进而为区域经济发展带来动态比较优势。此外，要素禀赋在空间上的非均质分布构成了区域分工的客观基础，这种空间的不均衡也导致了区域间动态比较优势存在差异，从而形成了区域之间的竞争与合作。区域间的竞争与合作主要表现为各种社会经济活动在地域空间分化、组合、集聚的动态过程，在该过程中存在各种人流、物流、资金流、能源流、信息流等的动态传输。物质、能量与信息的流动过程或状态，在区域系统中可以具体化为各种区域要素流。区域要素流则构成了处于空间转换（位移）过程中的生产力流动的内容。区域间频繁且多样化的要素流动使得社会化的迂回生产得以实现，促进了差异化的区域系统得以循环运行。

区域经济是一种开放型经济系统；区域间的相互开放不仅促进区域内部之间社会经济发展与资源禀赋的相互匹配，也是缩小区域间发展差距的前提。对于任何一个国土面积大与人口规模足够大或由多个地区构成的国家而言，依赖于区域自身的发展难以寻求区域比较优势，也难以自发形成赶超效应，从而无法解决区域发展不平衡问题。如果一个地区陷入低水平循环发展中，其发展路径将会被锁定，即区域经济发展具有一定的"路径依赖"。一般而言，当区域经济活动被锁定时，区域经济系统内部力量是很难改变这一均衡状态的。此时，外生冲击，如出台新的力度很大的区域经济政策，将会起到很重要的作用。如果外生冲击改变了原有的格局或路径，也就改变了原有的均衡状态，则区域经济系统沿着变化了的路径运行，即选择了另一种经济增长方式。如新中国成立以后采取均衡的发展战略，制约了要素效率的发挥，使得我国经济处于一种低水平循环发展状态。为了打破这一状态，1978年实行改革开放，通过设立经济特区和沿海开放城市等，东部地区凭借其地理区位、政策优势，实现了经济的快速增长。然而，以东部沿海开发开放为主导的非均衡发展战略吸引了大量的资本、劳动要素向东部地区集聚，拉大了东中西部地区经济发展的差距，且不平衡发展程度随着改革开放的推进进一步加深。为了缩小区域发展差距，解决区域经济发展不平衡问题，国家先后出台了西部大开发、中部崛起、振兴东北老工业基地等政策，试图打破这种不平衡发展的路径依赖。在解决区域发展不平衡问题的实践探索中，国家逐步提出了区域协调发展战略，尤其是党的十八大以来，提出了"一带一路"建设、京津冀协同发展、长江经济带发展。"一带一路"建设是我国新时代对外开放的亮点，不仅有助于进一步加强我国与沿线国家的战略合作,而且为提升我国内陆地区、沿边地区的经济社会的可持续发展创造了新的机遇[①]。

从区域经济学角度而言,对区域经济活动空间分布与协调的研究,更多是通过促使区域内外经济活动的相互匹配,提高区域经济发展质量,缩小区域发展差距,从而实现区域协调发展。换句话说,区域协调发展就是一种匹配关系,这种匹配关系不只是区域间经济活动的相互匹配,即区域间经济活动的相互依赖、相互补充,包括区际分工与合作、价值链共享、区域性经济合作等[②],更是区域自组织能力和自我发展能力的相互匹配,区域必须具备与区外联系的能力。因此,区域经济开放是实现区域协调发展的前提,只有在开放的环境下,要素资源才能在竞争与合作的状态中实现跨区域流动,区域经济布局才能得以优化,从而促进区域一体化和提升区域协调发展水平。同时,区域协调发展水平的提升能够进一步促进区域间相互依存,缩小区域发展差距,这在一定程度上会促使区域经济开放水平的提升。区域经济开放水平的提升和区域协调发展的推进均有助于促进区域经济发展质量的提升,有利于现代化经济体系的建设。

三、开放条件下的区域协调发展的内涵

区域协调发展的主要目标在于缩小区域发展差距,而这一目标实现的前提是区域经济开放。开放条件下的区域协调发展就是要通过协调区域内外经济活动的空间分布,优化区域开放布局,进而提高区域发展的协调性。这一协调性更多强调在区域双向开放的基础上,推动区域间社会经济活动的相互匹配。那么,经济区域毫无疑问成为实现区域协调发展的空间载体,区域间社会经济活动的相互匹配则是实现区域协调发展的关键[③]。

[①] 高丽娜,蒋伏心."一带一路"建设与新时代我国对外开放战略升级:基于两轮对外开放比较的视角[J].青海社会科学,2018(1):46-52.
[②] 安虎森.新区域经济学(第三版)[M].大连:东北财经大学出版社,2015.
[③] 盛斌,黎峰.中国开放型经济新体制"新"在哪里?[J].国际经济评论,2017(1):129-140.

区域协调发展战略

从区域与经济区域的特征可以得出区域协调发展所内含的匹配关系主要包括以下几点。

从区域内社会经济活动的相互匹配关系而言,区域协调发展更多地强调同质区域内部社会经济活动的匹配,保持区域内部的均衡发展。一般而言,同质区域之间的经济发展水平和收入差异相对较小,承担的社会分工职能较为相似,多个同质区域则可以构成更高级的区域系统,如我国的东中西部地区。这种由同质区域构成的区域协调发展的匹配关系更多地强调区域内部产业、科技创新、现代金融、人力资源协同发展,还包括区域内部等级(或城市等级体系)匹配、经济社会发展与资源环境之间的匹配。如果区域内部出现社会经济活动不匹配现象,则可能会造成区域经济结构不合理——产业结构单一与同质化竞争、资源浪费、环境污染、产能过剩等问题。

从区域间社会经济活动的相互匹配关系而言,区域协调发展主要是指通过非均质区域间的分工与专业化匹配、区域经济合理竞争与合作,缩小区域收入差距,减少区域基本公共服务差异。区际分工是一种高等级的空间分工,更多地强调区域间的分工与合作。区域间表现出一种非均质性,决定了其所承担的社会经济分工职能各不相同,每个区域都能够凭借自身的比较优势融入生产价值链中,即共享价值链。同时,区域是一种空间概念,根据空间范围尺度可以将社会分工划分为区际分工、次区域分工和国际分工。国际分工是基于全球价值链的分工,通过开放来整合全球资源和市场,推动全球经济增长。改革开放以来,我国凭借沿海地区的资源禀赋优势,通过将开放经济特区、沿海开放城市嵌入全球价值链中,分享了全球化的红利。然而,广大的内陆地区由于区位劣势未能充分分享全球化红利,区域发展差距逐渐被拉大。所以,未来区域协调发展要注重对内促进国家区域内部的协同分工,对外通过优化区域开放布局,加强同周边国家或地区的次区域分工与合作。

从协调区域内外社会经济活动的能力而言,区域具有组织和协调内部经济活动和建立区际经济联系的能力，可称之为区域的自组织能力。区域的自组织能力并不单纯地指制定符合国家宏观经济政策而同时又能刺激区域经济高涨的有关政策的能力，还表现为必须具备由银行金融业、贸易与服务业、信息产业、现代化工业、现代智能物流业等组成的"高级循环系统"。如果缺乏这种高级循环系统，则无法组织区内的经济活动，也无法建立区际经济联系。区域需要一个能够组织和协调区内经济活动和建立区际经济联系的、以高级循环占重要比重的中心城市。所以，区域协调发展需要培育和提升区域的自组织能力，构建合理的空间经济组织网络结构，完善区域协调发展的市场机制。

因此，从区域协调发展的相互匹配关系的具体内容可以得出，区域协调发展是实现区内与区际产业分工、缩小收入差距、解决经济发展与资源环境的矛盾、优化区域等级结构、提高区域自组织能力等全面协调发展的过程。这一过程也是当前我国现代化经济体系建设的应有之义，经济区域是现代化经济体系建设的空间载体，两者统一于提升区域经济发展质量。区域经济开放则是现代化经济体系建设和区域协调发展的前提，如何通过优化区域开放格局提高区域发展的协调性是实现经济高质量发展的关键。"一带一路"建设是当前我国对外开放的新举措，丝绸之路将我国东中西部地区与沿海城市串联起来，海上丝绸之路促进了沿海地区的进一步开发开放，我国的对外开放格局逐步形成东西双向互动、沿海内陆全方位对外开放的格局，这将有助于优化区域经济活动的空间布局，促进区域协调发展。"一带一路"建设是实现区域协调发展和建设现代化经济体系的结合点。

第二节 "一带一路"倡议的提出与区域协调发展战略的实施

区域协调发展是缩小区域发展差距、实现区域公共服务均等化、发挥区域比较优势、促进人与自然和谐共生的全面协调发展,是区内区外社会经济活动协调性不断增强的优化发展。优化区域开放格局,协调区域内与区际发展是现代化经济体系建设的重要内容。区域协调发展是开放基础上的全面协调发展,现代化经济体系建设是实现区域协调发展的关键。新时代,"一带一路"成为连接开放条件下区域协调发展和现代化经济体系建设的关键。"一带一路"是开放条件下的区域协调发展,它构建了东中西串联、南北贯通、沿海内陆全面开放的空间格局,这将提高我国区域经济发展的协调性,进而为现代化经济体系建设创造良好的区域条件。

一、开放进程中我国区域协调发展战略的演变

区域差异大、发展不平衡是我国的基本国情,而"不患寡而患不均,不患贫而患不安"又是我们民族较强的传统意识。作为一个区域发展不平衡的发展中大国,如何实现区域的协调发展是中国长期面临的艰巨任务。我们党和国家历来高度重视区域协调发展问题,从20世纪50年代提出处理好沿海工业和内陆工业的关系,到20世纪80年代提出"两个大局"战略构想,到20世纪和21世纪之交作出实施西部大开发战略的重大决策,再到党的十六大以来作出振兴东北地区等老工业基地、促进中部地区崛起和支持东部地区率先发展等重要部署,我国区域协调发展的政策体系不断完善,内涵也不断丰富。党的十八大以来,中国着力推进区域协调发展,形成了以"一带一路"建设、京津冀协同发展、长江经济带发展为引领,统筹推进西部大开发、东北振兴、中部崛起和东部率先四大板块联动发展的区域

发展总体格局，中国区域发展协调性不断提高。区域协调发展战略是解决国内区域发展不平衡问题和特定区域开发问题的制度性安排，其核心目的在于缩小区域发展差距和实现区域协调发展。均等、平衡是区域协调发展追求的目标和方向。2017年12月，中央经济工作会议又提出了区域协调发展的三大目标，即"要实现基本公共服务均等化，基础设施通达程度比较均衡，人民生活水平大体相当"。新时代，"一带一路"建设上升为我国全方位对外开放的总体方略，是我国长期和顶层的国家战略。以"一带一路"建设为契机，通过优化区域开放布局提高区域发展的协调性，是当前推动区域协调发展的关键。

新中国成立以来，党中央、国务院高度重视区域发展问题，在不同时期、不同阶段制定并实施了一系列促进区域发展的战略。中国区域发展战略大致经过了三个阶段：区域均衡（平衡）发展战略阶段（1949—1978年）、区域非均衡（不平衡）发展战略阶段（1978—1995年）和区域协调发展战略阶段（1995年至今）。在不同的发展阶段，我国区域发展战略具有不同的时代内涵和特征。整体而言，我国区域发展战略的开放性逐步提高，对外开放效应不断凸显；同时，对外开放政策塑造了我国区域经济发展格局，具体表现如下。

（一）区域均衡（平衡）发展战略与区域经济的相对封闭性

区域均衡（平衡）发展是一种高度集中的计划经济战略，严格来说，不是区域发展战略而是均衡发展布局。这种均衡布局在一定程度上可以被看作是一种计划式的一国内部区域开放经济，经济活动的空间布局更多地受政府政策的影响。新中国成立初期，受当时国际环境和国内发展条件的限制，在国家战略高度上，我国实行高度集中的计划经济体制，强调平衡沿海与内陆的工业布局，集中力量建设内陆地区；并提出建立独立的地区工业体系和经济体系。区域均衡发展战略对扩展中国生产力发展空间，改变旧中国留下来的生产力集中于沿海少数几个大中城市的严重不合理格局，起到了积极作用，在内陆地区建立了现代工业基础，使落后的西部地区出现了现代经济的雏形。但是，区域均衡发展战略并未能有效地发挥我国经济发展的潜力，经济生产力水平低，人民生活水平低。相对封闭的条件下以"均衡"为目标，换来的是均衡、效率的"双牺牲"。由于忽视了沿海地区作为经济增长极作用的发挥，影响了其经济效率的提高，在一定程度上降低了资源配置的宏观效益，不仅人为地抑制了沿海地区的经济发展，而且也没有达到使内陆地区经济发展水平和效益与沿海地区均衡的目的。此外，这既限制了区域之间的竞争，又限制了东部沿海地区的发展，大大削弱了全国整体经济增长的活力，延缓了全国发展的速度。由于区域经济发展缺乏竞争活力，难以形成发展经济的良好环境和提高中国综合国力的燎原之势，丧失了近30年的良好发展时机，没有跟上发达国家的步伐，与发达国家之间的差距拉大。

总体来说，区域均衡发展战略未能有效地处理好区内与区际相互匹配关系，导致产业分工不合理、效率低下等问题。计划式的经济发展模式使得区域缺乏自组织能力，不能独立地生存与发展，更不能有效地组织区域内经济活动和加强区际经济联系。换句话说，低水平的区域均衡发展是半开放式的，是有计划的区域经济开放与经济活动协调，使得区域缺乏自组织能力。

（二）区域非均衡（不平衡）发展战略与局部区域开发开放

20世纪70—80年代，我国区域发展战略的主要思路是，配合对外开放的需要，首先在东部沿海地区发展外向型经济，积极参与国际竞争与合作，这些地区先发展起来，再辐射和带动广大内陆地区，从而实现全国的快速发展。邓小平基于对世界政治经济形势的客观准确判断和对中国建设和发展的历史经验进行深刻总结，提出了先富后富、共同富裕的"两个大局"的战略构想，这也成为区域非均衡（不平衡）发展战略的依据。基于此，国家实施了以东部沿海开发开放为先导的对外开放，开放型经济逐渐形成。这一时期的开放战略主要集中于"经济发展效率的提升"，以吸引外商直接投资和外国先进的技术、管理经验为主线，大力发展出口导向的开放型经济。因为东南沿海是我国经济基础最好的地区,且其地理位置及外部条件、历史传统等因素均有利于对外开放、吸引外资。国家在东部沿海地区实行"率先开放",主要体现为开放政策和投资政策的两个倾斜,1980—1988年,先后在东部沿海地区设立了5个经济特区,开放了14个沿海港口城市;1990年4月,党中央、国务院又作出开发开放上海浦东新区的战略决策,相继在天津、上海、广州等地开辟了保税区。同时,国家投资比重在东部地区发生较大变化。如在"七五"期间,东中西部的比重分别为53.1%、25.04%、16.1%,且全国投资份额前6名的省市都在东部沿海地区。区域非均衡(不平衡)发展战略的实施极大地释放了我国东部沿海地区的经济能量,对外开放效应凸显。经过多年的持续发展,东部地区已经成为推动中国国民经济快速增长的重要增长极。但是,区域非均衡(不平衡)发展战略的实施也带来了诸多问题,其中最主要的问题就是区域发展不平衡加剧,东中西部地区之间的差距不断扩大,成为困扰我国经济发展的重要问题。

总之,受区域非均衡(不平衡)发展战略以及地理区位等因素的影响,我国的对外开放和开放型经济发展的水平和程度存在明显的区域差异。沿海开放优先的区域开放政策导向引致了大量的资源要素向东部沿海地区集聚与配置;但是东部沿海地区的开放并未能有效地带动中西部地区的对外开放,这导致了区域发展的差距。在这一局部开放背景下,我国区域发展的不匹配关系更加凸显,不仅表现为区域间的经济合作与区域经济一体化程度较低,还表现为区域间的发展差距、等级结构进一步加深。

(三)区域协调发展战略与全方位的开放型经济

区域非均衡发展战略所对接的中国的对外开放并不是全方位的,而是长期集中在东南沿海地区;沿海省市是该轮改革开放的前沿和窗口,是开放型经济建设的重要空间载体。我国对外开放的惯性思维是要靠东部沿海地区的发展带动中部和西部地区的发展,这造成了东部沿海地区和中部、西部地区的发展不平衡。东部地区经济发展水平的提高对中西部地区辐射相对有限，反而更多地表现为一种"虹吸效应"。虽然我国曾提出西部大开发战略、振兴东北地区等老工业基地、中部崛起等次区域战略，但这些战略依然是要中西部地区对接东部地区，依靠产业转移的方式来实现发展。西部大开发、中部崛起等战略可以加快中西部地区的发展，但无法使中西部地区成为对外开放的前沿阵地；同时，受国内区域间竞争、区域分割等制度性因素的影响，东中西三大区域间的开放受到制约，这就进一步造成了东中西部发展差距的扩大。

解决区域发展的不平衡问题，重在疏通区域内外发展的相互匹配关系。然而，打通这种相互匹配关系的重要前提就是区域开放，通过优化区域开放格局增强区域发展的协调性和相互匹配程度。所以，区域协调发展是开放的全面协调、相互匹配发展。实现开放条件下的区域协调发展则要重视区域自组织能力的培育，尤其是要培育能够组织区域内经济活动和区域经济联系、具有高级循环系统的中心城市的自组织能力。新时期，我国内陆沿边开发开放应基于区域的比较优势，通过培育新的经济增长点，并通过价值链的共享，增强区域间的开放性和协调性。当前，我国的区域协调发展战略已经初步形成了"总体战略+战略规划+实施战略"三位一体的基本框架。"十三五"规划明确提出，"以区域发展总体战略为基础，以'一带一路'建设、京津冀协同发展、长江经济带发展为引领，形成沿海沿江沿线经济带为主的纵向横向经济轴带""塑造要素有序自由流动、主体功能约束有效、基本公共服务均等、资源环境可承载的区域协调发展新格局"。党的十八大以来，以习近平同志为核心的党中央提出"一带一路"建设、京津冀协同发展、长江经济带发展三大战略，引领区域协调发展[①]。其中，"一带一路"建设统筹国内国际两个大局，成为我国统筹对外开放的总引领，使我国的新疆、广西、云南等内陆地区成为开放前沿，以对外开放促进改革发展的地区发展机制正在逐步形成，以优化开放空间格局增强区域发展的协调性迎来新的机遇期。

---

① 王佳宁，罗重谱. 新时代中国区域协调发展战略论纲［J］. 改革，2017（12）：52-67.

因此，在一定程度上，区域协调发展战略与区域开放具有一致性。改革开放以来，我国区域发展策略正逐步由单向开放下形成的"东中西分工、梯度发展"的空间开发格局向"东中西联动、南北贯通、沿海沿边内陆统筹开放"的区域开放格局优化、区域协调性提升转变。"一带一路"是新时代全面提升对外开放水平和推进区域协调发展的重点，也是我国构建面向发达经济体和发展中国家两个开放体系，更加积极主动对发展中国家开放的主要抓手[①]。

因此，区域协调发展是区域内外开放布局优化的协调发展，是现代化经济体系的重要空间载体；区域协调发展是一种区域内外相互匹配的发展，其相互匹配关系的内涵是现代化经济体系建设的应有之义。"一带一路"建设是新时代开放条件下区域协调发展和现代化经济体系建设的结合点，也是优化区域开放空间布局的重要支撑。

二、开放条件下的区域协调发展："一带一路"

目前，国内存在发展不平衡、不充分的矛盾，"一带一路"建设是为了更好地平衡国内发展需求，实现与沿线国家共同发展的目的。"一带一路"是新形势下中国形成全方位开放格局的重大举措，引领新时代中国对外开放的新格局。相比于传统的对外经济合作模式，"一带一路"在构建方式上更加灵活，层次上更加丰富，主体上更加多样，更注重发挥沿边沿海地区的作用与内陆沿边特有的区位优势。

（一）"一带一路"的提出与基本概况

"一带一路"是"丝绸之路经济带"与"21世纪海上丝绸之路"的简称。"一带一路"建设是在新时代背景下，对古代陆上丝绸之路和海上丝绸之路精神的传承和弘扬。因此，中国提出"一带一路"倡议不是偶然的，而是历史发展的结果和现实需要。这一现实需要就是要通过开放优化

---

① 叶辅靖. 推动形成全面开放新格局：重大意义、科学内涵、主要难点及举措[J]. 前沿，2018（1）：52-59.

区域经济布局增强区域发展的协调性，最终实现区域协调发展。自2013年9月和10月习近平主席在访问哈萨克斯坦和印度尼西亚时分别提出构建"丝绸之路经济带"设想和共建"21世纪海上丝绸之路"以来，我国积极主动推动"一带一路"建设。十八届三中全会通过的《中共中央关于全面深化改革若干重大问题的决定》明确提出，"加快同周边国家和区域基础设施互联互通建设，推进丝绸之路经济带、海上丝绸之路建设，形成全方位开放新格局"。2015年3月，国家发展改革委、外交部、商务部联合发布了《推动共建丝绸之路经济带和21世纪海上丝绸之路的愿景与行动》（简称《愿景与行动》），为"一带一路"建设提供了政策指引，"一带一路"倡议进入了实施阶段。更为重要的是，党的十九大报告明确提出，"要以'一带一路'建设为重点，坚持引进来和走出去并重，遵循共商共建共享原则，加强创新能力开放合作，形成陆海内外联动、东西双向互济的开放格局"，标志着"一带一路"倡议成为我国全方位对外开放的总体方略。陆海内外联动、东西双向互济的区域开放新格局有助于协调区域发展、提高区域间的相互匹配，区域间的双向开放为区域协调发展创造了良好的发展环境。2018年4月10日，习近平总书记在博鳌亚洲论坛中强调："一带一路"建设是全新的事物，只要各方秉持和遵循共商共建共享的原则，就一定能增进合作、化解分歧，把"一带一路"打造成为顺应经济全球化潮流的最广泛的国际合作平台，让共建"一带一路"更好地造福各国人民。"一带一路"成为我国新时期对外开放的窗口，也为国内沿线区域参与国际分工提供了重要平台[①]。

"一带一路"建设还为区域对外开放创造了机遇，通过加强同周边国家的合作，提升区域发展的开放性。《愿景与行动》指出："一带一路"贯穿亚欧非大陆，一头是活跃的东亚经济圈，一头是发达的欧洲经济圈，中间广大腹地国家经济发展潜力巨大。丝绸之路经济带重点畅通中国经中亚、

---

① 王稼琼. 深刻理解新时代开放型经济建设的核心要义[J]. 国际贸易问题，2018（2）：6-10.

俄罗斯至欧洲（波罗的海）；中国经中亚、西亚至波斯湾、地中海；中国至东南亚、南亚、印度洋。21世纪海上丝绸之路重点方向是从中国沿海港口过南海到印度洋，延伸至欧洲；从中国沿海港口过南海到南太平洋。根据"一带一路"走向，陆上依托国际大通道，以沿线中心城市为支撑，以重点经贸产业园区为合作平台，共同打造新亚欧大陆桥、中蒙俄、中国—中亚—西亚、中国—中南半岛等国际经济合作走廊；海上以重点港口为节点，共同建设通畅安全高效的运输大通道。《愿景与行动》还强调：推进"一带一路"建设，中国将充分发挥国内各地区比较优势，实行更加积极主动的开放战略，加强东中西互动合作，全面提升开放型经济水平。"一带一路"建设充分地将我国的中西部、沿边地区发展联动起来，使得内陆腹地的"边缘区"转变为开放的重要窗口和"核心区"，提高了我国内陆沿边地区的开放程度。同时，以"五通"为主要合作内容的"一带一路"建设，将有助于引导要素向中西部、沿边地区流动，优化资源的空间配置，促进流入地区经济发展的提高，进而缩小区域发展差距，实现区域的平衡发展。

党的十九大后，"一带一路"倡议已经写进党章，引领着我国区域协调发展，未来将塑造我国区域发展新格局。一带一路建设、京津冀协同发展、长江经济带发展三大区域发展战略是推动新时代区域协调发展的重要支撑，虽然都肩负着促进国内区域合作、协调发展与缩小区域发展差距的使命，但是，从定位来看，三者的空间范围、战略高度存在一定的差别。首先，"一带一路"建设是引领我国对外开放的重要举措，而京津冀协同发展和长江经济带发展则是为解决我国国内区域发展不充分不平衡问题所作的制度性安排。前者强调的是国家层次的区域合作，后者则是国内区域间的合作，两者之间存在明显的空间范围的差别。其次，"一带一路"建设旨在通过加强同全球经济合作，发展更高层次的开放型经济，形成全面的对外开放格局，更加强调着眼于全球市场和资源，以开放促发展，培育新的经济增长带，进而促进区域间协调发展；京津冀协同发展和长江经济带发展主要是着眼于国内区域间协调发展。前者强调协同沿线区域内部经济发展，而后者则注重存在发展梯度差异的国内区域间的协调发展。换句话说，"一带一路"建设通过开放促进国内区域增长潜力的释放，优化空间布局；而京津冀协同发展和长江经济带发展通过国内"自身修复"实现区域经济持续增长。此外，"一带一路"陆上六大经济走廊建设和以重点港口为节点的海上重大通道建设能够形成贯通南北方、横跨东中西、连接国内外的重要经济轴带。"一带一路"建设涉及西北、西南、沿海、内陆重点城市、城市群和港口的开发开放与长江经济带沿岸开放的有效衔接，其能够为"一带一路"建设提供重要的支撑；同时，"一带一路"建设能够为西北、西南、沿边、内陆地区经济发展创造新的增长空间，变区域发展的"边缘区"为区域协调发展的"核心区"，提升长江经济带的发展水平。"一带一路"建设中的中蒙俄经济走廊是我国北向开放的重要窗口，其能够带动京津冀、内蒙古和东北地区的开放，为该地区的发展提供更广阔的增长空间和市场空间。

（二）"一带一路"建设的内涵

"一带一路"建设既是中国新时期全方位扩大开放战略的重要组成部分，将塑造我国全新的区域开放格局，也是国内沿线区域对内对外双向的互动开放，有助于提高区域发展的协调性。"一带一路"建设就是要充分利用国内、国际两种资源和两个市场，参与区际、国际的交换和竞争，促进生产要素在区际、国际合理流动，以及区域内资源的科学开发与利用，形成内外需并重的跨国次区域、跨行政区的区域发展模式，提升区域发展的协调性和区域自身的发展能力，促进区域间经济社会的全面协调可持续发展和区域共同繁荣。所以，"一带一路"建设更加强调区域互补式开放，注重沿线区域内部发展的均衡协调、区际的协同合作、国际的次区域合作，共同提升区域开放水平和区域发展质量；这一内涵的实现则要借助于"一带一路"沿线区域空间布局的优化，提升区域发展的相互匹配。

"一带一路"建设是国内区际开放和国际开放相结合的双重开放，这一双重开放具体体现在以下两个方面。

一是"一带一路"建设通过加强同发展中国家的合作,打造并引领以发展中国家为主导的全球价值链。"一带一路"建设凸显出更加重视与广大发展中国家携手合作、共同发展的清晰指向,传递出通过做长发展中国家的经济增长这块"短板"以培育全球经济新增长点的新思路。"一带一路"沿线以发展中国家为主,但是其依然保持着较快的增长速度;通过交通基础设施的互联互通,加强同沿线国家的贸易、金融合作,促进产业的优势互补,符合中国和沿线各国发展的需求,同时也为世界经济增长扩展了新空间。"一带一路"倡议通过成立超国家组织和构建跨国基础设施网络等手段重构了国家的角色和地域形式,创造了新的增长空间,有利于完善国际合作和全球治理模式。"一带一路"建设重在畅通新的跨国贸易通道,开辟沿线国家和地区的市场,促进价值链分工与产业合作,有助于打造发展中国家主导的全球价值链(如图8-1所示)。"一带一路"建设不仅为中国将成熟产业及过剩产能转移到周边国家或地区提供了条件,更重要的是通过对外投资、先进技术与管理经验的输出能够打造发展中国家主导的全球价值链,摆脱发达国家主导的全球价值链的锁定。

二是"一带一路"建设通过对内提升区域开放水平,优化区域开放格局以增强区域发展的协调性。借助于"一带一路"倡议的推行,通过与世界各国的交流、合作、竞争,有助于提升我国区域发展的质量、效益,提高全要素生产率,优化开放型经济结构,提高对外开放效益。以"一带一路"建设为重点的新一轮"全方位"对外开放战略是加强东中西互动合作、提升各区域开放型经济水平的重大顶层设计,将重塑我国区域对外开放新格局[①]。"一带一路"建设对国内区域而言,通过为发达地区提供对外开放的契机,尤其是,借助我国快速发展的现代交通体系的资本与技术

---

① 杨保军,陈怡星,吕晓蓓,等."一带一路"战略的空间响应[J]. 城市规划学刊,2015(2):6-23.

优势，以基础设施的互联互通为基础，为内陆省份的开发开放提供了新的机遇。"一带一路"建设更加注重陆上和海上贸易并重，实现更宽范围、多形式的对外开放格局。"一带一路"建设将助推我国对外开放由重东部沿海引领向沿海内陆沿边协同推进转变，进一步优化区域开放格局。"一带一路"建设贯通东中西三大区域，有助于区域发展空间结构的优化。东部地区要充分发挥引领作用，率先实现转型升级，打造全球先进制造业基地，提升服务业国际化水平。内陆地区要依托本地优势提高吸纳国际国内产业转移的能力，加快发展特色外向型产业，沿边地区要综合考虑经济发展，并根据边疆稳定、民族团结、周边和谐的需要合理布局基础设施项目。加快同周边国家和区域基础设施互联互通建设，加强重点边境口岸建设，促进加工制造、贸易物流、旅游等产业在开放中发展壮大。"一带一路"建设为实现国内区域协调发展拓展了新空间、提供了新动力，有助于我国形成比较均衡的发展格局。

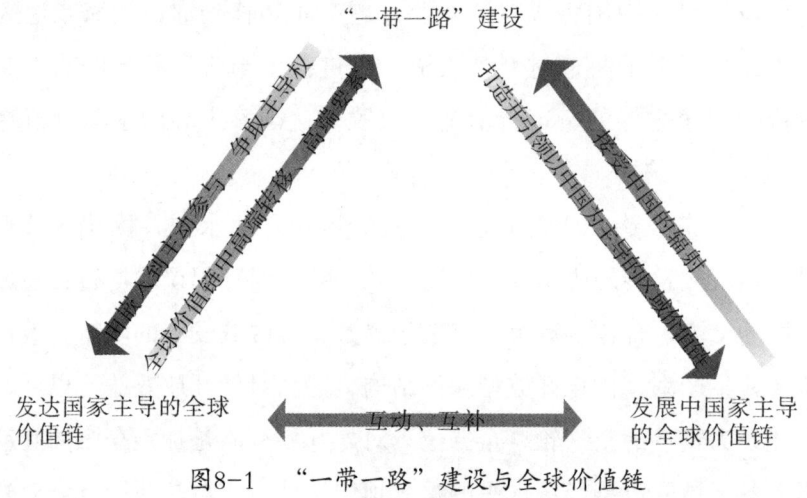

图8-1 "一带一路"建设与全球价值链

总之，"一带一路"建设为区域协调发展和增强区域自我发展能力创造了新的机遇，将进一步提升区域的对内和对外双重开放程度，深化区域开放与区域发展的融合，提高区域间产业分工与协同合作的能力，完善区域一体化发展的体制机制，进而缩小区域发展差异、提升区域发展质量。

"一带一路"既为世界经济增长提供了新驱动力,也引领着我国经济发展实现由"量"的增长向"质"的提升转变,创造了经济增长的新空间,提供了结构转型的新动力。

(三)"一带一路"建设的重点与合作着力点

"一带一路"是当前我国对外开放战略的重要内容,是我国区域协调发展和现代化经济体系的重要支撑和结合点,是沿线区域对内对外双向的互动开放。沿线各区域资源禀赋各异,经济互补性较强,彼此合作潜力和空间很大,这为区域间的分工与合作创造了机会,决定了开放是"一带一路"建设的重要属性。"一带一路"建设的开放性不仅强调功能上以开放式合作与开发式合作相结合的互补式开放,还强调发展模式上以区域内部发展的均衡协调、区域间协同合作以及次区域经济合作相结合促进区域开放水平的提升。所以,"一带一路"建设是开放条件下的区域协调发展,通过优化区域开放格局增强区域发展的协调。开放条件下的区域协调发展强调区域发展的相互匹配,这要求培育和发挥区域比较优势,促进区域间产业的协同发展,并通过完善市场体系和经济体制,引导资源要素在区域间合理地流动与配置,提高资源的利用效率,促进区域的绿色发展,进而缩小区域发展差距。这表明开放条件下区域协调发展相互匹配的内涵与现代化经济体系建设是相一致的,为"一带一路"建设指明了方向和合作着力点。

1. 通道开放和设施联通是"一带一路"建设的支撑条件

"一带一路"旨在最大限度地促进中国同沿线国家间的要素自由流动、资源高效配置和市场深度融合,从而实现沿线国家开放合作的愿景。构建国际大通道互联互通和基础设施的联通是"一带一路"开放的重要支撑条件和先行领域,也是我国各区域与沿线国家间要素双向流动和商品贸易畅通的重要保障。"一带一路"是依托大通道的国际经济合作走廊和区域合作方式。从空间上看,"一带一路"主要依托主要交通通道和节点城市,涉及60多个国家,涵盖国内西北、西南、东北、内陆和沿海等多个区域。其中,"一带"依托中国至欧洲的泛亚铁路通道,以沿线中心城市为支撑,重点打造新亚欧大陆桥、中蒙俄等国际经济合作走廊;"一路"以重点港口城市为节点,着重连通中国经印度洋至欧洲及非洲东北部的运输通道。通道开放和设施联通有助于实现中国对中亚、东亚、欧洲等全面开放,同时也有助于中国对沿线国家的辐射,推动开放向引进来与走出去并重转换。

"一带一路"建设应着眼于积极推动西部两大出境通道、东北沿边边境口岸、沿海港口城市,充分利用铁路、公路、航空、管道、现代通信设施等综合交通工具,构建起与周边国家全方位、立体式、多功能、网络化、信息化的互联互通体系,通过多方向、多渠道、多口岸、多港口向周边国家进行辐射,逐步形成以东部沿海、西北内陆、西南边境、东北沿边四个方向为主轴,畅通国内通道和与国内综合交通运输网相衔接的国际区域合作大通道[①]。通道的开放将更加有利于促进经济要素自由流动、资源高效配置和市场深度融合,推动沿线国家实现经济政策协调,开展更大范围、更高水平、更深层次的区域合作,共同打造开放、包容、均衡、普惠的区域经济合作架构。

2. 内容开放是"一带一路"建设的核心

"一带一路"建设对于国内经济来说,通过为欠发达地区提供对外开放契机、优化区域开放布局,形成东西双向互济开放态势,促成区域发展的"协同化"或"协调化"。"一带一路"经济结构的调整扩展了战略空间,也为我国产业结构的转型升级创造了新的空间。有效借助外部力量,促进内部区域产业转型升级,形成与国内经济匹配、与国际经济接轨的优势产业,提高全球产业竞争力是"一带一路"倡议的重要着力点,也是沿线国家合作的重要内容。"一带一路"建设下我国贸易将从向全球市场输出廉价消费品以获取能源、矿产资源的传统模式向输出高科技产品、成套

[①] 高新才. 丝绸之路经济带与长江经济带的互联互通[J]. 中国流通经济, 2015, 29(9): 33-37.

设备和服务贸易的现代模式转变，这将会带动国内区域产业布局的结构性调整[①]。同时，"一带一路"建设下，贸易方式也将由单一的货物贸易向"投资+贸易"双重开放转换，更加强调资本、技术等多要素引进来与走出去并重。所以，"一带一路"是一项系统性的开放建设，注重改善引进质量的同时，通过亚洲基础设施投资银行、丝绸之路国际发展基金等开放的次区域合作组织机构，实现与区域协调发展、现代化经济体系等有效协同，形成资本、科技、产业、文化、政策等多内容的开放。

根据我国区域经济空间格局现状，在"一带一路"建设的引导下，按照主体功能区规划，通过发展区域特色优势产业，加快区域新型工业化进程，优化进出口结构，进一步提升各区域的对外贸易水平；尤其是要提升内陆区域、沿边边境区域参与国际区域合作的水平和层次。整体而言，我国东中西三大区域处于不同的发展阶段和对外开放水平，东部沿海地区城市通过嵌入全球价值链，已经发展成为全球重要的商品输出地和经济增长带，未来其对外开放重在"提质"，改变其"世界工厂"的地位，以技术、信息、服务、标准等输出为内容的贸易将成为东部地区对外开放的重要内容。广大的内陆、沿边、边境地区仍处于"增量"阶段，向沿线国家的产品输出仍将是这些地区加强同周边国家区域合作的重点。伴随着沿线基础设施的建设，对于大型成套设备的市场需求增加，这也可能引发中国相关产业空间布局的变化，促进中西部地区产业规模扩大和产业结构升级，进一步培育区域自身的发展能力。因此，基于沿线国家在资源类型、产业分工与结构、市场需求等方面与我国存在较强互补性，通过深化区域开放，可以进一步提升区域发展的相互匹配、增进区域发展的协调性。

3. 平台开放和重点节点打造是"一带一路"建设的载体

完整的区域需要一个能够组织和协调区内经济活动和区际经济联系的、以高级循环占重要比重的中心城市。这种区域自组织能力所要求的中

[①]孙壮志. "一带一路"合作空间拓展的着力点探究[J]. 新疆师范大学学报（哲学社会科学版），2018, 39（1）：25-35.

心城市在区域发展中具有重要的辐射和带动能力,从空间上讲其是组织区内经济活动和区际联系的重要平台和空间载体。

"一带一路"建设应注重加快开放平台和窗口建设,培育区域性增长极,进一步提高中心城市和重点地区的辐射和带动能力;支持内陆与沿边重点城市发展,加强沿线重要城市群建设,进一步发挥沿线重点城市和城市群的增长极功能。当前,特殊功能区是我国区域发展和对外开放的重要平台,从国家政策区的设置来看,东部地区拥有的政策区最多,以经济特区、自由贸易区、开放区、综合配套改革等政策区为主,而中西部地区政策区相对较少。未来应借助于"一带一路"建设,以重要节点城市和城市群为主体新设一批内陆新区、边境开放口岸,加快内陆和沿边边境地区的区域自我发展能力,强化其对外开放功能。通过提升西部地区南北向通道建设,带动沿线节点城市的开发开放,提升沿线区域的关联性[1]。"一带一路"建设是一种开放性区域协调发展,这种开放性要求节点城市能够运用自身的比较优势参与全球价值链。在"一带一路"建设中,中西部地区发展相对落后,其以高端产业切入全球价值链的时机尚未成熟,可以通过与周边国家加强区域合作,推动构建以发展中国家为主导的全球价值链,并在其中发挥引领作用。东部地区发展相对成熟,长三角城市群和珠三角城市群等已经具备了以高端产业切入全球价值链的条件,通过构建国际化的全球城市体系为深化对外开放提供重要的开放平台。

4. 政策开放是"一带一路"建设的重要保障

从区域的特征来看,区域是一种经济组织,区域的自组织能力要求能够制定既符合国家宏观经济政策,又刺激区域经济高涨的有关政策。也就是说,协调区内经济活动和区际经济活动需要制度上或政策上的支持。社会经济发展的实践表明,单纯依靠市场这一"看不见的手"是很难实现区域间均衡发展的,需要有政府"看得见的手"的干预。随着区域分工的演

---

[1] 裴长洪,于燕. "一带一路"建设与我国扩大开放[J]. 国际经贸探索,2015,31(10):4-17.

进，区域生产过程更加迂回，逐步形成了生产和交易的复杂网络。然而，网络化的生产必定会带来相应的交易成本；就区域经济学而言，运输成本和制度成本是制约区域均衡发展的重要因素。其中，运输成本随着现代交通工具的改善影响力在逐步下降；而因不同区域的地方性法规、保护性政策、观念等不同造成的制度成本，成为区域间要素、商品、人员流动的障碍。这就要求区域间要打破传统的行政区域界线，对内通过更高层次的组织机构、对外通过次区域合作来完善区域开放的政策体系。

"一带一路"建设对内而言，要完善区域间开放的政策体系，加快区域合作机制体制创新，取消区域间的保护主义政策，积极建立跨区域的合作发展协调机制，提高政策措施对于区域开放合作的引导作用。深化与周边国家次区域合作机制，加强多重合作机制下的沟通与协调，将区域互动合作纳入制度化轨道，建立健全促进区域合作的市场机制[1]。根据区域发展的差异，制定差异化的区域开放政策，能够增进开放区域的自组织能力和自我发展能力。以"一带一路"建设为契机，促进国内沿线区域政策的开放，能够有效地协调区域产业分工与布局、完善区域合作的机制，增强区域发展的协调性。

综上所述，"一带一路"建设是一个通道、内容、平台和政策等对内对外的双重开放体系；通过对外开放带动对内开放是"一带一路"建设的重要作用。"一带一路"建设通过优化区域开放格局，联动沿线区域发展，提高了我国区域开放水平和程度。同时，"一带一路"建设将有力推动我国区域经济发展的调整，通过内陆和沿边边境重点节点城市的开发开放，培育区域发展新的增长极，带动和辐射周边地区的发展，促使我国区域发展差距的缩小。此外，"一带一路"是我国新时期全面的对外开放，是朝着优化结构、拓展深度、提高效益转变的对外开放，这将有助于我国现代化经济体系的建设，提高我国区域发展质量。

---

[1]周文，方茜. "一带一路"战略的政治经济学思考[J]. 马克思主义研究，2015（10）：62-72.

三、开放条件下的区域协调发展与现代化经济体系建设

党的十九大报告指出"贯彻新发展理念,建设现代化经济体系",要"实施区域协调发展战略",首次将区域协调发展上升为国家发展战略。2017年12月,习近平总书记在主持中央经济工作会议时强调,均等、平衡是区域协调发展追求的目标和方向。我们要围绕基本公共服务均等化、基础设施通达程度比较均衡、人民生活水平大体相当三大目标,推进区域协调发展,打造区域协调发展新格局。

现代化经济体系是由创新引领、协同发展的产业体系,统一开放、竞争的市场体系,体现效率、促进公平的收入分配体系,彰显优势、协调联动的城乡区域发展体系,资源节约、环境友好的绿色发展体系,多元平衡、安全高效的全面开放体系,以及充分发挥市场作用、更好发挥政府作用的经济体制构成的一个有机整体。现代化经济体系建设要求大力发展实体经济、加快实施创新驱动发展战略、积极推动城乡区域协调发展、着力发展开放型经济、深化经济体制改革。区域协调发展既是现代化经济体系的重要组成部分,也是建设现代化经济体系的重要任务。因"一带一路"建设对内对外的双重开放性,其不仅是现代化经济体系建设的空间载体,更重要的是其为现代化经济体系建设提供了新的区域合作平台和新空间。《愿景与行动》指出:共建"一带一路"旨在促进经济要素自由流动、资源高效配置和市场深度融合,推动沿线国家实现经济政策协调,开展更大范围、更高水平、更深层次的区域合作,共同打造开放、包容、均衡、普惠的区域经济合作架构。《愿景与行动》提出了以政策沟通、设施联通、贸易畅通、资金融通、民心相通为主要内容的合作重点。"一带一路"建设的合作重点在一定程度上与现代化经济体系建设是相一致的。通过区域内开放与国际开放相结合、贸易与投资相结合推动次区域经济合作优化区域开放格局。

从国内视角来看,全方位开放型经济建设既包含着弥补前一轮走出去与引进来的短板,也包含着促进东、西双向开放战略融合的内涵,还重在

通过"一带一路"建设优化区域协调发展。区域协调发展战略是我国建设现代化经济体系的六大任务之一,"一带一路"建设的推进为相对欠发达的中西部地区成为对外开放战略前沿奠定了战略基础,是新时代我国对外开放战略的升级版,也为内陆区域经济发展创造了新的机遇期。"一带一路"建设是实现中国开放型经济与开放型世界经济联动的有效路径,通过实现沿线国家政策沟通、设施联通、贸易畅通、资金融通、民心相通,共同打造开放合作平台,为地区的可持续发展提供新动力。"一带一路"建设有助于我国培育更高层次的开放型经济。因此,"一带一路"建设成为建设现代化经济体系与区域协调发展的有机结合点。

实现"一带一路"建设与京津冀协同发展、长江经济带发展的衔接,有助于为经济发展提供新动能、推进产业结构优化升级、优化区域开放格局,实现区域经济增长由"量"的增长向"质"的提升转变,推动现代化经济体系建设。

第三节 "一带一路"建设的推进策略

"一带一路"倡议是跨越国家性质的国际合作倡议,"一带一路"建设不仅要考虑国内区域间的利益分配,还要考虑沿线国家的能力、参与合作的意愿、国家之间的竞争与博弈等诸多制约因素与面临的挑战。同时,如何借助于"一带一路"建设,优化区域开放格局,增强区域发展的协调性,是值得考虑的问题①。这就要求以"一带一路"建设的开放性为着力点,通过深化国内区域间的开放性,提高区域发展的相互匹配程度,增强区域协调和自我发展能力。因此,区域协调发展与自身能力提高的前提是区域间的相互开放;而区域开放水平和区域协调发展不仅取决于区域间的要素禀赋差异,还受一国发展阶段、政策导向等因素的影响。

一、进一步扩大区域开放合作的内容,深化区域开放合作的程度

"一带一路"沿线各国的经济交往历史悠久,古代陆上丝绸之路和海上丝绸之路是我国同沿线各国贸易和人文交流的通路。当前,经济全球化加深了世界各国之间的经济联系,区域经济合作快速发展,区域经济一体化成为不可阻挡的趋势。在全球化不断推进的过程中,沿线各国更加清晰地认识到区域经济合作的重要性。因此,中国同沿线国家共建"一带一路"不仅具有一定的历史文化基础,更是当前经济发展的现实需要;"一带一路"蕴藏着较大的潜在利益,致力于推动沿线各国发展战略的对接与耦合,发掘区域内市场的潜力,促进投资和消费。对于国内区域而言,由于过去受资源禀赋、地理区位和发展基础等因素的影响,中国中西部地区

---

① 王丰龙,张衔春,杨林川,等. 尺度理论视角下的"一带一路"战略解读[J]. 地理科学, 2016, 36(4): 502-511.

和东部地区的经济发展有一定差距，"一带一路"建设将加快区域资源流动，为发展东部地区和中西部地区的经济注入新活力。

"一带一路"沿线国家以发展中国家为主，从收入发展水平上看，中国还不是一个高收入国家；但是从经济能力上看，中国对沿线国家发展具有相当大的带动力。作为全球贸易大国和制造业大国，中国在常规制造方面的规模优势和在价值链贸易中的区位优势及其协同效应构成了中国与"一带一路"沿线国家构建经济走廊的独特优势。此外，由于各国所处发展阶段不同、资源禀赋的差异，"一带一路"沿线国家经济发展和产业的多样性为"一带一路"沿线国家区域合作创造了有利的前提。同时，"一带一路"沿线国家具有广阔的市场。建设"一带一路"无疑将会为我国企业对外投资提供广阔的市场空间，也为沿边、内陆地区的发展拓展新的增长空间。推进"一带一路"建设将会有助于改善沿线国家和地区的投资环境，同时也有利于中国企业走出去。

所以，"一带一路"建设为我国区域协调发展和对外开放提供了市场空间、资源和生产分工等多方面的条件。未来，我国区域协调发展应在促进区域经济一体化发展的进程中，协调区域间的生产分工，培育新的区域增长极，构建竞争有序的生产体系，并通过基础设施的联通提升区域间的开放水平，促进区域一体化的发展。在国内区域发展协调性不断增强的基础上，各区域根据自身发展的优势，积极主动参与国际竞争和合作，深化区域开放的内容和深度；通过差异化的区域开放带动区域不同增长极的发展，有助于缩小区域间的发展差距。在推进"一带一路"建设进程中，应充分利用各国政府间和地方间合作机制，加强政策、法规等方面的沟通与协调，营造良好的营商环境。国内地方政府应加强同周边国家地方政府间的合作，通过举办地方合作交流年、文化展览等交流活动，推进地方区域间的全面务实合作，为实现发展战略的有效对接提供重要平台。

二、加快重要节点城市建设，优化区域开放格局

如何协调国内区域间的利益，促进区域协调发展，是"一带一路"建设的关键。"一带一路"倡议是在国内宏观经济处于"三期叠加"、区域发展不充分不平衡问题突出等背景下提出来的，"一带一路"建设将会促进中西部地区基础设施条件的改善；基础设施条件的改善既能提升与沿线国家的互联互通水平，也有利于加强国内区域间的互联互通。"一带一路"对中西部地区而言，重在通过开放政策引导要素的合理流动，增强沿边内陆重点省份、节点城市的经济发展自生能力。然而，基础设施条件的改善能够引导要素由东部地区向中西部地区流动，影响着沿边内陆开放地带的经济增长；如果要素的流入效应低于流出效应，则不利于区域不平衡发展问题的改善，会扩大区域间的发展差距。同时，沿边内陆开放省市、重要节点城市的功能定位会影响其在"一带一路"建设中的竞争力，国内区域间合理的产业分工既影响其在"一带一路"合作中的比较优势与竞争力，也影响国内整体产业升级和区域间利益的分配，最终影响我国区域协调发展的实现。

在具体区域发展策略上，要注重从"单向开放"向"全面开放"转变，以内陆沿边开放打破传统的"梯段转移"思维。在"一带一路"建设推进过程中，各区域应采取差异化的发展策略，避免低层次空间竞争造成的资源浪费。各区域应明确各自的功能定位，统筹协调国内利益，形成对外合力。如东部地区重在"提质增效"，提升开放的质量和效益，提高东部地区尤其是长三角城市群、京津冀城市群和珠三角城市群等在国际上的影响力和对内的辐射力；西北地区应加强同沿线各国能源、产业的合作，建设能源生产基地，确保我国的能源安全；西南地区应通过核心节点省市重庆、四川、云南的开放，实现"增量"开放，助推内陆腹地成为对外开放的前沿。因此，在加强同沿线国家互联互通的基础上，注重国内区域间的互联互通，实现区域经济发展一体化，能够为"一带一路"建设提供强力支撑。

三、推动基础设施互联互通为"一带一路"提供支撑

沿线国家的发展能力与环境影响着"一带一路"的推进。"一带一路"沿线国家以发展中国家为主，经济发展水平较低，这影响了沿线国家参与"一带一路"建设的能力。基础设施建设是"一带一路"建设的先行领域，沿线国家确实存在建设基础设施的需求，但是由于沿线发展中国家长期处于财政赤字状态，不少基础设施建设需求属于有建设愿望、无支付能力的虚假需求。且基础设施属于投资规模大、回报周期长的项目，在难以保证收益的安全性和政策的稳定性下，投资者往往持谨慎的态度。同时，沿线国家的综合性经济与社会发展水平存在巨大的鸿沟，这就要求中国在同沿线国家进行投资和贸易合作时要充分考虑投资的安全性与收益性。

要想实现"一带一路"的共商共建共享就必须寻求各国利益的最大公约数，要尽可能地把主导方和需求方的诉求和责任结合起来。实现沿线各国合作的切入点则是以"五通"为重点的合作。其中，基础设施联通是加强国际合作的基础，未来沿线国家应注重推动各种运输方式向着大型化、重载化、高速化、信息化、智能化方向发展，使以往难以跨越的天然屏障，在先进的交通工具和宏大的交通工程面前陆续变成坦途。建设连通五大洲和四大洋的海陆空运输和通信网络，重点建设连通世界主要经济聚集区的高速交通线和综合性的海陆交通通道，缩短全球各类经济体进行交往的空间距离，使不同国家之间和各国的重要地区之间形成"同城化""同地化"交往条件。当前，我国基础设施建设的供给优势较为突出，丰富的基础设施建设经验、庞大的基础设施建设队伍和先进的装备制造技术都为我国的资本走出去提供了良好的支撑。中国高铁技术已经迈出了"中国标准"走出去的关键一步，未来需要通过"一带一路"建设形成资本、技术等多要素引进来与走出去双向互动。

此外，在当前数字化、网络化与信息化背景下，基础设施互联互通不仅需要加强"一带一路"沿线国家的交通运输等传统基础设施建设，还需

要对各类传统产业基础设施进行信息化、数字化和"互联网+"改造,从而有效促进区域统一市场的形成[①]。共建"一带一路"还应抓住新技术革命和产业革命的机遇,通过运用先进的信息通信技术,建立支撑"一带一路"发展决策的大数据平台。建设"一带一路"信息共享平台,发挥信息技术和信息平台的基础支撑作用,实现"一带一路"沿线地区政策法规信息、投资合作信息、生态环境信息、风险预警信息、企业表现信息等的整合交流、互通共享。新一轮技术革命催生了一批新产业、新业态、新的组织管理模式,这些都为"一带一路"建设提供了重要的支撑。

基础设施的互联互通为贸易畅通提供了条件,不仅能使高效和大运量交通通道两侧地区发展成互利合作的产业密集带,而且使国际和国内的产业链、经济协作链更加紧密。然而,实现贸易的畅通还需要解决投资便利化问题、消除投资和贸易壁垒,即要协商解决互联互通所涉及的经济、政治、外交、社会、文化等领域的重大问题,在政策、制度、规则、技术、标准等方面实现对接和统一。要充分发挥好亚洲基础设施投资银行、丝绸之路国际发展基金、金砖国家开发银行等的经济制度建设作用,为沿线国家提供资金支撑和金融平台,为构建互利共赢的利益共同体、共同繁荣发展的命运共同体注入持续发展新动力。

四、共建绿色"一带一路",推动全球经济可持续发展

《愿景与行动》中明确提出,"在投资贸易中突出生态文明观念,加强生态环境、生物多样性和应对气候变化合作,共建绿色丝绸之路"。"一带一路"倡议作为中国提出的新型区域经济合作机制,强化绿色低碳建设,突出生态文明理念既是贯彻创新、绿色、协调、开放、共享发展理念的必然选择,也是遵循全球可持续发展观的应有之义。2018年4月,习近平总书记在博鳌亚洲论坛上提出:"面对未来,我们要敬畏自然、珍

[①] 张伯超,沈开艳."一带一路"沿线国家数字经济发展就绪度定量评估与特征分析[J].上海经济研究,2018(1):94-103.

爱地球，树立绿色、低碳、可持续发展理念，尊崇、顺应、保护自然生态，加强气候变化、环境保护、节能减排等领域交流合作，共享经验、共迎挑战，不断开拓生产发展、生活富裕、生态良好的文明发展道路，为我们的子孙后代留下蓝天碧海、绿水青山。"联合国环境规划署以"经济的绿化不是增长的负担，而是增长的引擎"为宗旨，发起"绿色经济"和"绿色新政"，全球范围内掀起了经济绿色转型的浪潮。所以，共建"一带一路"必须坚持绿色发展理念。

"一带一路"沿线国家和地区生态环境多样而脆弱，沿线重点区域生态环境特征差异明显，环境问题复杂多样。人口增长、城市扩张、工业生产、交通发展也导致该地区面临严重的水和大气污染问题。整体而言，"一带一路"沿线区域位于全球气候变化、生态环境问题的敏感地带。当前，亚洲基础设施投资银行、丝绸之路国际发展基金均将绿色发展、绿色基础设施投资、绿色金融和绿色信贷等作为理念，促进沿线国家实现绿色合作，推动全球经济可持续发展。创新是驱动"一带一路"沿线国家以及国内区域向绿色发展转变的重要力量；"一带一路"建设进程中，要注重加强同周边国家的创新合作，倡议组建"一带一路"国际科学研究院，搭建沿线国家的科研创新交流平台。尤其是要重视区域内的创新活动，中国西部是"一带一路"的起点，又是国内经济落后地区，因此，更要加强对西部地区创新活动的支持。

第九章
京津冀协同发展

区域协调发展战略有相应的机制保障才能顺利推进。习近平总书记在党的十九大报告中明确指出,要"建立更加有效的区域协调发展新机制",这是中国共产党全国代表大会报告中首次明确强调要建立区域协调发展机制。传统上,我国已经形成一些区域协调机制,如"十一五"规划提出要健全市场机制、合作机制、互助机制和扶持机制。在新时期,要建立与现代化经济体系相适应的区域协调发展新机制。从国家区域发展战略看,国家越来越重视区域协同机制(京津冀)和区域治理机制(长三角、珠三角)。本章和下一章将分别对这两个区域协调机制进行讨论。

第一节　跨界问题与区域协调机制

区域协调机制的根源是区域问题跨越了单个行政区的边界，为此需要多个行政区进行区域层次的协调。随着我国区域经济一体化的发展，跨界问题也越发突出，国家也对区域协调机制提出政策要求。

一、区域协调发展面临的跨界问题

（一）跨界问题的概念

"跨界"这一概念是公共管理学者提出的。在公共管理领域中，政府的组织结构是按照科层制的组织方式进行构建的，其重要特征就是遵循分工和专业化的原则，在政府内部形成不同层级和不同职能部门。但是，政府作为一个整体，面对共同的问题和挑战又有层级间、部门间相互协调的要求。以行政区划为基础的地方政府、以职能界定为基础的政府部门，都存在着边界问题，超越了边界，职责交叉就在所难免，跨界问题随之产生。

随着区域经济一体化的发展，区域协调发展面临的跨界问题日益突出。由于区域一体化发展过程具有高度渗透性和不可分割性的特点，因此一体化过程中的许多问题就不断超越传统的行政区划边界，成为交织在一起的跨界问题，如区域环境保护、区域流域治理、区域基础设施建设、流行病防治等[1]。

邻避运动就是跨界问题的一个典型。"邻避"一词源于NIMBY的音译，全称是"Not In My Backyard"，即"不要建在我家后院"。它由英国的环境事务大臣尼古拉斯·雷德利于20世纪80年代提出，原指为公众提供社会福利所不可或缺的公共设施如垃圾焚烧厂、污水处理厂等，因为这些

---

[1]王佃利，梁帅. 跨界问题与半岛蓝色经济区一体化发展探析[J]. 山东社会科学，2012（3）：54-59.

设施给当地居民生活的安全、环境与卫生等带来诸多负面影响,从而引发他们的嫌憎情绪。

鄢德奎和陈德敏对重庆市19个项目由于环保问题而引发的群众信访集访乃至群体性事件进行了分析[①]。他们基于"预期损失—不确定性"二维视角,将邻避设施分为四类,即污染类(垃圾焚烧厂等)、风险聚集类(变电站等)、污名化类(传染病医院等)、心理不悦类(墓地等),并指出重庆市发生的邻避运动属于污染类和风险聚集类。邻避运动的特征因邻避设施的不同而不同,重庆邻避抗争的诉求内容以经济补偿为主。

(二)跨界问题的成因

跨界问题产生的根源在于空间失灵。空间失灵可界定为由于区位之间的相互作用而造成的资源区域空间配置不合理[②]。任何经济活动都要发生在特定空间里,市场失灵也不例外,市场失灵与空间因素相结合,就会形成空间失灵。空间失灵的主要原因包括外部性和区域公共物品等因素。

外部性研究主要是在主流经济学的框架下进行的,主流经济学是在忽略了空间因素的背景下进行理论研究的,这反映在外部性上同样如此。事实上外部性的作用要受到空间因素的制约,不同区位所受到的外部影响大不一样。经典的外部性案例——钢铁厂和鱼塘,就是一种空间失灵的表现。其中,钢铁厂位于鱼塘的上游,给鱼塘造成了外部成本。如果在规划时将鱼塘设计在钢铁厂的上游,就可以避免这一外部影响和空间失灵。

空间失灵的另一个因素是区域公共物品。区域公共物品导致市场失灵的原因在于存在"搭便车"的现象,尽管区域公共物品涉及的经济主体都对区域公共物品有需求,但由于每个经济主体都期望其他经济主体提供区域公共物品,自己可以享受区域公共物品的服务而无须付出相应的代价,结果是区域公共物品未能提供,所有主体的利益都受损,产生帕累托无效

---

①鄢德奎,陈德敏. 邻避运动的生成原因及治理范式重构:基于重庆市邻避运动的实证分析 [J]. 城市问题,2016(2):81-88.
②孙兵. 区域协调组织与区域治理 [M]. 上海:上海人民出版社,2007:20.

的结果。当区域公共物品与空间相结合时，就会出现区域公共物品导致的空间失灵。

吴光芸等人指出，区域公共物品会产生区域内地方政府"搭便车"的机会主义行为。随着区域的动态发展，区域公共物品合作供给范围不断扩大，区域界限相应模糊化，供给效果和受益人群也会随之发生较大的变化。而这些城市群的扩充使得集体行动的困境更加难以化解，直接影响供给效果和受益人群[1]。

治理跨界引致的空间失灵问题属于公共领域的事务，如果没有公共部门的介入，仅仅依靠经济主体是难以应对的。但是，单个行政区管辖范围只是整个区域的一部分，要治理区域层次的空间失灵问题，必须要从区域层次进行空间治理，提供区域层次的公共服务，也就是说，需要有区域协调机制。

二、区域协调机制的概念、类型和形成

（一）区域协调机制的概念

区域协调机制的概念有狭义和广义两种。

"机制"这一概念最初出现在工程领域，指的是机器的构造和工作原理。后来这一概念得到发展，指事物的内在工作方式，有关组成部分的相互作用和联系[2]。机制在社会领域也有广泛使用，例如市场机制，通过价格引导消费者和生产者之间的自由交换。区域协调机制指的是影响区域内地方政府间合作的诸因素与合作结果的联系，具体是指对区域管理的结构、功能和内在联系进行设计，形成应对区域问题的工作方法和流程，以保障区域管理的各项工作得以顺利推进。这是对区域协调机制概念的狭义理解。

---

[1]吴光芸，王灿. 基于集体行动理论的区域公共物品供给难题及其破解之道[J]. 领导科学，2016（20）：47-49.
[2]孔伟艳. 制度、体制、机制辨析[J]. 重庆社会科学，2010（2）：96-98.

区域协调机制的广义理解不仅包括区域协调的机制设计，还包括区域协调的组织结构设计。区域协调组织的主要职能是协调地方政府之间的行为，包括区域管理的机构设置、隶属关系和管理权限划分等方面的体系和制度，其目的是实现辖区间溢出效应的内部化。区域协调组织涉及的主要机构包括中央（或省）政府、区域管理组织、地方政府以及其他主体（如企业、居民、非营利组织等）。其中，区域管理组织居中心地位，是区域管理职能的主要承担者。如果没有区域管理组织，区域管理职能就会处于缺位状态。

在本书中，区域协调机制是广义的概念，既包括区域协调的机制设计，也包括区域协调的组织结构设计。

（二）区域协调新机制：协同和治理

长期以来，我国在促进区域协调发展的过程中，已经形成了若干协调机制。

有学者把区域协调机制总结为市场机制、协同机制、补偿机制、扶持机制、合作机制、共享机制、参与机制和治理机制等八种机制[①]。在新时期，建立现代化经济体系对区域协调发展机制提出更高要求。习近平总书记提出建设现代化经济体系对区域协调发展的新要求，"是要积极推动城乡区域协调发展，优化现代化经济体系的空间布局，实施好区域协调发展战略，推动京津冀协同发展和长江经济带发展，同时协调推进粤港澳大湾区发展"[②]。

从京津冀、长三角和珠三角（粤港澳）等三大地区的区域协调机制来看，我国构建形成两类不同类型的区域协调新机制：一类以京津冀协同发展为例，是自上而下的区域协调机制，强调通过外部权威（如中央政府）

---

① 见本书第三章。
② 习近平.深刻认识建设现代化经济体系重要性 推动我国经济发展焕发新活力迈上新台阶[EB/OL].（2018-01-31）[2018-12-25]. http://www.xinhuanet.com/politics/leaders/2018-01/31/c_1122349103.htm.

为区域协调发展构建相应的制度，保障区域协调的相关工作；另一类以长三角和珠三角为例，是自下而上的区域协调机制，主要通过地方政府合作（还包括企业等非政府主体）为区域协调发展构建相应的制度，地方政府遵循彼此间的共识，推进区域协调的相关工作。对前一类自上而下的区域协调机制，本书将其称为区域协同机制，在本章中结合京津冀协同发展进行探讨；对后一类自下而上的区域协调机制，本书将其称为区域治理机制，将在下一章进行讨论。

"协同"是一个管理学概念。协同理论于20世纪70年代初被提出，其代表人物是德国理论物理学家赫尔曼·哈肯。协同效应是协同理论的基本概念，是指由于协同作用而产生的整体效应或集体效应，即1+1>2的效果。在协同组织中，系统由若干子系统组成，但这些子系统属于同一组织，围绕同一目标努力，组织形式通常是扁平化的。以公司为例，目标是由董事会提出的，公司各个子系统负责执行董事会提出的目标。

在京津冀协同发展战略提出后，协同发展概念得到了广泛的重视。关于协同发展的内涵，目前尚无官方明确的界定。但从字面上理解，"协同"包含了"协调"和"共同"两层含义。协调发展要求京津冀三地要根据区位优势形成合理的区域分工格局。共同发展则要求京津冀三地共同采取举措，推动区域协调发展格局的形成，这对京津冀三地政府通过合作共同进行区域管理提出了更高的要求[1]。可以看出，协同发展是中央政府基于对京津冀发展特点的战略研判所提出的针对性很强的战略要求。京津冀协同发展战略是中央政府直接提出并主导其推进进程的，且将其上升为重大国家战略，也就是说，京津冀协同发展战略是由比京津冀三地政府更高层级的中央政府来组织实施的。中央政府提出战略目标，京津冀三地政府负责具体落实。

因此，在本书中，我们把区域协同机制理解为在科层制组织中基于

---

[1] 孙兵，郝寿义. 以合作组织创新推动京津冀协同发展[J]. 中国改革，2014（5）：21-22.

更高层级权威实施的区域协调机制。与下一章讨论的区域治理机制相比，二者都是实现区域协调发展的手段，但是，区域协同机制突出更高层级政府的协调作用，区域治理机制突出地方政府通过自主治理实现区域协调发展。

（三）区域协调机制的形成过程

区域协调机制是随着区域经济一体化的发展而逐步形成的。最初，经济联系的日益密切对政府部门合作提出内在要求，政府部门实施的一体化措施将推动区域经济一体化的深化，最终这些措施将固化为区域层次的制度。

1. 市场推动经济合作

市场机制推动的经济合作是区域协调机制形成的前提，通常由企业和商会推动，以经济利益为驱动形成地方自发性的商业合作。在改革开放初期，在一些相对偏僻和便于贸易的行政边界附近形成交易，直接带动行政边界周边经济的发展，如黄河金三角的区域合作就是从三省交界处的贸易合作开始的。市场形成的跨界合作会受到公共部门的很大制约，由于不同辖区政府的管理措施存在差异，行政审批、企业注册、建设用地审批和税收等层面均可能不同。此外，交通、通信、道路等方面的区域公共物品供应情况在很大程度上限制了商业跨界合作水平。

区域内不同地区具有各自的比较优势，区域合作可实现整体竞争优势的提升。其中，中心城市的辐射带动能力是决定合作剩余的关键，交易费用和结构是影响合作剩余分配的重要因素。跨界合作有助于促进相邻地区政策的衔接，缩短通勤时间，强化产业结构的规模化和互补化，共同保护生态环境。基于共同的利益追求，区域协调机制将有效降低区域内部以及外部的交易费用，有效提升区域发展水平和生活质量。

2. 政府推动区域合作

地方政府在应对区域合作上存在两难问题。一方面，为了促进本地区经济发展，地方政府有动力与其他地方政府合作，获取地方发展所需的经济资源，如资本、劳动力、土地、市场等；但另一方面，与其他地方政府合作也意味着要放弃一部分本地区的利益，如分享市场、允许资源流出、分担区域公共物品成本等。地方政府需要对合作的收益和成本进行权衡，以决定是否参与合作。

一般来说，在区域经济一体化的早期，由于经济联系程度不高、产业结构雷同等因素，地方政府参与合作所得较少，合作产生的区域公共物品成本分担、资本流出等损失较大，导致合作的意愿不强，区域协调机制迟迟难以形成，进而阻碍了区域经济一体化的发展。为此，需要在更高政府层级构建区域管理组织，促进区域协调发展。随着区域经济一体化程度的逐步提高，地区产业结构持续分工和专业化，区域合作的利益开始凸显，地方政府参与合作的意愿逐步增强。其中，政治因素决定跨行政区域区间交流的频繁度与顺畅度。相似的文化背景可有效提高相互认同感、合作密切程度和相互信任程度。历史因素则与政治因素相结合，共同影响区域合作的发展潜力。

3. 协调机制制度化

地方政府合作举措在很大程度上推动了区域经济一体化，但这些临时性的措施很多情况下带有"一事一议"的特点，随着区域公共事务的增加，越来越不适应区域发展的需要，于是就有了将区域协调机制制度化的内生动力。这包括两个方面的内容：一是把地方政府间关于区域合作的共识和做法，纳入本辖区的立法议程，从而把已经成熟的做法固定下来；二是制定区域层次的制度，并将其作为区域内各个辖区共同遵循的规则。随着区域一体化程度的提高，还会设立专门的区域层次的管理组织，专门管理区域公共事务。

三、国家对区域协调发展机制的政策要求

（一）中央领导对区域协调机制的理论论述

区域问题是国家层面的重要战略问题，涉及范围广，影响人口众多，

长期以来一直是国家战略的重要组成部分，受到国家的高度重视。历届国家主要领导都对中国的区域协调发展及其机制有重要的理论阐述。

毛泽东在《论十大关系》一文中阐述了沿海和内陆的关系，指出"沿海的工业基地必须充分利用，但是，为了平衡工业发展的布局，内地工业必须大力发展"[①]。为了实现共同富裕，邓小平在1988年提出了"两个大局"的思想，即沿海地区要对外开放，使这个拥有两亿人口的广大地带较快地先发展起来，从而带动内地更好地发展，这是一个事关大局的问题。内地要顾全这个大局。反过来，发展到一定的时候，又要求沿海拿出更多力量来帮助内地发展，这也是个大局[②]。随着中国社会主义市场经济的逐步发展，江泽民提出了西部大开发战略，这是对邓小平"两个大局"战略思想进行了全面继承、具体实践和重大创新。胡锦涛在西部大开发战略的基础上，还进一步提出区域协调发展的思路。《中华人民共和国国民经济和社会发展第十一个五年规划纲要》提出，"坚持实施推进西部大开发，振兴东北地区等老工业基地，促进中部地区崛起，鼓励东部地区率先发展的区域发展总体战略，健全区域协调互动机制，形成合理的区域发展格局"。

党的十八大以来，随着国内外发展环境的变化，习近平总书记提出京津冀协同发展战略，并将其上升为重大国家战略。京津冀协同发展战略有利于中国南北区域发展平衡，带动"三北"地区的经济发展。

（二）五年规划对区域协调发展机制的要求

历次中国共产党全国代表大会报告都对区域协调发展机制有相关论述，并提出要求。在我国的经济管理体制中，这些要求会体现在五年规划（或计划）中。为此，本书以改革开放后历次五年规划（或计划）中关于区域协调发展机制的论述，考察国家对区域协调发展机制要求的演变。

[①]毛泽东. 毛泽东选集：第5卷[M]. 北京：人民出版社，1977：267-288.
[②]邓小平. 邓小平文选：第3卷[M]. 北京：人民出版社，1993：278.

1. "六五"计划

"六五"计划提出，要在总结经验的基础上，有计划有步骤地开展地区间经济技术协作。地区协作的主要形式，有物资协作、技术协作和经济联合。开展地区间经济技术协作，必须坚持"全国一盘棋"，加强计划管理；认真实行合同制；逐步建立全国的经济协作管理系统；搞好地区间经济技术协作的立法工作。

2. "七五"计划

"七五"计划提出制订协作计划，使地区协作同国家计划更好地衔接。地区协作实行中央和地方分级管理，以地方为主的原则。

把全国分为三级经济区网络，推动上海经济区、东北经济区、以山西为中心的能源基地、京津唐地区、西南"四省（区）五方"地区等全国一级经济区网络的形成和发展。

3. "八五"计划

在开发横向联合和协作中，要重合同、守信用。要相互开放市场，使货畅其流，促进全国统一市场的形成与发展。

继续完善和发展区域合作，以省、区、市为基础，以跨省、区、市的横向联合为补充，发展各具特色、分工合理的经济协作区；提倡经济上较发达的沿海省、市与内地较不发达的省、区开展经济联合。巩固、完善和发展区域合作组织和各种经济网络。提倡建立跨地区的农副产品、能源、重要原材料的生产基地。在计划管理、统计办法、投资指标、税利和产品分配，以及收费标准等方面，制定有利于促进地区协作和联合的规定与办法。

4. "九五"计划

加强东部沿海地区与中西部地区的经济联合与技术合作。鼓励东部沿海地区向中西部地区投资，组织好中西部地区对东部沿海地区的劳务输出。东部经济发达地区采取多种形式与中西部地区联合开发资源，利用中西部地区丰富的劳动力资源，发展劳动密集型产业。加强人才培训和交流。

5."十五"计划

要打破行政分割,重塑市场经济条件下的新型地区经济关系。改变追求经济门类齐全的做法,发挥比较优势,发展有市场竞争优势的产业和产品,防止结构趋同。通过区域规划和政策,引导和调动地方的积极性,形成各具特色的区域经济,并先行在生态功能保护区、专业化农产品生产基地、旅游经济区等方面取得突破。

6."十一五"规划

健全市场机制,打破行政区划的局限,促进生产要素在区域间自由流动,引导产业转移。健全合作机制,鼓励和支持各地区开展多种形式的区域经济协作和技术、人才合作,形成以东带西、东中西共同发展的格局。健全互助机制,发达地区要采取对口支援、社会捐助等方式帮扶欠发达地区。健全扶持机制,按照公共服务均等化原则,加大国家对欠发达地区的支持力度。国家继续在经济政策、资金投入和产业发展等方面,加大对中西部地区的支持。

7."十二五"规划

充分发挥不同地区比较优势,促进生产要素合理流动,深化区域合作,推进区域良性互动发展,逐步缩小区域发展差距。

8."十三五"规划

创新区域合作机制,加强区域间、全流域的协调协作。完善对口支援制度和措施,通过发展"飞地经济"、共建园区等合作平台,建立互利共赢、共同发展的互助机制。建立健全生态保护补偿、资源开发补偿等区际利益平衡机制。鼓励国家级新区、国家级综合配套改革试验区、重点开发开放试验区等平台体制机制和运营模式创新。

可以看出,国家对区域协调发展机制的要求是不断发展的,总体趋势是从基于计划机制向基于市场机制转变。在"八五"计划之前,强调通过制订协作计划、构建经济区来促进地区之间的协调。在"九五"计划之后，开始强调东部和中西部地区用多种形式加强协作。在建设社会主义市场经济体制之初，重视打破地区间的障碍，形成各具特色的区域经济，防止结构趋同。"十一五"规划以来，国家一方面强化公共服务均等化、扶持机制、对口支援、生态保护补偿等措施，另一方面推进"飞地经济"、共建园区等建设，使市场在资源配置中起决定性作用和更好发挥政府作用。区域协调机制的演变体现了对政府和市场关系认识的不断深化。

第二节　京津冀区域协调机制的历史演变

本节将对京津冀区域协调机制的演变进行回顾，并分析京津冀协同发展战略提出之前区域协调机制面临的问题，以及京津冀地区选择区域协同机制而不是区域治理机制的原因。

一、京津冀区域协调机制的演变

京津冀和长三角、珠三角同属我国最重要的经济区域。根据《国家新型城镇化规划（2014—2020年）》，三大区域以2.8%的国土面积集聚了全国18%的人口，创造了36%的国内生产总值。但是，在京津冀协同发展战略提出之前，与长三角和珠三角相比，京津冀一体化发展方面存在着诸多问题，包括区域发展失衡、核心城市对周边地区带动能力弱、交通基础设施不完善、环境协同治理压力大等，这在很大程度上制约了京津冀区域经济活力的释放。为此，改革开放以来，中央政府和京津冀三地政府持续探索适宜的京津冀区域协调机制。京津冀区域协调机制的演变可分为改革开放初期、建立环渤海区域合作市长联席会议制度、"廊坊共识"、提出京津冀协同发展战略四个阶段。

（一）改革开放初期（1981—1985年）

京津冀地缘相近，有内在的合作需求。早在1981年，就在原燕南、燕北经济协作区的基础上成立了环京津经济协作区，包括北京、保定、张家口等。之后，京、津、冀、晋、内蒙古5省区市协商，成立了第一个区域经济联合组织——华北地区经济技术协作区。1988年，北京与保定、廊坊、唐山、秦皇岛、张家口、承德6市组建了环京经济协作区，并建立了市长、专员联席会议制度等。同期，国内其他地区也成立了类似的经济协作区，如1982年成立的上海经济区，其成员包括上海、江苏、浙江、安徽、江西和福建。

改革开放初设立的经济协作区和合作组织具有较为浓厚的计划经济色彩，未形成真正意义上的合作。随着市场经济的发展，这些经济协作区在20世纪90年代逐渐销声匿迹，没有发挥对区域经济发展的协调作用。

（二）建立环渤海区域合作市长联席会议制度（1986—2003年）

随着改革开放逐步深入，地方政府越来越关注本地区的经济增长。京津冀三地政府围绕自身优势形成发展战略，市场意识和竞争意识逐步增强。总体来看，这一时期地方政府间的竞争明显强于合作。

从20世纪80年代中期开始，天津实施工业东移战略，发展重心向滨海新区倾斜。同期，在亚运会、中关村、奥运会等重大项目的带动下，北京的发展重心向北城倾斜。在空间发展战略上，北京和天津缺乏合作意识。1992年，河北提出"两环开放带动"战略（"两环"，指环京津、环渤海），但基本没有什么效果。

环渤海区域合作市长联席会曾被视为京津冀合作的一个重要平台。1986年，在时任天津市市长李瑞环的倡导下，环渤海区域合作市长联席会由天津、大连、唐山等15个沿海市（地）共同发起成立，常设机构为环渤海地区经济联合市长联席会办公室，办公地址设在天津市人民政府经济协作办公室（现更名为"天津市人民政府合作交流办公室"）。

在这一时期，长三角、珠三角启动区域合作。长三角于1992年建立城市经济协调会，每年召开一次市长联席会议。2001年开始，沪苏浙三省市每年举行一次常务副省（市）长级别的经济合作与发展座谈会。广东省于1994年制定《珠江三角洲经济区城市群规划》，并分别于1997年和1999年建立了粤港合作联席会议制度和粤澳合作联席会议制度。

（三）在"廊坊共识"基础上推动京津冀协调发展（2004—2012年）

随着京津冀区域经济的发展，区域协调机制缺位的状况受到中央政府和社会各界的广泛关注。另外，多年的发展使得天津和北京两大核心城市的产业结构差异逐步形成。在此基础上，京津冀初步形成了合作意愿，但由于合作意识的刚性，区域合作进展甚微。

2004年2月，国家发展改革委在廊坊市主持召开京津冀区域合作战略研讨会，会上达成"廊坊共识"，被认为是京津冀三地政府合作的里程碑。"廊坊共识"的主要内容包括：①加强京津冀区域协调发展符合区域内各方利益；②京津冀区域经济合作还存在体制、机制、观念等方面的障碍；③京津冀区域协调发展应坚持市场主导、政府推动的原则；④尽快建立京津冀省市长高层定期联席会议制度，联合设立专门的协调机构，落实省市长联席会议确定的任务；⑤启动京津冀区域发展总体规划和重点专项规划的编制工作；⑥共同构建京津冀区域统一市场体系，促进产业合理分工；⑦协调京津冀区域内重大生态建设和环境保护等问题。

2004年6月，国家发展改革委、商务部和京、津、冀、晋、内蒙古、鲁、辽7省区市达成《环渤海区域合作框架协议》，确定环渤海合作机制的名称为环渤海经济合作联席会议，其性质是为环渤海地区的政府、企业、专家学者提供一个高层次、有组织的定期磋商机制。协议要求成立省区市行政首长联席会议制度，每年举行一至两次，由各省省长、自治区区长、直辖市市长轮流担任会议主席。

2004年11月，国家发展改革委启动京津冀都市圈区域规划的编制工作，这一规划的提出早于长三角和珠三角。但区域规划始终未能出台，设想中的高层定期联席会议制度也没有落实。

而在此期间，国务院分别于2008年和2010年批准了《珠江三角洲地区改革发展规划纲要（2008—2020年）》和《长江三角洲地区区域规划》。长三角已形成长三角地区主要领导定期会晤制度。珠三角则把区域合作的范围扩展到泛珠三角。京津冀一体化发展的进展可谓是"醒得早，起得晚"。

(四)提出京津冀协同发展战略(2013至今)

新一代中央领导高度重视京津冀一体化发展问题。2013年5月,习近平总书记在天津视察工作期间,作出"推进京津冀一体化发展"的指示。根据中央的要求,北京、天津和河北高层领导进行了互访,并达成合作协议。2014年2月26日,习近平总书记在京主持召开座谈会,作出了"京津冀协同发展"的重要指示,这是京津冀一体化发展一次难得的重大机遇。根据京津冀协同发展的战略要求,中央成立了京津冀协同发展领导小组,还设立了京津冀协同发展专家组。

二、京津冀区域协调机制存在的问题

在京津冀协同发展战略提出之前,京津冀区域协调机制存在的问题主要表现为两个方面。

一方面,京津冀区域协调机制长期处于缺位状态。作为我国最重要的经济区域之一,京津冀地区始终缺乏促进一体化发展的组织和管理机制。

另一方面,京津冀三地政府缺乏合作意识。缺乏合作意识是京津冀区域协调机制存在的另一个关键问题,也是组织和管理机制缺位的主要原因。改革开放以来,中央政府在推动京津冀一体化发展上进行了多次探索,其间也多次有区域合作的重要机遇。但是,由于地方政府缺乏合作意识,合作主动性不够,京津冀一体化进展缓慢。

三、京津冀区域协调机制问题产生的原因

京津冀区域协调机制问题产生的根本原因是地方政府缺乏合作意识。从理论上讲,地理上的相邻会增加地方政府之间的联系和反复互动的可能性,增加居民跨区生活、工作的可能性,为合作提供政治激励[①]。但是,从京津冀区域发展环境看,以下一些因素阻碍了合作意识的形成。

---

① FRISKEN F, NORRIS D F. Regionalism reconsidered [J]. Journal of urban affairs, 2001(5): 467-478.

(一)晋升博弈引致地方政府竞争意识

周黎安建立了一个地方官员政治晋升博弈的模型,指出由于政治晋升博弈的基本特征是一个官员的晋升直接降低另一个官员的晋升机会,因此地方政府更容易形成竞争意识,而合作意识则难以形成[①]。这在一定程度上解释了为什么京津冀缺乏合作意识。

在20世纪80年代和90年代,北京、天津、河北的第二产业占比都很高。由于服务业更多是区域性市场,而工业投资竞争形成全国性市场,因此京津冀三地关系在20世纪80年代和90年代是以竞争为主,难以形成合作意识。20世纪90年代中后期以来,北京第二产业比重迅速下降,天津则保持在50%~55%,京津产业竞争有所削弱,为地方政府合作创造了条件。

但是,晋升博弈理论只能部分解释京津冀三地政府合作意识的缺乏。它难以解释在不存在晋升博弈的情况下,京津与河北地级市间仍缺乏合作的现象。如果京津与部分地级市开展合作,将推进整个区域合作发展[②]。

(二)核心城市缺乏区域意识

核心城市对区域合作的推动至关重要。北京和天津是直辖市,其城市定位直接由中央政府决定,再加上北京和天津都是具有全球影响力的特大城市,因此两个城市的定位都超越了区域范畴。在京津冀协同发展战略提出之前,北京的城市定位是"全国的政治中心、文化中心、对外交流中心和科技创新中心",还提出以建设世界城市为目标。天津的城市定位是"国际港口城市、北方经济中心和生态城市"。在京津冀地区,两大核心城市北京和天津缺乏区域意识,并未真正把自身发展融入区域发展,这是京津冀缺乏合作意识的另一个关键因素。

[①] 周黎安. 晋升博弈中政府官员的激励与合作:兼论我国地方保护主义和重复建设问题长期存在的原因 [J]. 经济研究,2004(6):33-40.
[②] 孙兵. 晋升博弈背景下中国地方政府合作发展研究 [J]. 南开学报(哲学社会科学版),2013(2):23-30.

(三)国有经济比重高导致市场意识相对薄弱

由于直辖市更容易获得中央政府投资项目,再加上改革开放次序是从南到北推进,相比长三角和珠三角,京津冀地区国有经济比重较高。国有经济对于京津冀地区经济的重要性要明显高于长三角和珠三角。

国有企业的特点是缺乏决策自主性,并非严格意义上的市场主体。京津冀国有企业可以分为中央企业和地方国企。对于中央企业来说,投资决策必须符合国家战略方向,京津直辖市地位使其更容易获得中央企业投资。对于地方国企来说,其投资范围大多局限在本地区,以利于促进地区经济的发展。这样,京津冀三地政府吸引国有企业投资大多靠市场以外的手段,政治因素在其中起关键作用。

一方面,国有经济比重高,导致地方政府在经济发展中既是"裁判员",又积极充当了"运动员"的角色,这也使得地方政府间合作困难。另一方面,民营经济和外资经济在区域内扩张时,往往要求有配套的一体化投资环境和区域公共服务,这只有依靠地方政府合作方能实现。在这方面,京津冀三地政府面临的压力相对长三角和珠三角要弱一些,这也导致京津冀三地政府市场意识相对薄弱,推动区域合作的积极性不高。

(四)文化差异不利于形成合作意识

一般来说,由于地理相邻和长期的人员往来,会自然形成独特的区域文化,如长三角的江南文化、珠三角的岭南文化、晋陕豫黄河金三角的晋南文化等。文化圈内相近的价值观、历史以及亲缘关系,有助于人们之间相互认同和形成合作意识,也利于推动地方政府间的合作。

但是,由于历史和移民的影响,在京津冀地区形成了三种各具特色的文化,即北京的"博大、精致、全面"的皇家园林文化、现代国际大都市文化,彰显气势磅礴的首都气派;天津的码头文化、民俗文化、欧陆风情文化、南北交融、中西碰撞;河北历史悠久、尚武任侠、悲歌慷慨的燕赵文化。三种不同渊源的文化,使京津冀事实上分为三个亚文化区,不同亚文化区之间缺乏文化认同感,一定程度上阻碍了合作意识的形成。

总之，由于特殊的政治因素（京津两大直辖市）、经济因素（国有经济比重大）、文化因素（三种不同渊源的文化），京津冀地区的政治、经济、文化结构不利于地方政府间合作。改革开放后，地方政府在晋升博弈和产业竞争的过程中形成了更多竞争更少合作的意识，这种意识具有很强的刚性，即使在京津冀区域经济不断发展的背景下，地方政府仍然随着惯性延续不合作意识。在此背景下，尽管中央政府和地方政府多次推动京津冀区域合作，仍未能形成有效的区域协调机制。

四、京津冀协同发展要求区域协调机制创新

京津冀协同发展战略的提出和实施，对京津冀区域协调机制提出很高的要求。从京津冀区域协调机制的演变看，之前的区域协调机制难以满足京津冀协同发展战略推进的需要，需要通过区域协调机制创新来保障京津冀协同发展战略的推进。

在京津冀协同发展战略提出之前，京津冀区域管理的主要问题就是区域协调机制的缺位，其根源是我国以辖区竞争为基础的经济发展模式。辖区竞争是我国社会主义市场经济建设的重要经验之一，是我国改革开放后经济快速发展的重要制度保障。但是，辖区竞争阻碍了区域一体化发展，难以适应我国由行政区经济向区域经济转型的大趋势。

京津冀协同发展的重要意义之一是实现由辖区竞争向区域竞争的转变，为我国经济发展模式探索新思路。这是中央政府把京津冀协同发展上升为重大国家战略的关键。为了适应我国经济发展模式的这一重大转变，京津冀要积极通过区域协调机制创新，为我国经济发展模式的转变提供保障。

第三节　京津冀区域协同机制的形成和完善

京津冀协同发展上升为重大国家战略后,京津冀区域协同机制也相应形成。本节将对京津冀区域协同机制的主要内容和特点进行分析。

一、京津冀协同发展战略的提出及进展

2014年2月26日,习近平总书记在京主持召开京津冀协同发展座谈会,自此京津冀协同发展上升为重大国家战略。在座谈会上,习近平总书记就推进京津冀协同发展提出七点要求[①]。

一是要着力加强顶层设计,抓紧编制首都经济圈一体化发展的相关规划,明确三地功能定位、产业分工、城市布局、设施配套、综合交通体系等重大问题,并从财政政策、投资政策、项目安排等方面形成具体措施。

二是要着力加大对协同发展的推动,自觉打破自家"一亩三分地"的思维定式,抱成团朝着顶层设计的目标一起做,充分发挥环渤海地区经济合作发展协调机制的作用。

三是要着力加快推进产业对接协作,理顺三地产业发展链条,形成区域间产业合理分布和上下游联动机制,对接产业规划,不搞同构性、同质化发展。

四是要着力调整优化城市布局和空间结构,促进城市分工协作,提高城市群一体化水平,提高其综合承载能力和内涵发展水平。

五是要着力扩大环境容量生态空间,加强生态环境保护合作,在已经启动大气污染防治协作机制的基础上,完善防护林建设、水资源保护、水环境治理、清洁能源使用等领域合作机制。

---

① 打破"一亩三分地"习近平就京津冀协同发展提七点要求[EB/OL].(2014-02-27)[2014-10-27].http://www.xinhuanet.com/politics/2014-02/27/c_119538131.htm.

六是要着力构建现代化交通网络系统,把交通一体化作为先行领域,加快构建快速、便捷、高效、安全、大容量、低成本的互联互通综合交通网络。

七是要着力加快推进市场一体化进程,下决心破除限制资本、技术、产权、人才、劳动力等生产要素自由流动和优化配置的各种体制机制障碍,推动各种要素按照市场规律在区域内自由流动和优化配置。

在中央政府的领导和推动下,京津冀三地政府扎实开展工作。经过几年的努力,围绕习近平总书记提出的七点要求,京津冀协同发展各项工作渐次推进,取得了重要进展。在京津冀协同发展实现良好开局、取得明显阶段性成效的基础上,还要继续推进协同发展相关工作。《京津冀协同发展规划纲要》指出,疏解北京非首都功能是京津冀协同发展的关键环节,是重中之重的任务,对推动京津冀协同发展具有重要先导作用。习近平总书记指出,通过疏解北京非首都功能,调整经济结构和空间结构,走出一条内涵集约发展的新路子,探索出一种人口经济密集地区优化开发的模式。"疏解北京非首都功能是北京城市规划建设的'牛鼻子'"。为了保障京津冀协同发展战略顺利推进,推动疏解北京非首都功能和建设雄安新区,必须构建和完善京津冀区域协同机制。

二、京津冀区域协同机制的形成和主要内容

习近平总书记在"2·26"重要讲话中指出,要通过全面深化改革形成新的体制机制。张高丽也在京津冀协同发展领导小组第三次会议上指出,"要按照全面深化改革的要求,加快体制机制创新,破除行政管理、资源配置、功能布局等方面存在的体制机制障碍,切实解决环境污染和特大城市病等突出问题,通过调查研究,正确把握,建立优势互补、互利共赢的区域一体化发展制度体系"[①]。随着京津冀协同发展战略的推进,已

---

①张樵苏. 张高丽强调:科学务实有序推动京津冀协同发展 [EB/OL]. (2014-09-04) [2019-12-01]. http://www.xinhuanet.com/politics/2014-09/04/c_1112367458.htm.

经初步形成了京津冀区域协同机制,主要内容如下。

(一)中央主要领导推进

京津冀协同发展重大国家战略,是由中央主要领导直接参与和推动实施的。2014年,习近平总书记提出京津冀协同发展战略,此后,习近平总书记又多次主持会议,并视察京津冀地区,提出了疏解北京非首都功能和建设雄安新区等重大战略举措,推动京津冀协同发展。李克强总理每年都在政府工作报告中强调推动京津冀协同发展。

(二)设立京津冀协同发展领导小组

京津冀协同发展上升为重大国家战略后,国家设立了京津冀协同发展领导小组,具体负责推进京津冀协同发展战略。京津冀协同发展领导小组的主要任务是加强中央统一领导,强化顶层设计,研究制定发展战略,推动实施重大政策和重大规划,协调解决跨地区、跨部门重大事项,健全完善督促检查机制。

(三)设立京津冀协同发展专家咨询委员会

为推进京津冀协同发展这一重大国家战略,国务院成立高规格的京津冀协同发展专家咨询委员会,为科学决策提供智力支持。根据党中央国务院要求和京津冀协同发展领导小组部署,京津冀协同发展专家咨询委员会分为规划和交通小组、能源环境小组、首都功能定位与适当疏解小组及产业小组四个小组。

(四)京津冀三地设立协同机构

与京津冀协同发展领导小组和领导小组办公室对应,京津冀三地也相应设立了领导小组和领导小组办公室。

1. 北京

北京市成立推进京津冀协同发展领导小组,领导小组成员包括市委、市政府主要成员。

北京市推进京津冀协同发展领导小组办公室设在北京市发展改革委,

北京市发展改革委主任兼任推进京津冀协同发展领导小组办公室主任。北京市发展改革委内设京津冀协同发展综合处，负责协调北京市推进京津冀协同发展领导小组各专项工作小组办公室工作，统筹安排相关重要活动，负责综合性文稿的起草，承担信息、宣传、接待联络和会务等工作。

2. 天津

天津市成立天津市京津冀协同发展领导小组，领导小组成员包括市委、市政府主要成员。

天津市京津冀协同发展领导小组办公室设在天津市发展改革委，天津市发展改革委主任兼任天津市京津冀协同发展领导小组办公室常务副主任。天津市发展改革委内设两个与京津冀协同发展相关的处室。

（1）协调推进综合处，负责协调天津市京津冀协同发展领导小组办公室日常工作，统筹安排相关重要活动，组织研究拟定相关规划、计划、方案和综合性政策措施。

（2）协调推进一处，负责统筹推进落实本市承接北京非首都功能、交通一体化、生态环境保护、产业升级转移、协同创新、体制机制改革、试点示范、资源能源、社会事业、扶贫开发、对内对外开放等各项任务，协调解决有关重大问题，会同有关部门督查督办领导小组议定事项和相关重点任务、重大项目。

3. 河北

河北省成立推进京津冀协同发展工作领导小组，领导小组成员包括省委、省政府主要成员。

河北省推进京津冀协同发展工作领导小组办公室设在河北省发展改革委，省发展改革委主任兼任推进京津冀协同发展工作领导小组办公室主任。省发展改革委内设三个与京津冀协同发展相关的处室。

（1）京津冀协同办综合一处。研究制定京津冀协同发展中本省的相关规划；提出推进京津冀协同发展的政策建议；组织争取国家相关政策、资金和项目支持；督导各项支持政策的落实；牵头组织专项考核工作；承担综合性文字和行政管理工作。

（2）京津冀协同办综合二处。负责谋划和推进与北京市的战略合作；协调解决项目建设和合作中存在的突出问题；联合北京市组织重大招商引资、引智活动。

（3）京津冀协同办综合三处。负责谋划和推进与天津市的战略合作；协调解决项目建设和合作中存在的突出问题；联合天津市组织重大招商引资、引智活动。

（五）制定《京津冀协同发展规划纲要》

2015年2月10日，中央财经领导小组第九次会议审议研究了《京津冀协同发展规划纲要》。中共中央政治局2015年4月30日召开会议，审议通过了《京津冀协同发展规划纲要》。该纲要指出，推动京津冀协同发展是重大国家战略，其核心是有序疏解北京非首都功能，要在京津冀交通一体化、生态环境保护、产业升级转移等重点领域率先取得突破。《京津冀协同发展规划纲要》还分别确定了京津冀协同发展的近期、中期、远期目标。《京津冀协同发展规划纲要》的出台意味着京津冀协同发展的顶层设计已形成，推动实施这一战略的总体方针已经明确。

2016年2月，《"十三五"时期京津冀国民经济和社会发展规划》印发实施。这是全国首个跨省级行政区的"十三五"规划。

（六）确立京津冀三地发展定位

在京津冀协同发展中，京津冀整体及三地的发展定位是区域协同机制的关键环节。《京津冀协同发展规划纲要》确定了京津冀整体定位和三地定位。

京津冀整体定位：以首都为核心的世界级城市群、区域整体协同发展改革引领区、全国创新驱动经济增长新引擎、生态修复环境改善示范区。

北京市定位：全国政治中心、文化中心、国际交往中心、科技创新中心。

天津市定位：全国先进制造研发基地、北方国际航运核心区、金融创新运营示范区、改革开放先行区。

河北省定位：全国现代商贸物流重要基地、产业转型升级试验区、新型城镇化与城乡统筹示范区、京津冀生态环境支撑区。

在京津冀协同发展中，明确了"一核、双城、三轴、四区、多节点"的发展布局。"一核"指北京，把有序疏解非首都功能、优化提升首都核心功能、解决北京"大城市病"问题作为京津冀协同发展的首要任务。"双城"指北京、天津，这是京津冀协同发展的主要引擎，要进一步强化京津联动，全方位拓展合作广度和深度，加快实现同城化发展，共同发挥高端引领和辐射带动作用。

在发展定位中，调整最大的是天津的定位。此前，天津的城市发展定位是"国际港口城市、北方经济中心和生态城市"。在新的定位中，重新确立了北京与天津的城市发展关系，强调只有一个中心，就是北京，从而理顺了区域内两大直辖市之间的关系，为京津冀协同发展的顺利推进奠定良好基础。

（七）设置产业转移承接平台

《京津冀协同发展规划纲要》指出，促进产业一体化是推动京津冀协同发展的主体内容，要坚持市场主导、政府引导，按照资源共享、政策互惠、功能互补、融合互动的原则，明确三省市产业发展定位，理顺产业发展链条，推动产业有序转移承接。按照这一要求，2017年12月京津冀三地政府联合出台了《关于加强京津冀产业转移承接重点平台建设的意见》。

该意见指出，要立足三省市功能定位和产业发展定位，围绕推进形成北京新的"两翼"，构建和提升"4+N"产业合作格局，聚焦打造若干优势突出、特色鲜明、配套完善、承载能力强、发展潜力大的承接平台载体，引导创新资源和转移产业向平台集中。"两翼"即北京城市副中心、河北雄安新区。"4+N"中的"4"指曹妃甸协同发展示范区、北京新机场临空经济区、天津滨海新区、张承生态功能区。此外，还要合力打造一批高水平协同创新平台。

三省市京津冀协同办负责产业转移承接的统筹推进与综合协调，共同建立产业转移承接平台及项目信息库，研究制定平台建设综合政策措施，协调解决平台建设和产业转移中的重大问题。三省市京津冀协同办要加强对产业转移重点承接平台及转移项目的统筹管理，建立统一台账，实施动态管理。原则上不再新增承接平台。定期对现有平台开展考核评价和规范清理，及时清理规划不成熟、项目落地无保障、基础设施不完善、无实质进展的平台。

《关于加强京津冀产业转移承接重点平台建设的意见》是京津冀三省市首次联合制定的综合性、指导性文件，对进一步推进三省市产业对接协作，带动区域产业转型升级和协同发展具有重要的指导意义。

（八）产业转移税收分享

财政部、国家税务总局制定了《京津冀协同发展产业转移对接企业税收收入分享办法》（财预〔2015〕92号），确定了京津冀产业转移税收分享方案，具体内容包括以下三点。

1. 分享税种

纳入地区间分享范围的税种包括增值税、企业所得税、营业税（简称"三税"）地方分成部分。

2. 企业范围

由迁出地区政府主导、符合迁入地区产业布局条件且迁出前三年内年均缴纳"三税"大于或等于2000万元的企业，纳入分享范围。具体企业名单，由迁入地区、迁出地区省级政府分别统计、共同确认。属于市场行为的自由迁移企业，不纳入分享范围。

3. 分享方式

以迁出地区分享"三税"达到企业迁移前三年缴纳的"三税"总和为上限，达到分享上限后，迁出地区不再分享。迁出企业完成工商和税务登记变更并达产后三年内缴纳的"三税"，由迁入地区和迁出地区按1∶1比例分享。

三、京津冀区域协同机制的特点

（一）中央政府高度关注和推进

京津冀协同发展是重大国家战略，是在中央政府高度关注下实施的。可以说，国内目前没有一个区域发展能赢得中央政府如此高规格、如此深入的关注和参与，从这个意义上讲，京津冀协同发展及其体制机制对我国区域协调机制具有非常典型的示范意义。

京津冀协同发展战略实施以来，党中央始终关注京津冀协同发展的进程，习近平总书记多次召开会议对京津冀协同发展的重大议题进行研讨和决策，李克强总理每年都在政府工作报告中强调京津冀协同发展战略，时任副总理张高丽兼任京津冀协同发展领导小组组长，具体落实京津冀协同发展战略事宜。表9-1列出了与京津冀协同发展相关的部分重要会议。

表9-1 中央政府推进京津冀协同发展战略的若干重要会议

时间	会议名称/主持人	会议主题
2014年2月	京津冀协同发展座谈会/习近平	提出京津冀协同发展战略
2014年9月	京津冀协同发展领导小组第三次会议/张高丽	讨论京津冀区域功能定位
2014年12月	京津冀协同发展工作推进会议/张高丽	从总体谋划转向推进实施
2015年4月	中共中央政治局会议/习近平	审议通过《京津冀协同发展规划纲要》
2015年7月	京津冀协同发展工作推进会议/张高丽	疏解北京非首都功能
2015年12月	京津冀协同发展工作推进会议/张高丽	推进实施《京津冀协同发展规划纲要》
2016年5月	中共中央政治局会议/习近平	研究部署北京城市副中心和进一步推动京津冀协同发展有关工作

续表

时间	会议名称/主持人	会议主题
2017年2月	河北雄安新区规划建设工作座谈会/习近平	规划建设雄安新区
2017年4月	京津冀协同发展工作推进会议/张高丽	规划建设北京城市副中心和河北雄安新区
2018年2月	京津冀协同发展工作推进会议/张高丽	讨论修改后的河北雄安新区规划纲要

（二）外部权威自上而下推动

京津冀协同发展不是京津冀三地政府自主推动的。在历史上，中央政府和京津冀三地政府也有过推动协同发展的探索，但是由于种种因素，仅仅依靠京津冀三地政府合作来推动区域经济协同发展未有进展。在此背景下，中央政府作为比京津冀三地政府更高层级的外部权威，主动参与京津冀协同发展，自上而下推动京津冀协同发展。在自上而下的协调机制中，中央政府成为区域协调机制的主导者，中央政府领导多次发表重要讲话，联合京津冀三地政府制定了《京津冀协同发展规划纲要》，成立了京津冀协同发展领导小组等推动机构，地方政府则根据中央政府的规划和要求，采取相应措施推动协同发展。我国区域发展类型多样，类似京津冀的经济区域众多，京津冀协同发展遇到的问题和解决的办法，可以为这些区域提供经验。

（三）政府机构扮演主要角色

在京津冀协同发展中，政府机构扮演了主要角色，京津冀协同发展的主要推动力量就是政府，这和区域治理机制不同。在区域治理机制中，区域一体化的原动力是市场主体，政府主要是适应市场主体的要求，构筑相应的制度。《京津冀协同发展规划纲要》提出的三个重点是环保、交通和产业转移承接，这些都属于政府职能范围。其中，环保和交通是政府提供的，产业转移承接有两种类型，一种是市场主体的自主行为，另一种是政府推动的。在京津冀协同发展中，更为突出后一种。《京津冀协同发展规划纲要》和《关于加强京津冀产业转移承接重点平台建设的意见》提出了建设承接平台，对产业转移进行规划，特别是《京津冀协同发展产业转移对接企业税收收入分享办法》将政府主导的企业纳入分享税种范围，而属于市场行为的自由迁移企业不纳入分享范围。

（四）构建较为健全的组织机构

组织机构是顺利推进京津冀协同发展的重要保障，为此中央政府和地方政府成立了配套的组织机构。在中央政府层面，成立了京津冀协同发展领导小组以及领导小组办公室，办公室设在国家发展改革委，国家发展改革委主任兼任领导小组办公室主任。在京津冀三地，也都相应设立了领导小组和协同办，领导小组由地方主要领导组成，协同办设在各地的发展改革委，由发展改革委主任兼任办公室主任，并在发展改革委内设立了专门的协同机构。组织机构有相应的编制，权力和责任清晰。这样自上而下、相互衔接的组织体系，保障了协同发展相关工作的有序高效推进。相应的经验可以为其他采取区域协同机制的区域提供参考。

（五）在中央政府主导下地方政府推进合作

在中央政府推动协同发展的框架下，京津冀三地政府积极推进合作。除了参与中央政府的协同工作外，京津冀三地政府还进行互访，签订了一系列双边、多边合作协议，这些协议成为中央政府相关规划和文件的重要补充。京津冀三地政府还共同制定京津冀区域发展"十三五"规划以及《关于加强京津冀产业转移承接重点平台建设的意见》，推动相关工作的进展。京津冀区域协同机制有两个特点。一是中央政府主导。如果没有中央政府主导，地方政府推动协同发展意愿不强，协同发展进展不大，这已经为历史经验所表明。因此，中央政府主导是京津冀三地政府合作的前提。二是地方政府主动推进合作。京津冀协同发展的具体落实一定是在京津冀三地，只有京津冀三地政府积极推进，才能有成效。

（六）区域协同机制成效显著

京津冀协同发展战略提出后，京津冀区域协同机制逐步形成，适应了京津冀协同发展的需要，有力地推动了京津冀区域协同发展。围绕习近平总书记提出的七点要求，京津冀协同发展各项工作都取得了明显的进展（见表9-2），区域协同机制成效显著。

表9-2 京津冀协同发展战略的推进情况

战略重点	时间及主要进展
加强顶层设计	2014年2月，中央提出京津冀协同发展的重大国家战略 2014年8月，京津冀协同发展领导小组成立 2015年4月，通过《京津冀协同发展规划纲要》 2016年2月，《"十三五"时期京津冀国民经济和社会发展规划》印发实施
加大力度推动协同发展	2016年11月，赵克志在河北省第九次代表大会上指出，要更好对接京津、融入京津、服务京津 2017年2月，李鸿忠在天津市委常委会会议指出，在推动京津冀协同发展中定位天津角色，展现天津作为，作出天津贡献 2017年6月，蔡奇在北京市委十二届十次全会指出，今后五年初步形成京津冀协同发展、互利共赢的新局面
加快推进产业对接协作	2015年6月，《京津冀协同发展产业转移对接企业税收收入分享办法》发布 2016年6月，《京津冀产业转移指南》发布，在京津冀构建"一个中心、五区五带五链、若干特色基地"的产业发展格局 2016年10月，北京现代汽车沧州第四工厂竣工投产 2016年11月，滨海-中关村科技园在天津滨海新区揭牌 2017年12月，京津冀三地政府联合发布《关于加强京津冀产业转移承接重点平台建设的意见》
调整、优化城市布局和空间结构	2014年7月，北京制定实施《北京市新增产业的禁止和限制目录》 2015年7月，疏解北京非首都功能 2015年7月，设立北京城市副中心 2015年9月，北京新机场全面动工 2017年4月，设立雄安新区

续表

战略重点	时间及主要进展
扩大环境容量生态空间	2015年12月,《京津冀协同发展生态环境保护规划》发布,建立健全京津冀及周边地区大气污染和水污染防治协作机制 2017年3月,印发《京津冀及周边地区2017年大气污染防治工作方案》
构建现代化交通网络系统	2015年3月,京津冀城际铁路投资公司成立并有序运转 2015年11月,《京津冀协同发展交通一体化规划》印发,构建"四纵四横一环"骨架
加快推进市场一体化进程	2014年5月,海关总署出台《京津冀海关区域通关一体化改革方案》,实现京津冀海关区域通关一体化作业 2015年8月,取消京津冀区域内长途通话费和漫游费 2016年7月,《京津冀旅游协同发展行动计划(2016—2018年)》发布,发行京津冀旅游年卡,打造旅游示范区 2017年2月,《"十三五"时期京津冀教育协同发展专项工作计划》发布,三地高校先后组建了9个创新发展联盟 2017年,京津冀132家医疗机构27项检验结果实现互认,北京与津冀地区实现医保互认、互联、互通

第四节　完善京津冀协同发展机制的措施

如前所述，区域协同机制包括管理体制和管理机制两个方面的内容。完善京津冀协同发展机制，就是要从区域管理体制和区域管理机制两个方面，针对现存的问题提出相应的对策。

一、完善京津冀区域协同的管理体制

（一）京津冀区域协同管理体制存在的问题

京津冀区域管理体制曾长期处于缺位状态。在计划经济时期，京津冀曾有过一些促进区域协作的体制机制。如环京津经济协作区、华北地区经济技术协作区。但随着市场经济的发展，这些经济协作区在20世纪90年代逐渐销声匿迹。1986年，由天津、大连、唐山等15个沿海市（地）共同发起成立环渤海区域合作市长联席会。但是，北京一直没有加入这一组织，这使得市长联席会成效甚微。2004年，国家发展改革委在廊坊市主持召开京津冀区域合作战略研讨会，会上达成"廊坊共识"，并启动京津冀都市圈区域规划的编制工作。但区域规划几易其稿，始终未能出台。

京津冀协同发展上升为国家战略后，中央成立了京津冀协同发展领导小组。京津冀初步形成了区域管理体制，保障协同发展相关工作的推进。领导小组的成立是京津冀区域管理体制的重要突破。但是，领导小组不是常设机构，领导小组主要成员精力无法集中于京津冀事务。京津冀协同发展领导小组成立以来，召开会议的次数屈指可数。领导小组办公室的职能主要是协调，政策执行主要依靠京津冀三地政府。因此，领导小组体制只能是京津冀协同发展管理体制的过渡方案，不能成为京津冀协同发展的长期解决方案。

（二）京津冀区域协同管理体制的若干选择

根据区域管理组织的隶属关系，可以把区域管理体制分为三种类型（见图9-1）。

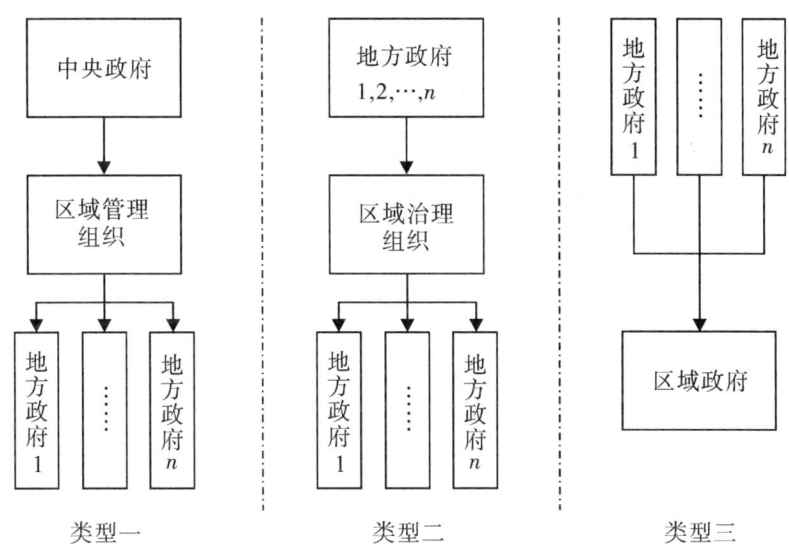

图9-1 区域管理体制的分类

1. 中央（或省）政府主导

区域管理组织的权力来源于中央（或省）政府，区域管理组织要对中央（或省）政府负责。区域管理组织根据中央（或省）政府的授权和要求，行使区域管理的权力，对地方政府涉及区域公共事务的行为进行管理。区域管理组织实际上是中央（或省）政府管理区域公共事务的代理人。

2. 地方政府自主治理

根据区域内地方政府间的协议建立区域治理组织，其权力来源于地方政府，对地方政府负责。区域治理组织根据协议的授权和要求，对地方政府涉及区域公共事务的行为进行协调。区域治理组织实际上是地方政府协调区域公共事务的代理人。在不同环境中，区域内其他主体也会不同程度地参与区域公共事务的决策制定和决策执行。

3. 区域政府

地方政府辖区合并成立区域政府，从而使辖区间的公共事务变成辖区内的公共事务，实现辖区溢出效应的内部化。辖区合并既可能是来自中央政府的要求，也可能是地方政府及其他主体的自主决策。区域政府是一级行政建制，具有管理区域公共事务的权力和责任。

根据区域管理权限划分以及区域管理体制的经验还可以对区域管理体制进行进一步细分（见表9-3）。需要指出的是，这里给出的只是部分类型，根据机构设置、隶属关系和权限划分，区域管理体制还可以有更多的选择。

表9-3 区域管理体制类型的细分

类型	细分类型	管理权限划分	
		决策权	执行权
中央（或省）政府主导	中央（或省）领导小组+地方政府	领导小组	地方政府
	中央（或省）派出机关	派出机关	派出机关，地方政府
	中央（或省）职能部门+地方政府	职能部门	地方政府
	特别区	特别区	特别区
地方政府自主治理	纯粹自主治理	地方政府	地方政府，区域治理组织
	中央政府引导	地方政府，中央政府	地方政府，区域治理组织
区域政府	原辖区保留	区域政府	区域政府，地方政府
	原辖区撤销	区域政府	区域政府

不同类型的区域管理体制各具特点。表9-4从实施难度、决策效率、执行效率、组织成本、地方政府参与程度、能否作为长期解决方案、可复制性等方面对不同区域管理体制的优缺点进行了比较。

表9-4 不同区域管理体制的比较分析

类型	细分类型	比较分析	
		优点	缺点
中央（或省）政府主导	中央（或省）领导小组+地方政府	● 能够迅速启动 ● 决策效率高 ● 组织成本低 ● 地方政府能够参与决策	● 地方政府可能选择性执行，执行效果不佳 ● 难以作为长期解决方案 ● 可复制性差
	中央（或省）派出机关	● 决策效率高 ● 执行效果好 ● 可作为长期解决方案	● 实施难度较大 ● 组织成本高 ● 地方政府参与程度较低 ● 可复制性差
中央（或省）政府主导	中央（或省）职能部门+地方政府	● 决策效率较高 ● 地方政府一定程度参与决策 ● 可作为长期解决方案 ● 具有可复制性	● 实施难度大，需要机构改革 ● 组织成本较高 ● 地方政府可能选择性执行，执行效果取决于监督力度
	特别区	● 针对特定区域问题，决策效率高，执行效果好 ● 组织成本较高 ● 可作为长期解决方案 ● 有一定的可复制性	● 地方政府权力受限，实施会遭遇阻力 ● 地方政府参与程度低 ● 只针对特定问题，不能作为综合解决方案

续表

类型	细分类型	比较分析	
		优点	缺点
地方政府自主治理	纯粹自主治理	● 组织成本较低 ● 地方政府和其他主体积极参与 ● 可作为长期解决方案 ● 经验具有可复制性	● 治理组织设立取决于地方政府的合作意识 ● 决策效率低 ● 执行效果不佳
	中央政府引导	● 中央政府引导有利于治理组织的设立 ● 其他同"纯粹自主治理"	● 同"纯粹自主治理"
区域政府	原辖区保留	● 决策效率高,执行效果佳 ● 地方有一定参与性 ● 可作为长期解决方案 ● 具有可复制性	● 实施难度非常高 ● 组织成本很高
	原辖区撤销	● 决策效率高,执行效果佳 ● 可作为长期解决方案 ● 具有可复制性	● 实施难度非常高 ● 组织成本很高

(三)完善京津冀区域协同管理体制的思路

1. 中央政府要在京津冀区域管理中起主导作用

京津冀区域管理体制可能有多种选择,但中央政府必须在京津冀区域管理中起主导作用,这主要是基于以下考虑。

第一,京津冀三地政府间的竞争格局只有中央政府才能协调。京津冀在诸多方面存在竞争关系,京津冀区域发展的历史表明仅依靠京津冀三地政府自主合作难以实现区域协调发展。在中国,只有中央政府才有能力协调京津冀三地政府间的关系,促进区域协同发展。

第二,京津冀之间利益结构具有相似性。北京和天津在城市定位、高端制造业、化工产业、金融等现代服务业及临空经济等方面具有相似的利益，天津和河北港口和临港产业、现代制造业等方面具有相似的利益。此外，三地在水资源利用和环境保护方面还存在利益冲突。在京津冀区域发展中，三地政府围绕上述领域存在突出矛盾。

第三，京津冀没有一个地方政府居于支配地位。北京是我国的首都和直辖市。天津是直辖市，经济总量接近北京，拥有港口优势。河北尽管经济发展水平低于北京和天津，但经济总量超过前两者，而且是北京和天津的劳动力、资源和食品的主要来源地。京津冀缺乏居支配地位的主体，没有任何一方愿意主动牵头推动合作。

第四，京津冀三地文化存在差异。尽管京津冀地域相邻，但由于历史和移民的影响，京津冀地区形成了三种不同渊源的文化，使京津冀事实上分为三个亚文化区，这不利于京津冀形成自主治理的区域管理体制。

2. 中央政府设立京津冀区域管理委员会

考虑成立京津冀区域管理委员会，作为中央政府管理京津冀区域事务的派出机关。区域管理委员会的主要职能是制定、修订京津冀区域发展规划和专项规划，并推动规划的执行，组织、协调跨地区项目，对跨地区事务进行管理和协调。区域管理委员会体制的优点是设立了专门负责京津冀区域管理的组织，区域管理委员会体制精简高效，有利于保障京津冀协同发展战略的顺利推进。缺点是增加了管理层级和管理成本，会与现有体制产生冲突，而且会形成与其他区域管理体制的较大差异。因此，区域管理委员会适宜作为京津冀区域管理的过渡体制。经过一段时期的运行后，区域管理委员会积累区域管理的经验，最终向从事区域管理的中央职能部门发展，职能部门的管理对象涵盖我国的所有区域。

此外，京津冀地区存在一些非常突出、急需解决的区域问题，包括大气治理、水资源利用、港口竞争等，为此建议设立相应的特别区进行管理，如京津冀大气区、水区、港口管理局。设立特别区的实质是把京津冀三地政府某项区域管理权上收。特别区可与其他区域管理体制并存，也可单独存在。在有区域管理委员会、区域管理职能部门或区域政府的情况下，特别区归口这些区域管理组织管理，相应的中央职能部门进行业务领导。反之，特别区归口相应的中央职能部门管理。

综上所述，建议在现有京津冀协同发展领导小组体制的基础上，中央政府适时设立京津冀区域管理委员会管理京津冀区域公共事务，并设立京津冀大气区、水区、港口管理局等特别区，特别区归口京津冀区域管理委员会管理。未来，国家应更加重视区域管理工作，在国家层面设立区域管理委员会，负责全国范围的区域管理工作。届时，将京津冀区域管理委员会的职能纳入国务院区域管理委员会。

二、完善京津冀区域协同的管理机制

（一）京津冀区域协同管理机制存在的问题

区域管理机制指的是对区域管理的结构、功能和内在联系进行设计，形成应对区域问题的工作方法和流程，以保障区域管理的各项工作得以顺利推进。京津冀协同发展的推动者是中央政府，区域管理体制的选择也是以中央政府为主导，因此京津冀区域管理机制的设计者必然是中央政府。中央政府进行机制设计的目的，是通过规则的制定和机制的设计，以低成本实现京津冀协同发展的目标。

京津冀协同发展战略提出后，初步形成了基于京津冀协同发展领导小组的区域管理机制，包括产业定位、产业转移承接平台、税收分享、大气治理等，这在一定程度上对推动京津冀区域经济一体化的进程，起到了较为积极的作用。但是，这种自上而下的区域管理机制仍然存在着诸多问题。

首先，中央政府推动为主，地方政府推动为辅。在目前京津冀协同发展战略的推进中，中央政府起主导作用，制定了协同发展规划，设立了京津冀协同发展领导小组和相应的组织架构，通过指示、会议等方式推进具体进程。相比中央政府决策者、推动者的角色，地方政府更多的是扮演执行者的角色，按照中央政府的规划和指示，完成相应的工作。在中央政府重视京津冀协同发展的背景下，这是一个高效的机制，但缺乏可持续性，一旦中央政府关注转移，地方政府推动区域协同发展的内生动力可能不足。

其次，政府推动为主，市场推动为辅。京津冀协同发展战略还存在缺乏市场参与的情况。无论是协同发展规划，还是决策过程，都是在政府内部流程中完成，企业和非营利性组织难以参与其中。京津冀协同发展是"政府搭台，企业唱戏"，如果缺乏市场主体参与，效果会大打折扣。

再次，区域协调机构缺乏制度性。目前的区域协调机制以京津冀协同发展领导小组为中心，领导小组是中央政府设立的临时性机构，对其职能、工作方式和存续时间等并无明确的法律规定，领导小组的成员都是兼职，花费在京津冀协同发展工作上的时间和精力很难保证，相应的京津冀三地的协同机构也有类似的问题。

（二）完善京津冀区域协同管理机制的原则

管理机制的设计涉及目标、对象、动力等诸多要素，京津冀区域管理机制设计要对这些要素加以说明，这是管理机制设计的前提。

1. 区域管理机制的设计者是中央政府

京津冀协同发展的推动者是中央政府。中央政府考虑机制设计时应遵循以下原则：一是可行性，即机制可以产生预定结果；二是合理性，即规则之间在逻辑上是相容的；三是规则简明，不产生歧义，又便于操作，便于信息传播；四是规则要有动力源。

2. 区域管理机制设计的对象包括政府机构和非营利性组织

区域管理机制设计的对象包括正式的相关政府部门，即中央政府及各部门、区域管理组织（领导小组和区域管理委员会等）、地方政府及各部门。区域管理机制设计还要重视发挥非营利组织的作用，特别是随着京津冀协同发展国家战略的推进，政府部门要考虑把部分权力转交非营利组织行使。

3. 区域管理机制的解决方案需动态演进和完善

能够解决区域问题的机制和方案可能有很多种。因此，管理机制的设计很多情况下可能不是单一方案，而是多方案。如果不允许试错，则需要对机制进行系统分析，选择最优的方案。在给定的条件下，如果具有重复试验的特性，则可通过试错的办法不断完善管理机制的方案。因此，区域管理机制设计不是一步到位的，而是要在运行中不断完善的。

4. 区域管理机制的推动力是多元的

管理机制必须考虑对机制设计对象的推动力，以确保设计的管理流程得以顺利运行。京津冀协同发展的管理机制包括市场、命令、自发三个方面的动力。市场动力指的是企业、劳动力等的推动力，命令动力指的是上级政府部门的推动力，自发动力指的是机制设计对象由于行为符合自身利益而产生的动力以及由于和他人熟悉而产生的合作动力。

（三）京津冀一体化管理机制设计的主要内容

1. 制定京津冀协同发展法律

法律主要内容包括：确定区域的空间范围；确定区域规划的法定地位及其编制、审批与实施主体；确定区域管理委员会的法定地位及其组成方式、职能与协调程序，以及区域管理委员会与地方政府在规划管理事权、责任上的划分；不遵守区域规划和法律时应承担的责任。

对纳入政策议程的政策问题要进行研究，为此需要构建研究机构的协同机制。

2. 举行副市（省）长联席会议

在区域管理组织（京津冀协同发展领导小组）协调下，三省市主管协同发展工作的副市（省）长定期或不定期地举行联席会议，就政策方案进行磋商。政策方案由区域管理组织研究部门提出，区域管理组织研究部门的负责人由三省市研究机构负责人兼任。

3. 形成投资引导机制

为了保障政策方案的顺利推进，需要建立投资引导机制，引导民间资本按照协同发展规划的方向投资。中央财政和相关部门对协同发展给予项目或财税上的支持。三省市共同组建京津冀协同发展基金，对符合区域发展方向的项目进行投资。基金的规模和比例由领导小组决定。中央财政可在基金中占有一定的股份。组建京津冀发展银行,对京津冀地区的企业和项目给予融资支持。

4. 形成考核和奖惩机制

对完成京津冀协同发展任务的情况进行考核,考核工作由京津冀区域管理组织负责。三省市之间的互评占考核成绩的一定比例,最终评价结果由领导小组确定。考核对象不仅包括三省市和部门,也包括各地市和县区。考核结果将影响相关官员的晋升,并影响中央财政在各地区之间的分配。

5. 设立若干特别区

空气和水资源利用具有很强的外部效应,需要在区域层次进行协同开发和综合利用,为此考虑成立京津冀大气区和京津冀水区这两个特别区,改善京津冀地区的空气质量,并对京津冀地区的水资源利用进行统筹安排。成立京津冀港务局,统筹安排港口的规划建设,避免城市把港口作为无序竞争的工具。大气区和水区管理机构根据环境容量许可,确定每年的排放量和抽水量,并在三个地区之间进行分配。区域内企业可以通过市场机制对配额进行交易。对南水北调的水资源,按照中央确定的政策,让京津冀水区管理机构统一安排水资源的用量和利用方式。

第十章
区域治理机制的若干案例

区域协同机制强调外部权威在区域协调发展中的重要性,区域治理机制则强调通过地方政府合作来推动区域协调发展。本章将首先对区域治理机制的相关理论进行梳理,然后对中国区域治理机制的几个案例进行探讨,最后对中国区域治理机制的特点和存在的问题进行分析,并提出改进建议。

第一节　区域治理机制的理论和政策

区域治理机制要解决的是区域集体行动难题。美国区域治理研究主要是基于大都市区治理的背景，中国区域治理研究则主要是基于晋升博弈背景下的地方政府合作。中国与区域治理相关的政策从"十一五"规划开始出现，但目前还缺乏明确的法律规定。

一、区域集体行动难题与治理

（一）区域集体行动的难题

区域公共物品的存在，要求区域内地方政府采取集体行动，而区域集体行动必将遭遇奥尔森式集体行动困境的挑战。曼瑟尔·奥尔森在《集体行动的逻辑》中描述了一个没有合作的原始状态。在这一状态下，由于个人的自利动机，通常只有在个人收益超过集体行动的全部成本时，才会形成集体行动，这主要发生在小集团中。在多数情况下，集体行动以失败告终。

奥尔森的理论表明，当经济主体无法被排除在受益集团之外时，经济主体倾向于"免费搭车"，从而导致集体行动的失败，这形成了囚徒困境[①]即个体理性的结果是集体的非理性。囚徒困境是一种典型的市场失灵，即存在帕累托改进的可能，但没有实现。囚徒困境的根源是个体选择会对其他主体产生影响，却没有为此付出代价。

在区域集体行动中，囚徒困境体现在很多情境中，举例说明如下。

地方政府发展竞争。为了促进地方经济发展，地方政府通过降低税收、土地价格、水电气价格等方式来争夺投资项目。如果地方政府之间进

[①] 1950年，由就职于兰德公司的梅里尔·弗拉德（Merrill Flood）和梅尔文·德雷希尔（Melvin Dresher）拟定出相关困境的理论，后来由顾问阿尔伯特·塔克（Albert Tucker）以囚徒方式阐述，并命名为"囚徒困境"。

行协商，可能在不降低区域总体投资的前提下，增加区域的税收、土地收入和公共服务收入，然后在不同地方政府间分配。

区域污染治理。污染具有流动性，一个地区产生的空气和水污染会通过某些方式污染其他地区，有时是地区间相互污染。治理污染需要成本，影响本地区发展，因此地方政府总是把治理污染的责任推给其他地区，而自身在污染治理中付出甚少。

产业分工不合理。合理的产业分工有利于区域整体竞争力的提高，也有利于每个地区经济的发展。但是，区域经济中的产业同构现象仍然严重，造成区域内产业低水平重复建设，产业升级迟迟无法进行。遇到好的投资项目，地方政府都会不惜代价争取，而较少考虑该项目是否适合，以及对区域经济的影响。

成本分摊中的"免费搭车"。区域公共物品将提高每个地区经济的收益，但在区域公共物品的提供方面，如何分摊区域公共物品提供的成本，不同地方政府无法达成一致意见，导致区域公共物品难以提供，每个地区的利益都受损。

（二）区域经济组织的三种方式

集体行动失败的原因主要有三点。首先，集体行动失败的前提是个体选择完全自由放任，没有对集体内的个体进行任何组织。其次，破解集体行动失败逻辑的关键是进行组织。组织是通过制度的构建实现的，通过制度形成职能结构和机制，使得公共物品能够得以提供。再次，形成了集体的制度后，个人选择就不再是自由放任，其行动将受到制度的限制。制度使个人面临奥尔森所说的"独立的和选择性的激励"[1]。集体行动的困境以及集体行动的重要性，形成了破解集体行动困境的三种途径：通过科层组织，通过市场机制，通过自主治理。

---

[1] 奥尔森. 集体行动的逻辑[M]. 陈郁，郭宇峰，李崇新，译. 上海：上海三联书店，1995：41.

1. 科层组织

科层组织要求建立政府这样的管理机构,来协调不同经济主体的行为,从而形成集体行动。哈丁主张这种观点。哈丁认为,"每个人都是一样;只要我们这些独立、理性、自由的投机者自作妄为,大家都受缚于'自家弄脏自家'的制度。食物篮子的公地悲剧,因为私产或类似的正式安排而避免了。但我们周围的空气和水不能轻易地分隔,所以要用不同的方法防止污水坑公地悲剧:强制的法律或税务措施,使污染者在排放前处理污染物成本比不处理要低"[1]。

上一章讨论的区域协同机制就是基于科层组织,依靠中央政府的权威来协调京津冀协同发展问题。通过科层组织形成集体行动的缺点在于增加了政府组织的成本,政府监督集体行动成本太高以致难以行使职权,政府不是利益相关者。更不用说,还存在政府效率低下和腐败等问题。因此,在京津冀协同发展中,既要重视区域协同机制的积极方面,也要关注区域协同机制的负面影响,并适时改进,尤其要重视发挥地方政府在区域协同机制中的积极性。

2. 市场机制

市场机制是协调不同经济主体行为的有效手段,从亚当·斯密开始,西方经济学家就高度推崇市场机制作为协调集体行动手段的价值,甚至通过严密的数学分析来证明市场机制是最佳的协调手段。市场机制发挥作用的前提是私有化,要求经济主体拥有独立的产权。通过市场机制形成集体行动的问题在于一些集体物品难以私有化,或者私有化后难以保证产权不受侵害,即明晰产权的成本较高。私有化还丧失了互助抵御风险的功能,且由于依靠社会保险而增加了额外的成本。此外,通过集体行动分摊公共物品成本提供的公共物品,对个人是有价值的。

通过市场机制形成集体行动的典型做法是地方政府通过市场交易向

---

[1] HARDING G. The tragedy of the commons [J]. Science, 1968(162):1243-1248.

区域内的其他地方政府购买公共服务，也就是把地方政府公共服务需求外包给其他地方政府，这在北美大都市区中是较为常见的做法。尽管地方政府是一个公共组织，但当地方政府之间进行一些公共服务的交易时，地方政府的行为实际上和市场上的私人组织并无明显的差异。如文森特·奥斯特罗姆等描述的那样，对于固体垃圾收集、消防服务、警察服务等公共服务，美国地方公共经济要依靠不同的地方政府单位、私人经营者、合作性协会以及志愿性组织等进行复杂的组织间安排。与其他机构合作共同为当地社区居民提供某一特定类型产品和服务的机构，可以被看作是公共服务产业中的公司。一个产业就是一个系统，在这个系统中多个公司互相协作来提供相似类型的产品和服务①。美国地方政府之间的市场交易主要是通过签订政府间协议来实现的。

地方政府通过市场进行合作，使得一些较小的地方政府可以避免在地方公共服务提供上进行投资，而地方公共服务的提供者则可以降低提供公共服务的成本。通过市场交易形成集体行动的缺陷在于：首先，市场机制无法解决区域公共物品的提供问题；其次，公共服务市场很难真正成为一个完全竞争的市场，地方公共服务的提供者和购买者之间容易产生要挟问题；最后，购买地方公共服务降低了地方政府的自主权。

3. 自主治理

尽管奥尔森认为自主组织会产生集体行动的困境，但埃莉诺·奥斯特罗姆却关注到在一些公共池塘资源系统中自主治理的成功，这表明奥尔森理论的局限性。自主治理机制相比另外两种协调机制来说，是一种成本较低的方式。自主治理能够避免科层组织和私有化的缺点，但也存在自身的困难，即组织和机制如何形成和运行。埃莉诺·奥斯特罗姆将其总结为制

---

① 奥斯特罗姆 V，比什，奥斯特罗姆 E. 美国地方政府 [M]. 井敏，陈幽泓，译. 北京：北京大学出版社，2004：128.

度供给、可信承诺和相互监督的难题①。这三个问题如果不能得到有效解决，自主治理就将遇到困难。

第一，制度供给难题。制度是一种公共物品，在提供新制度时可能遇到两个问题。首先，新制度的供给是需要一定成本的，但是新制度一旦得以实施，所有人都将从中获益。其次，不同的人提出的新制度是不同的，每个人都会从自己的角度提出对自己有利的制度安排，不同的新制度之间就会形成冲突。解决的办法可以是像议会讨论议案那样，遵循多数通过的原则，但是这会造成新的矛盾。

第二，可信承诺难题。即使解决了制度供给的难题，也并不意味着治理的问题就得到了解决。制度的有效运作是建立在占用者承诺遵守制度的基础之上的，如果有人违反了制度而没有受到惩罚，那么其他人就会像多米诺骨牌一样，纷纷违反制度。可信承诺必须与监督相联系，如果没有监督的话，就不会有可信的承诺。由于我们考虑的是占有者的自主治理，排除了一个外在的监督者，因此可信承诺就与占用者之间的相互监督联系在一起。

第三，相互监督难题。可信承诺是建立在有效监督的基础之上的。但监督也是一种公共物品，个人监督违反制度的行为，获得的好处将为集体所共同享有，而监督的成本只能由个人承担。这再次遇上了机会主义的行为，每个人都有搭便车的动机，但谁都不愿为此付出成本，除非监督能够为自己带来相应的收益。

上述三个难题也是区域治理机制在实践中遇到的问题。区域治理机制在理论上和实践中遇到的诸多难题，很容易使人们轻易转向通过科层组织来推动地方政府合作。但在现实中，地方政府自主治理存在着不少成功案例，在这些例子中，地方政府有效解决了制度供给、可信承诺和相互监督的难题。对这些案例有必要进行剖析，因此下一节将对国内若干区域治理

---

① 奥斯特罗姆E. 公共事物的治理之道［M］. 余逊达，陈旭东，译. 上海：上海三联书店，2000：87-92.

机制的成功实践进行分析。

区域集体行动理论上也可以通过科层组织、市场机制和自主治理三种方式形成。但是区域集体行动问题大多属于公共领域的事务，难以进行私有化，因而也就无法通过市场机制发挥协调作用。此外，由于区域集体行动的参与者数量有限，即使存在一些交易，也难以通过市场进行。因此，在区域公共事务中，主要是通过区域协同机制和区域治理机制来协调形成区域集体行动。

二、国内外区域治理理论

治理这一概念应用很广泛。除了公司治理之外，还有大量关于城市治理、区域治理、国家治理和全球治理的研究文献，这些文献对治理问题进行了详细的描述，例如罗西瑙就在他的著作《没有政府的治理》中讨论了全球治理这一课题[1]。在西方国家，城市治理、区域治理、全球治理日益受到理论工作者和实际工作者的关注。区域治理可定义为内生于区域的正式或非正式的制度安排，通过这些制度安排，区域主体可以实现区域内部的集体行动，包括设定区域的目标和规则，作出区域公共决策，组织并协调区域的集体活动等。目前，国际上区域治理主流理论是美国大都市区治理理论，而在中国，区域治理理论则主要是围绕地方政府合作理论展开。

（一）美国大都市区治理理论

区域治理的理论是新区域主义。西方区域治理研究的主导范式经历了多次转换，20世纪50年代之前区域主义是主导范式[2]，此后多中心主义成

---

[1] 传统研究国际关系的学者把国际体系视为一种无政府状态，而罗西瑙则认为，尽管无政府是事实，但并不存在无政府状态，没有政府的治理是一种高于民族国家的国际协调方式。
[2] WOOD R C. The new metropolis: green belts, grass roots or gargantua [J]. The American Political Science Review, 1958（1）: 108-422.

为主流理论①，20世纪90年代以来，新区域主义在西方国家兴起，萨维奇和福格尔将其称为"区域管理第三种主导理论"②。相比较区域主义和多中心主义，新区域主义学者主张区域内不同利益主体通过合作治理来实现区域决策。他们认为区域治理将在21世纪不可避免地成为主导范式，同时也是最好的范式③。Axelrod的合作演化理论④以及Ostrom的自主治理理论为合作治理的主张提供了关键的理论支持。

1. 美国大都市区治理问题

在19世纪的工业化过程中，美国城市的发展以集中为主，主要是大城市的市区规模不断扩大。进入20世纪后，由于大城市过度膨胀，环境日益恶化，出现了城市人口向郊区迁移的现象。尤其是"二战"以后，随着美国经济结构向后工业化转变，以及小汽车的普及、高速公路网的形成、居民价值观念的转变、联邦和地方政府住房政策的引导，郊区的发展更加迅猛，不仅城市人口向郊区迁移，经济活动的重心也从城市转向郊区。到1970年，郊区人口达到7560万人，占全国总人口的37.2%，而市区人口和农村人口各占31.4%，郊区人口超过了市区人口⑤。美国郊区的发展使得美国进入逆城市化阶段，并推动了大都市区的发展。

美国大都市区的发展又可分为两个时期。第一个时期为1920—1940年，在此阶段，大都市区的规模和数量普遍增长。1940年大都市区人口占全国总人口的比例达47.6%，即接近全国人口总数的一半。大都市在地域分布上也成为全国性现象，包括城市发展迟缓的南部，至此，美国成为一

---

①OSTROM V, TIEBOUT C M, WARREN R. The organization of government in metropolitan areas: a theoretical inquiry [J]. The American Political Science Review, 1961 (4): 831-842; TIEBOUT C M. A pure theory of local expenditures [J]. The journal of political economy, 1956 (5): 416-424.
②萨维奇，福格尔. 区域主义范式与城市政治 [J]. 公共行政评论, 2009 (3): 51-75.
③SAVITCH H V, VOGEL R K. Introduction: Paths to new regionalism [J]. State and local government review, 2000 (3): 158-168.
④AXELROD R, HAMILTON W D. The evolution of cooperation [J]. Science, 1981 (4489): 1390-1396.
⑤黄勇. 美国大都市区的发展与管理 [J]. 浙江社会科学, 2001 (3): 39-43.

个大都市区化国家。第二个时期为1940—1990年，主要表现为大型大都市区的优先增长。在这段时期，人口在百万以上的大型大都市区人口占美国总人口的比例由25.5%上升到53.4%。至此，美国又成为一个以大型大都市区为主的国家[①]。

大都市区在生态、经济和社会上是一个有机的统一体，许多社会问题的解决都需要中心城市及郊区地方政府密切配合。但是，由于大都市区政治的巴尔干化或"碎片化"，使得这些问题的解决十分棘手[②]。所谓巴尔干化或碎片化，指的是"二战"以后美国大都市区内地方政府的迅速增加，这些地方政府互相重叠，互不隶属，矛盾重重，就像巴尔干半岛上的小国林立一般，因而被称为"巴尔干化现象"。大都市区的巴尔干化导致了郊区服务质量与经济效益低下，地方政府在收入、财政、税率和服务等方面出现不平衡，中心城市的地位和声望受到了削弱，从而影响了中心城市乃至整个大都市区的发展潜力。为了解决这一问题，美国学者围绕大都市区治理问题展开了持续的研究。

2. 区域主义

区域主义理论认为，小型的地方政府非专业化且低效率，大都市区内地方政府辖区的重叠意味着服务的重复和浪费，地方政府机构的重叠使得机构职责不清，公民无法评定官员的政绩，无法控制政府的公共决策。因此，区域主义理论主张通过兼并、合并等结构性改革的方式取消大都市区内众多的地方政府，建立一个统一的大都市政府，使该政府拥有统一治理大都市区的一般权力，从而对大都市区内的各种事务统筹规划，进而增进政府的工作效率和经济效益。另外，由于权力集中，政府职责分明，公民更容易对官员进行监督。20世纪50年代之前，区域主义是大都市区治理理

[①] 王旭. 对美国大都市区化历史地位的再认识 [J]. 历史研究, 2002 (3): 111-119.
[②] 孙群郎. 美国大都市区政治的巴尔干化与政府体制改革 [J]. 史学月刊, 2003 (6): 112-119.

论的主导范式①。

在实践上，19世纪中后期，为了更好地统一规划市政服务和管理，北美一些主要城市求助于成立区域型政府，以解决公共服务问题。1898年，纽约市宣布其周边的4郡20市合并成现在的"大纽约市"，标志着北美历史上第一波区域政府合并达到了高潮。但由于在美国政治思想中根深蒂固的"小政府"传统以及市郊社区和政府强大的经济、政治势力，这样的大规模市郡合并并没有在很多地区推广。1896年，波士顿选民否决了建立一个联合的"大波士顿市"的提议。20世纪初期，区域政府在北美地区的发展日渐衰退。20世纪60—70年代，美国少数城市出现了区域政府，如在田纳西州的纳什维尔、佛罗里达州的杰克逊维尔和印第安纳州的印第安纳波利斯，但总的来说，区域合并式政府在美国没有大范围地流行。

3. 多中心主义

区域主义未能解决大都市区治理的问题，从20世纪50—60年代兴起的多中心学派从理论上对区域主义提出挑战。多中心学派也被视为大都市区治理中的公共选择学派，其中心观点认为，大都市区并不像区域主义者所宣称的那样处于一种紊乱状态，它实际上是一种有序关系的体制，这种体制可称为"多中心体制"。

蒂布特（Tiebout）的论文《一个关于地方支出的纯理论》是多中心学派的理论渊源，论文为多中心主义者提供了基本的假设前提②。蒂布特强调城市居民可以被看作是消费者，他们将选择最符合其偏好的公共物品-税收组合以及相应的社区。当地方政府的数目趋于无限大，且公共物品的形态、数量与税收各不相同，则大都市区公共物品的提供与人口分布能够达到帕累托最优。蒂布特的观点被人们总结为"用脚投票"。

---

① WOOD R C. The new metropolis: green belts, grass roots or gargantua [J]. The American Political Science Review, 1958（1）: 108-122.
② TIEBOUT C M. A pure theory of local expenditures [J]. The journal of political economy, 1956（5）: 416-424.

在上述理论的基础上，蒂布特等人指出大都市区的政治分散化可以理解为一种多中心治理体制，"多中心意味着有许多在形式上相互独立的决策中心……它们在竞争性关系中相互重视对方的存在，相互签订各种各样的合约，并从事合作性的活动，或者利用核心机制来解决冲突，在这一意义上大都市区各种各样的政治管辖单位可以以连续的、可预见的互动行为模式前后一致地运作。"①

多中心主义者对区域主义者进行批驳，认为多中心体制要优于单一的大都市区政府。多中心主义者指出区域主义者的观点中有一个隐含假设，即认为大都市区"异质性、相互交叠的政府单位会产生以下结果，在产出或者服务水平不同单位之间存在巨大的差异，在效率或者成本效益方面不同单位之间存在着巨大的差异，在整个地区某些服务普遍低水平"②。多中心主义者认为区域主义者隐含假定所有公共服务都存在规模经济，实际上不同的公共物品或服务的生产和消费特性各不相同，因此应当由不同的组织来生产和提供才最为有效。某些服务大规模提供要比小规模提供更有效率，有些服务却相反，而另外一些服务其提供规模的大小则无关紧要。

4. 新区域主义

新区域主义产生于20世纪90年代，是相对区域主义而言的一种思潮、理念和解决区域冲突的路径。新区域主义概念是在区域主义概念的基础上形成的。从实践上，新区域主义尝试突破国家干预与市场调节的两难选择，强调组织动员区域内部力量和培育竞争优势，把重点放在区域协作与政治机构的建设上③。

新区域主义是在批判多中心主义的基础上形成的。萨维奇和福格尔总

---

① OSTROM V, TIEBOUT C M, WARREN R. The organization of government in metropolitan areas: a theoretical inquiry [J]. The American Political Science Review, 1961（4）: 831—842.
② 奥斯特罗姆E. 大城市改革的两个传统 [M] //麦金尼斯. 毛寿龙，译. 多中心体制与地方公共经济. 上海: 上海三联书店, 2000: 184.
③ 袁政. 新区域主义及其对我国的启示 [J]. 政治学研究, 2011（2）: 99—107.

结了批评多中心主义的观点,主要有多中心学派漠视财政与城市服务分配方面所缺乏的公正,碎片化的大都市区很难被认为是一个有效率地提供公共服务的安排,公民并没有遵循蒂布特模式的路线行动[①]。

新区域主义者主张缩小中心城市与郊区之间的社会、经济与财政差别。他们喜欢以地方政府间的税收分享来保证各地充足的税基;以郊区的可负担住房来处理工作地点与居住地之间的分离问题;以"精明增长"政策阻止联邦、州和地方政府对服务增长的资源投入——正是这些新的增长刺激了郊区的蔓延,并将增长的方向引回中心城市。新区域主义者呼吁给地方政府更多的资源和自治权限来处理它们的问题,并以此来构建政府间关系,以达到新区域主义的目标[②]。新区域主义者主张较少关注结构性的改革,而致力于促进治理的安排,比如合约、联邦与合作协议[③]。

(二)中国地方政府合作理论

中国的区域治理问题在改革开放后逐渐凸显。在计划经济体制下,地方政府间经济关系主要是通过上级政府的指令性计划进行协调,彼此之间联系和矛盾并不是很突出。在社会主义市场经济体制逐步形成的过程中,地方政府获得了较大的经济自主权,地方经济的利益冲突使得地方政府之间的矛盾越来越显著,在很大程度上阻碍了区域经济一体化的发展。为此,政府和学术界大力呼吁地方政府间开展合作,优化区域治理格局。

1. 中国地方政府间关系的发展

中国地方政府间关系的发展可以分为两个阶段。

第一个阶段是20世纪90年代中期以前。在此阶段,地方政府间关系的主要问题是地方保护主义。随着市场经济改革的不断发展,地方政府直接投资形成了地方上的国有企业。计划体制下长久压抑的消费品需求和大量

---

①萨维奇,福格尔. 区域主义范式与城市政治[J]. 公共行政评论,2009(3):51—75.
②SAVITCH H V, VOGEL R K. Paths to the new regionalism [J]. State and local government review,2000(3):158-168.
③SAVITCH H V, VOGEL R K. Metropolitan consolidation versus metropolitan governance in louisville [J]. State and local government review,2000(3):198-212.

廉价劳动力使这些地方所有的企业实现了快速增长。为了规避竞争，地方政府有很强的动力去采取各种手段保护本地企业的发展，防止本地企业因和外地企业竞争而受损。在这一时期，地方政府往往有意识地对外地商品实施各种保护主义措施来封闭地方市场，有时甚至故意不连接地区间的交通运输线路。结果是20世纪90年代初期之前存在大量地区间产业重构、价格趋异及较严重的地区间贸易壁垒。此阶段的地区竞争在很大程度上是以地区保护主义形式存在的，后期争夺资本和劳动力等流动性生产要素并非地区竞争的核心内容。

第二个阶段是20世纪90年代中期以后。在此阶段，地方政府围绕招商引资的竞争逐步激化。20世纪90年代中期以后，地方国有企业的盈利能力显著下降，地方政府被迫进行国有企业改革，抓大放小成为国有企业改革的典型特征。1994年进行的分税制改革，显著地向上集中了财政收入，地方政府不得不全力增加本地区的财源。为此，地方政府逐渐开始通过招商引资来增加本地区的财源，同时开拓以土地出让、各种行政事业性收费为主体的新预算外收入来源。各地制定的招商引资政策中几乎毫无例外地设置了用地优惠政策，包括以低价协议出让工业用地，按投资额度返还部分出让金等。

2. 晋升博弈与地方政府合作困境

地方政府官员积极开展地区竞争的原因是官员的晋升与否与地方经济发展情况的好坏密切联系，地方政府竞争的关键特征是晋升博弈。晋升博弈作为一种行政治理的模式，是指上级政府针对多个下级政府部门的行政长官设计的一种晋升竞赛，竞赛优胜者将获得晋升，而竞赛标准由上级政府决定，它可以是GDP增长率，也可以是其他可度量的指标[1]。

周黎安认为，晋升博弈的最大收益是在地方政府之间引入了竞争机制，这种竞争随着各种生产要素（尤其是资本和人力资本）的流动性日益

---

[1] 周黎安. 中国地方官员的晋升锦标赛模式研究[J]. 经济研究, 2007（7）: 36—50.

增大而加剧。地方政府间激烈的行政竞争推动了地区间的经济竞争，彻底改变了地方政府部门对重要生产要素（如资本）的态度。晋升博弈作为一种地方政府官员的治理机制提供了中国特色的产权保护和其他有助于企业发展的政府服务，它主要不是通过司法的彻底改革实现的，而是通过改变对地方政府官员的激励模式实现的。从这种意义上说，晋升博弈是对正式的产权保护和司法制度的一种局部替代。

晋升博弈作为地方治理机制优点突出，很多学者认为晋升博弈是改革开放后中国经济快速增长的关键原因之一。但晋升博弈也产生了很多的负面影响，其中之一是阻碍了地方政府合作和区域治理的发展。周黎安在一篇重要论文中论证了晋升博弈对地方政府合作的影响[1]。其关键点如下。

（1）地方政府官员能否得到晋升取决于辖区相对经济绩效的高低。因此，地方政府不仅要考虑所在辖区的经济增长，还要考虑自身行为对相邻辖区经济的影响。地方政府应避免那些将引起辖区之间相对经济地位变化的行为。

（2）地方政府行为的影响会外溢到其他辖区。因此，合作行为对一个地方政府经济绩效的影响不仅取决于自身，还取决于其他地方政府的行为。

其构建的模型表明，在晋升博弈框架下，地方政府将选择非合作行为。从矩阵结果看，采取合作行为对两个地方政府都是有利的。但是，即使两个地方政府都知道矩阵结果，也不会采取合作行为，因为非合作行为不会改变双方的排序，而合作行为将会影响到双方的排序。在晋升博弈框架下，地方政府的非合作均衡是稳定的，并将长期保持。

孙兵对周黎安的结论进行了补充，指出当出现两个地方政府框架扩展到多个地方政府的情形时，一旦有地方政府采取合作行为，将会提升采取合作行为的地方政府的位次，其他地方政府为了提升或保住位次，会参与

---

[1] 周黎安. 晋升博弈中政府官员的激励与合作：兼论我国地方保护主义和重复建设问题长期存在的原因 [J]. 经济研究，2004（6）：33-40.

地方政府合作，即合作行为会激励更多的地方政府参与合作。这表明地方政府的非合作均衡是不稳定的①。

3. 地方政府合作理论

随着中国地方政府合作问题的发展，学者们在这一主题下已经积累了一定数量的研究文献。对这些文献进行梳理，大致可以分为四种类型。

第一类文献是关于地方政府为什么难以达成合作的研究。例如，前面指出的周黎安建立的地方政府官员晋升博弈模型的基本特征是一个官员的晋升会直接降低另一个官员的晋升机会，这使得地方政府之间的合作空间变得非常狭小，而竞争空间变得非常巨大。吴光芸等认为是观念障碍、体制障碍和制度障碍导致了地方政府合作的困境②。

第二类文献是关于地方政府合作案例的研究。如刘习平等对武汉城市圈的地方政府合作进行分析，并提出了发展的路径选择③。

第三类文献是关于如何促进地方政府合作的对策研究。如陈瑞莲从治理理念的转变、治理机制的创新、制度基础的建构、区域政策的创新等几个方面探讨区域公共管理制度的创新④。杨爱平提出高层政府应该通过指导和协调，构建涵盖地方政府间利益分配、利益协调、利益补偿、利益让渡的平行激励机制，从而使地方政府实现制度化合作⑤。

第四类文献是关于地方政府合作发展情况的研究。例如，杨龙等指出随着区域发展战略的调整，区域发展打破行政区划的障碍，导致区域内可

---

①孙兵．晋升博弈背景下中国地方政府合作发展研究［J］．南开学报（哲学社会科学版），2013（2）：23-30．
②吴光芸，李建华．跨区域公共事务治理中的地方政府合作研究［J］．云南行政学院学报，2011（5）：96-98．
③刘习平，杨伟．武汉城市圈地方政府合作：现状、困境与路径选择［J］．城市，2009（12）：40-44．
④陈瑞莲．论区域公共管理的制度创新［J］．中山大学学报（社会科学版），2005（5）：61-67．
⑤杨爱平．从垂直激励到平行激励：地方政府合作的利益激励机制创新［J］．学术研究，2011（5）：47-53．

能形成具有实权的跨地方政府边界的行政协调机构①。杨龙等还对各类地方政府合作的空间分布特征进行了探讨，指出我国地方政府合作的空间分布呈现五大特点②。柳建文也对地方政府合作的兴起进行了梳理③。

第一类文献为地方政府合作展示了一个悲观的理论前景。由于晋升博弈的存在，地方保护主义的倾向导致地方政府合作陷入了囚徒困境，即地方政府合作能够实现共赢，而地方政府的自利行为却导致了一个多输的结果。但后三类文献则表明可以采取一些措施促进地方政府形成合作关系，特别是第四类文献展示了在实践中中国地方政府合作的进展。

三、中国关于区域治理的政策

中国关于区域治理的政策随着区域经济一体化和城市群的发展逐步形成。从"十一五"规划开始，中国放弃了"严格控制大城市规模、合理发展中等城市、积极发展小城市"的方针，提出"把城市群作为推进城镇化的主体形态，逐步形成以沿海及京广京哈线为纵轴，长江及陇海线为横轴，若干城市群为主体，其他城市和小城镇点状分布，永久耕地和生态功能区相间隔，高效协调可持续的城镇化空间格局"。

党的十七大报告提出，要遵循市场经济规律，突破行政区划界限，形成若干带动力强、联系紧密的经济圈和经济带。党的十九大报告提出，要建立更加有效的区域协调发展新机制。以城市群为主体构建大中小城市和小城镇协调发展的城镇格局，加快农业转移人口市民化。以疏解北京非首都功能为"牛鼻子"推动京津冀协同发展，高起点规划、高标准建设雄安新区。

---

① 杨龙，胡慧旋. 中国区域发展战略的调整及对府际关系的影响[J]. 南开学报（哲学社会科学版），2012（2）：35-47.
② 杨龙，刘海媛. 国内区域合作的空间分布特征初探[J]. 学习与探索，2010（6）：64-68.
③ 柳建文. 中国地方合作的兴起及演化[J]. 南开学报（哲学社会科学版），2012（2）：58-68.

"十三五"规划提出，要"建立健全城市群发展协调机制，推动跨区域城市间产业分工、基础设施、生态保护、环境治理等协调联动，实现城市群一体化高效发展"。《国家新型城镇化规划（2014—2020年）》提出要"建立城市群发展协调机制""建立完善跨区域城市发展协调机制。以城市群为主要平台，推动跨区域城市间产业分工、基础设施、环境治理等协调联动。重点探索建立城市群管理协调模式，创新城市群要素市场管理机制，破除行政壁垒和垄断，促进生产要素自由流动和优化配置。建立城市群成本共担和利益共享机制，加快城市公共交通'一卡通'服务平台建设，推进跨区域互联互通，促进基础设施和公共服务设施共建共享，促进创新资源高效配置和开放共享，推动区域环境联防联控联治，实现城市群一体化发展"。

中国关于区域治理的政策还体现在对具体的区域发展规划要求中，如长三角和珠三角的区域规划。

《国务院关于长江三角洲地区区域规划的批复》（国函〔2010〕38号）指出，要充分发挥长江三角洲地区区域合作协调机制的作用，建立健全泛长江三角洲地区合作机制，协调解决规划实施过程中遇到的重大问题。要进一步加强与其他地区的紧密合作，促进生产要素跨地区自由流动，实现人口和产业有序转移。2016年通过的《长江三角洲城市群发展规划》指出，要健全长三角三省一市政府层面的"三级运作"机制，强化议事决策功能，充分发挥长三角地区合作与发展联席会议的组织协调功能。

《珠江三角洲地区改革发展规划纲要（2008—2020年）》提出，要加强与港澳协调沟通，推动经济和社会发展的合作。支持粤港澳三地在中央有关部门指导下，扩大就合作事宜进行自主协商的范围。鼓励在协商一致的前提下，与港澳共同编制区域合作规划。完善粤港、粤澳行政首长联席会议机制，增强联席会议推动合作的实际效用。坚持市场为主、政府引导的原则，进一步发挥企业和社会组织的作用，鼓励学术界、工商界建立多形式的交流合作机制。将泛珠江三角洲区域合作纳入全国区域协调发展总体战略，继续深化合作，促进东中西部地区优势互补、良性互动、协调发展。加强指导协调，不断完善合作机制和合作规划，创新合作模式，探索设立合作项目专责小组等方式，确保合作取得实效。促进资金、技术、人才、信息、资源等要素的便捷流动，推进产业区域合作。

  总体来看，随着区域经济一体化的逐步深化，国家对区域治理机制在区域一体化进程中的作用日益重视，在相关的规划和政策文本中都对区域治理机制进行了论述。但是，关于区域治理机制的具体内容，包括机构设置、与地方政府的关系、运行方式、非政府主体参与等关键问题，国家并没有具体的法律法规加以界定，这方面仍然处于探索阶段。

第二节　中国区域治理机制案例

本节以若干区域治理机制案例来描述中国区域治理机制的现状,包括长三角地区、珠三角地区和晋陕豫黄河金三角地区。长三角、珠三角是中国最重要的经济区域,区域治理机制对区域经济一体化发展有重要作用。晋陕豫黄河金三角是数省交界地带区域治理的成功案例,晋陕豫黄河金三角区域合作上升为国家战略具有典型意义。

一、长三角区域治理机制

(一) 长三角的空间范围

关于长三角具体涵盖的范围有多种看法,进而形成了不同层次的长三角概念。第一种观点认为长三角的范围和江南文化亚区的范围大体相当,其核心区是环太湖区域,包括上海、苏南和浙北,这一观点所说的长三角被称为"小长三角";第二种观点认为长三角指的是上海市、江苏省和浙江省这两省一市,这一观点所说的长三角被称为"大长三角";第三种观点认为长三角除了上海市、江苏省和浙江省这两省一市外,还包括了安徽省、江西省的部分地区,这一观点形成了所谓的"泛长三角"概念。

国务院在《关于进一步推进长江三角洲地区改革开放和经济社会发展的指导意见》(国发〔2008〕30号)中确定长江三角洲地区包括上海市、江苏省和浙江省。2010年发布的《长江三角洲地区区域规划》确定长三角的规划范围包括上海市、江苏省和浙江省,区域面积21.07万平方公里。规划以上海市和江苏省的南京、苏州、无锡、常州、镇江、扬州、泰州、南通,浙江省的杭州、宁波、湖州、嘉兴、绍兴、舟山、台州等16个城市为核心区,统筹两省一市发展,辐射泛长三角地区。2016年通过的《长江三角洲城市群发展规划》确定长三角规划范围包括上海市,江苏省的南京、无锡、常州、苏州、南通、盐城、扬州、镇江、泰州,浙江省的杭州、宁波、嘉兴、湖州、绍兴、金华、舟山、台州,安徽省的合肥、芜湖、马鞍山、铜陵、安庆、滁州、池州、宣城等26市。

长三角区位条件优越,是我国发展基础最好、体制环境最优、整体竞争力最强的地区之一,在我国经济发展全局中具有重要的战略地位和带动作用。改革开放以来,特别是上海浦东开发开放以来,长三角地区经济社会发展取得巨大成就,显著高于全国平均水平。

长三角内部发展也存在着一定的差异。在人口和经济总量上,江苏明显高于浙江和上海,但是浙江的财政收入高于江苏,在人均GDP上,上海高于江苏和浙江。在三次产业结构上,上海以第三产业为主,而江苏和浙江的第二产业占比很高,而且还有一定比例的第一产业。如果把安徽考虑在内,差异就更为显著。

(二)长三角地区区域治理机制的发展

随着长三角城市化的发展,区域经济一体化的程度逐渐提高,对区域治理提出了越来越高的要求,长三角区域治理机制也随之不断发展。

1. 上海经济区

早在改革开放初期阶段,长三角就开始进行地方政府合作的探索。1982年12月,国务院发布《关于成立上海经济区和山西能源基地规划办公室的通知》,决定成立上海经济区规划办公室,促进区内政府间合作。上海经济区规划办公室由国家部委及沪苏浙的负责同志组成。上海经济区最早的成员包括上海以及江苏、浙江的10个地级市,第二年上海经济区扩展到整个两省一市,接下来的三年中,安徽、江西和福建分别被纳入上海经济区。由于当时的区域经济辐射范围并没有这么大,上海经济区失去了其存在的价值。1987年,上海经济区规划办公室被撤销,长三角第一次区域治理的实践宣告结束。

2. 长三角经协(委)办主任联席会议

随着浦东新区的开发开放和长三角区域经济的快速发展,长三角的很多城市对区域治理的需求不断提升。在此背景下，为了促进区域经济协调发展，1992年建立了长三角经协（委）办主任联席会议制度，上海、南京、苏州、杭州、嘉兴、湖州、宁波等14个城市参与。上海作为直辖市，无可争议地成为常务主席方。

长三角经协（委）办主任联席会议每年召开一次，但是实质性的合作推动却收效甚微，其根本原因在于各个参与合作的主体是经协（委）办，这导致协调组织的权限过小、难以推动合作项目真正落到实处。为此，参与合作的各个城市认为，必须要把经协（委）办主任联席会议的级别提高，才能推动合作向前发展。1996年，长三角经协（委）办主任联席会议在上海召开，会议决定主任联席会议应升格为市长联席会议，这一决定得到了参与合作城市的支持。

3. 长三角城市经济协调会

1997年，长江三角洲城市经济协调会召开第一次市长联席会议。由于1996年扬州市进行行政区划调整，原扬州市重新划分为新的扬州市和泰州市，因此泰州市也作为成员参与协调会，长三角城市经济协调会成员达到15个。会议制定了《长三角城市经济协调会章程》，每两年召开一次会议。协调会设常任主席方和执行主席方，常任主席方由龙头城市上海担任，执行主席方由各城市按城市排名轮流担任，常设联络处设在上海市政府合作交流办。2003年，浙江台州成为第16个成员城市。

2004年，长三角城市经济协调会第五次会议决定把常设联络处调整为长三角城市经济协调会办公室。原来的常设联络处由上海合作办兼任，只负责搜集信息，进行一些日常联系，不能独立议事或决策。新设的办公室作为政府的常设机构，办公室主任由上海市政府合作交流办副主任担任，副主任3名，分别由南京、杭州和宁波市政府协作办主任担任。

根据本次会议修改后的章程，办公室每年举行三到四次工作会议，从运作机制上保证区域合作各项工作能够正常进行。办公室的职能具体为：负责长三角协调会日常工作，包括与成员城市的联络，组织实施、协调有关工作；督促、推进专题工作；负责提出长三角城市经济协调会组织机构调整方案和成员发展工作建议；组织召开工作会议，组织实施年度工作计划；等等。

随着长三角合作机制的逐步形成，关于长三角的概念和长三角的范围引起了人们的关注。其中，国家发展改革委与建设部的意见也不一致，国家发展改革委制定的长三角"十一五"规划包括16个城市，建设部牵头制定的长三角城镇体系建设规划中纳入长三角城镇群规划的城市达23个。很多城市如合肥、马鞍山、滁州、芜湖、金华、衢州、盐城、淮安、徐州和连云港等早就向长三角城市经济协调会提出了入会申请。

长三角城市经济协调会曾委托复旦大学制定了《长江三角洲城市经济协调会城市入会规程（建议稿）》，确定了入会的标准。其中一些条件包括：人口密度不低于500人/公里^2，城市化水平不低于20%，GDP相对上海比值不低于5%，人均GDP相对上海比值不低于20%，经济联系强度系数不低于10，等等。该规程建议长三角城市群的地域范围以上海为中心，以300公里为半径划定一个扇形区域。在此基础上，再向沿海南北和向西沿江3个方向延伸，延伸至距离上海半径400公里的范围内。

按照上述条件，长三角城市经济协调会减慢了扩容的速度。但是2010年后，长三角城市经济协调会扩容突然提速。2010年，在浙江嘉兴召开的长三角城市经济协调会第十次市长联席会议宣布，协调会成员由此前的16个增至22个，吸收了盐城、淮安、金华、衢州等4个苏浙城市和合肥、马鞍山2个安徽城市加入长三角城市经济协调会。2013年，长三角城市经济协调会第十三次市长联席会议召开，正式吸收芜湖、滁州、淮南、丽水、温州、徐州、宿迁、连云港等8个城市成为长三角城市经济协调会成员。2018年，长三角城市经济协调会第十八次市长联席会议在衢州举行，会议审议通过了关于吸纳铜陵、安庆、池州、宣城加入长三角城市经济协调会的提案。经过4次扩容，长三角城市经济协调会成员达到34个。

4. 沪苏浙皖经济合作与发展座谈会制度

为了提升区域治理的权威性，从2001年开始，沪苏浙三地每年举行一次常务副省（市）长级别的经济合作与发展座谈会，形成沪苏浙三地领导及相关部门负责人定期座谈的合作机制。2001年通过的《沪苏浙经济合作与发展座谈会制度》明确规定，座谈会每年召开一次，按浙江、江苏、上海的顺序轮流承办。会议主要议程包括报告一年来区域合作情况、协商下一年度经济合作的工作重点、研究推动区域经济合作的重要措施等。

2004年，座谈会的级别进一步提高，形成沪苏浙三地的党政一把手定期会晤制度，参加会晤的领导人分别是上海市委书记（政治局委员）和市长（中央委员）以及苏浙两省的省委书记和省长（中央委员），即所谓的"六巨头"。2008年，座谈会首次邀请安徽参加。从此，三省一市轮流举办这一高级别会议，并形成机制。

长三角的区域治理形成三个层次。决策层即长三角地区主要领导座谈会，沪苏浙皖三省一市省（市）委书记、省（市）长出席，三省一市常务副省（市）长、党委和政府秘书长、党委和政府研究室主任、发展改革委主任和副主任列席。协调层即由沪苏浙皖三省一市常务副省（市）长参加的长三角地区合作与发展联席会议。执行层包括联席会议办公室和重点合作专题组。沪苏浙皖三省一市分别在发展改革委（或合作交流办）设立联席会议办公室，分管副主任兼联席办主任。

5. 区域发展规划

长三角区域治理在此阶段上升为国家战略。2007年5月，温家宝同志在上海专门主持召开了长三角地区经济社会发展座谈会。2008年9月，正式出台了《国务院关于进一步推进长江三角洲地区改革开放和经济社会发展的指导意见》。意见指出，要由国家发展和改革委员会牵头，抓紧编制《长江三角洲地区区域规划》。

2010年，国务院批准了《长江三角洲地区区域规划》，规划期为2009—2015年。规划指出，要发挥上海的龙头作用，全面加快现代化、一体化进程,将长三角城市群建设成为我国最具活力和国际竞争力的世界级城市群。两省一市人民政府要充分发挥长三角区域合作协调机制的作用,加强联系互动,推动规划实施。至此,长三角区域合作进入了新的历史阶段。

2016年,国务院批准《长江三角洲城市群发展规划》,规划期为2016—2020年,承接《长江三角洲地区区域规划》。规划强调指出,要健全长三角三省一市政府层面的"三级运作"机制,强化议事决策功能,充分发挥长三角地区合作与发展联席会议的组织协调功能。这意味着长三角区域治理机制得到了中央政府的认可。

二、珠三角区域治理机制

(一)珠三角的空间范围

改革开放以来,珠三角充分发挥改革试验田的作用,率先在全国推行以市场为取向的改革,成为全国市场化程度最高、市场体系最完备、外向度最高的地区之一,是我国对外开放的重要窗口。珠三角这一概念包括小珠三角、大珠三角和泛珠三角三个层次。

小珠三角又叫"南粤",是西江、北江共同冲积而成的大三角洲与东江冲积而成的小三角洲的总称。1994年设珠江三角洲经济区,由广州、深圳、佛山、南海、顺德等十几个城市组成。为了解决区域协同发展问题,1995年广东省制定《珠江三角洲经济区城市群规划》,促进了区域经济的整体发展,迅速缩小了珠三角经济区与港澳地区的经济落差。

大珠三角指的是粤港澳。这三个地区同属岭南文化圈,人缘、亲缘密切,经济交往频繁。在中央政府的重视和支持下,1998年广东与香港建立了粤港合作联席会议制度,2003年广东与澳门建立了粤澳合作联席会议制度(取代了2001年建立的粤澳高层会晤制度),促进了大珠三角的地方政府合作。

除了小珠三角、大珠三角之外,还有泛珠三角。泛珠三角包括珠江流域中地域相邻、经贸关系密切的福建、江西、广西、海南、湖南、四川、云南、贵州和广东9省（区），以及香港、澳门2个特别行政区，简称"9+2"。

泛珠三角的区域发展存在着明显的差异。按照人均GDP划分，泛珠三角地区可以划分为三个层次：第一层次是香港和澳门，经济发展水平最高；第二层次是广东和福建，经济发展水平位于中间位置，但经济总量高于香港和澳门；其他省（区）是第三层次。在产业结构方面，香港和澳门已经步入后工业化社会，几乎没有第一产业，广东正在由工业化后期向后工业化过渡，而很多省份发展水平还比较低。

（二）珠三角区域治理的发展

珠三角有三个层次的内涵，相应地，珠三角的区域治理也有三个不同的层次。

1. 珠三角区域规划

珠三角的城镇发展各具特色，但受行政区划和管理体制的制约，区域内城镇同构竞争、重复建设的不协调现象较为普遍。为了促进区域协调发展，推进区域经济一体化发展进程，1994年广东省设立了珠江三角洲经济区，并于1995年制定《珠江三角洲经济区城市群规划》。2003年，广东省又制定了《珠江三角洲城镇群协调发展规划（2004—2020年）》，确定珠江三角洲经济区包括广州、深圳、珠海、佛山、江门、东莞、中山、惠州市区、惠东县、博罗县、肇庆市区、高要市、四会市。

为了促进规划的实施，广东省成立了珠江三角洲经济区现代化建设协调领导小组，由广东省人大制定并颁布实施《珠江三角洲城镇群规划条例》，确立《珠江三角洲城镇群协调发展规划》的综合统筹地位。为了推动具体工作，设立了珠江三角洲城镇群规划管理办公室，办公室为常设机构，设在省建设厅，其职能包括：组织定期修编《珠江三角洲城镇群协调发展规划》，参与区域内专项规划的审议与审批，会同省发展改革委进行珠江三角洲区域性重大建设项目的选址审批，会同地方政府协调划定各类空间管治地区，执行省政府确定的空间管治政令，等等。

《珠江三角洲地区改革发展规划纲要（2008—2020年）》经国务院批准实施，确定的珠江三角洲规划范围是：以广东省的广州、深圳、珠海、佛山、江门、东莞、中山、惠州和肇庆市为主体，辐射泛珠江三角洲区域，并将与港澳更紧密合作的相关内容纳入规划，使粤港澳合作上升为国家战略。规划指出，支持粤港澳三地在中央有关部门指导下，扩大就合作事宜进行自主协商的范围。鼓励在协商一致的前提下，与港澳共同编制区域合作规划。完善粤港、粤澳行政首长联席会议机制，增强联席会议推动合作的实际效用。

为实施《珠江三角洲地区改革发展规划纲要（2008—2020年）》，广东省组建了实施珠三角改革发展规划纲要领导小组。省长是领导小组组长，各厅局、各市领导是小组成员。领导小组办公室设在省政府办公厅，发挥统筹作用，办公室主任由省政府秘书长兼任。

2. 粤港合作和粤澳合作

改革开放之初，广东和香港、澳门就形成了民间"前店后厂"式的合作，但随着广东经济的崛起，粤港澳的竞争态势愈演愈烈，地方政府间事宜日益增多。

（1）粤港合作。1997年香港回归后，董建华在施政报告中提出要建立粤港合作联席会议的想法。1998年3月北京"两会"期间，董建华与时任广东省省长卢瑞华商定，每半年举行一次联席会议，两地轮流"坐庄"。在中央政府的重视和支持下，1998年广东与香港举行了第一次粤港合作联席会议。但在2002年前，联席会议实质进展不大，会议通常由广东省副省长和香港特别行政区政务司司长主持。

2003年，中央政府和香港签署《内地与香港关于建立更紧密经贸关系的安排》（CEPA）后，粤港合作迈上了一个新台阶。2008年底，国务院批准实施《珠江三角洲地区改革发展规划纲要（2008—2020年）》，提出"将与港澳紧密合作的相关内容调入规划"，把粤港合作上升为国家战略。2009年8月,广东出台了《中共广东省委 广东省人民政府关于推进与港澳更紧密合作的决定》,从八个方面提出具体措施。

在此背景下,粤港双方于2010年签署了《粤港合作框架协议》。协议提出粤港合作的宗旨是携手打造亚太地区最具活力和国际竞争力的城市群,率先形成最具发展空间和增长潜力的世界级新经济区域。粤港合作机制包括:粤港高层适时举行会晤,达成战略性共识;根据需要组建或重组粤港合作有关专责小组;设立粤港合作联络办公室,粤方设在广东省人民政府港澳事务办公室,港方设在香港特别行政区政府政制及内地事务局;扩充粤港发展策略研究小组的咨询职能,举办合作发展论坛;支持行业合作。粤港合作联席会议每年根据《粤港合作框架协议》确定当年的合作重点工作,粤港合作并对上一年合作重点工作的完成情况加以回顾。

(2)粤澳合作。1999年澳门回归后,就建立了粤澳高层会晤机制,并设立粤澳合作联络小组作为常设机构。2001年,粤澳合作联络小组在澳门召开首次会议,决定下设经贸、旅游、基建交通和环保合作四个专责小组以及多个专项小组。2003年,粤澳合作联席会议制度取代了过去的粤澳高层会晤制度,粤澳合作联席会议下设联络办公室作为常设机构,同时粤澳双方可根据需要设立若干项目专责小组。粤澳合作推动了珠澳跨境工业区、港珠澳大桥、横琴岛开发等重大项目的实施。

2011年,粤澳双方签署了《粤澳合作框架协议》,协议提出合作定位为建设世界著名旅游休闲目的地、打造粤澳产业升级发展新平台、探索粤港澳合作新模式示范区、拓展澳门经济适度多元发展新空间。此外,《粤澳合作框架协议》建立了和《粤港合作框架协议》类似的合作机制。

中央政府高度重视粤港澳区域合作。党的十九大报告指出,"香港、澳门发展同内地发展紧密相连。要支持香港、澳门融入国家发展大局,以粤港澳大湾区建设、粤港澳合作、泛珠三角区域合作等为重点,全面推进内地同香港、澳门互利合作"。

3. 泛珠三角区域合作

随着泛珠三角区域经济联系日益紧密，特别是2003年CEPA签订后，泛珠三角内的其他地方政府合作意愿开始加强。在中央政府的推动下，2004年泛珠三角的地方政府在广州签署了《泛珠三角区域合作框架协议》。泛珠三角区域合作机制的主要内容如下。

（1）泛珠三角区域合作的两大平台。泛珠三角区域合作有两大平台：一是泛珠三角区域合作与发展论坛，二是泛珠三角经贸合作洽谈会。论坛和洽谈会由九省（区）政府共同主办，国家发展和改革委员会、商务部、国务院港澳事务办公室、国务院发展研究中心担任论坛指导单位。论坛和洽谈会每年举办一次，按照"共同主办，轮流承办"的原则由"9+2"政府轮流承办。

（2）行政首长联席会议制度。联席会议成员由政府行政首长组成。联席会议设执行主席，执行主席由承办当届联席会议年会的成员方行政首长担任。各成员方负责区域合作工作的政府秘书长和日常工作办公室主任列席联席会议。联席会议是泛珠三角区域合作的最高决策机构，下设秘书处，作为联席会议的工作机构。秘书处设在广东省。联席会议开会期间的会务费用由承办方负责。

（3）政府秘书长协调制度。由各省政府秘书长或副秘书长、香港及澳门特别行政区政府相应官员组成。政府秘书长协调制度的主要职责包括：协调推进区域合作事项的进展，组织有关各方联合编制推进合作发展的专题计划，研究向年度行政首长联席会议提交区域合作进展情况报告和建议，研究提出行政首长联席会议讨论决定的重大问题，研究提出下届行政首长联席会议的承办方建议，议定论坛和洽谈会的举办规模和形式。

（4）日常工作办公室工作制度。九省（区）的日常工作办公室设在发展改革委（厅），香港、澳门特别行政区政府确定相应的部门负责。日常工作办公室工作会议由当届日常工作办公室主任召集或发展改革委主任联席会议常任主席召集，不定期举行推进泛珠三角区域合作日常工作办公室会议,同时召开发展改革委主任联席会议。遇特别事项,经协商可召开临时会议。

(5)行政首长联席会议秘书处工作制度。秘书处设秘书长1名。常务副秘书长2名,其中1名负责秘书处日常工作,另1名由承办当届论坛和洽谈会的政府委派。副秘书长若干名,其中九省(区)由分管秘书长担任,香港、澳门特别行政区由特别行政区政府委派相应的官员担任。秘书长和副秘书长由各成员方推荐协商确定。

秘书处的主要职责包括:执行行政首长联席会议的决定和交办事项,负责秘书长协调制度的运作和相关事项的落实,筹备行政首长联席会议,等等。秘书处设在广东省,由广东省安排相应的机构、编制并配备人员,各省(区)及港澳方指派1名日常工作办公室主管人员担任联络员,联系秘书处的工作。秘书处工作经费由广东省承担。

(6)部门衔接落实制度。部门衔接落实制度的主要职责是:负责对行政首长联席会议决定的与本部门有关的事宜制定互相衔接的具体工作方案、合作协议、专题计划,组织本部门编制推进合作发展的专题规划,制定本部门参与区域合作的工作方案,不定期召开合作区域内对口部门衔接协调会议,衔接落实有关合作事宜。

2016年,《国务院关于深化泛珠三角区域合作的指导意见》(国发〔2016〕18号)发布,这标志着泛珠三角区域合作上升为国家战略。相应地,区域治理机制也进行了提升,主要表现为中央政府在区域治理中起重要作用。

首先,国务院加强统筹协调指导。国家发展改革委会同国务院港澳办等有关部门要加强沟通协调,帮助解决泛珠三角区域合作发展中遇到的困难和问题,创造合作发展的良好政策环境。

其次,充分发挥行政首长联席会议制度的作用,加强对区域重大合作事项的决策、推动和协调,以及与国务院有关部门的沟通衔接,统筹"9+2"各方按照该意见精神抓好贯彻落实。将泛珠三角区域合作与发展论坛打造成为促进泛珠三角区域合作的重要智库。

最后,建立合作资金保障机制。支持地方设立泛珠三角区域合作发展基金,支持泛珠三角区域重大合作项目建设,鼓励支持金融机构和社会资本共同出资并参与基金的运营和管理。

三、晋陕豫黄河金三角区域治理机制

(一)晋陕豫黄河金三角的基本情况

晋陕豫黄河金三角位于我国中西部结合带,晋陕豫黄河金三角由陕西省渭南市,河南省三门峡市和山西省运城市、临汾市共同构成,这四个城市分别位于陕西省东部、河南省西北部、山西省西南部。除了地域上的接近性,这四个城市还有一个共同特点,那就是都位于所在省份的边缘地带,经济发展水平总体不高。在实施西部大开发和中部崛起战略的大背景下,位于中西部结合带的晋陕豫黄河金三角地区有被边缘化之虞,区域一体化发展诉求日益强烈。

晋陕豫黄河金三角是中华民族重要发祥地之一,老百姓的民间往来非常频繁。新中国成立前有山陕会馆,共同为山西和陕西商人服务。运城和临汾历史上属晋南专区。晋陕豫黄河金三角地域相连、条件相近、经济相融、人缘相亲,具备实现紧密区域协作的有利条件。经过20多年的区域协调发展,晋陕豫黄河金三角在区域规划共编、建立合作机制、基础设施共建、产业合作等方面取得了具体和显著的成绩。

(二)晋陕豫黄河金三角区域治理的发展

长期以来,晋陕豫黄河金三角各地区就具有密切的经济往来。但是,区域经济一体化的发展遇到了众多的困难。第一是行政区划的限制。区域合作项目的规划要涉及几个市,通过省里的审批更为困难,导致很多合作项目无法推进。第二是政策上的差异。渭南属陕西省,是西部地区,其他几个市是中部地区,政策有很大的差异,对项目合作和审批产生影响。第三是合作缺乏约束力。尽管四市领导协商得很好，但也存在矛盾，在具体事项上存在利益冲突。以三门峡水库为例，三门峡水库蓄水会导致渭河水位上升，但不蓄水又会影响水库发电。第四是地方政府制定政策的权力很小，政策主要由中央和省里制定。这是合作遇到的最大困难。

在此背景下，晋陕豫黄河金三角很早就进行了地方政府合作的尝试。总体来看，晋陕豫黄河金三角的地方政府合作可以分为两个阶段。

1. 早期松散的合作

早在1986年，地理相邻却分属三个省的运城市、渭南市和三门峡市就成立了晋陕豫黄河金三角经济协作区。但是，1986—2006年期间实质上是松散的、互助性的合作，仅就一些项目进行合作。

2. 紧密合作申报区域协调发展综合试验区

从2006年开始，三市决定提升晋陕豫黄河金三角的合作水平，组建晋陕豫黄河金三角经济协作区。同年，与运城市相邻的临汾市加入合作组织。在中央政府提出区域发展战略的背景下，晋陕豫黄河金三角希望把区域合作上升到国家战略。

2008年4月，四市政府共同争取成立晋陕豫黄河金三角区域协调发展综合试验区，目标是向国家发展改革委申请成立国家级试验区。7月，四市联合向国家发展改革委递交了《关于将晋陕豫黄河金三角设立为国家区域协调发展综合试验区的请示》。

晋陕豫黄河金三角区域协调发展综合试验区设立了办公室，具体负责市长联席会议组织、合作内容商讨及综合协调等方面工作。四市领导都很支持办公室的工作。市长联席会议并无具体时间限制，有需要就开会，开会次数非常频繁。而在过去是经协办开会，每年只有一次。

在此过程中，晋陕豫黄河金三角区域治理的重点是如何推进实质性合作，使之上升到国家层面。四市的发展改革委编了一个合作方案，定位为合作发展规划，形成总体合作思路，包括23个产业的合作事项。在基础设施、高速公路、高铁、果汁产业合作、旅游合作等方面发挥实质性的推动作用,旅游实现了"一证通",共同打造"中华根·黄河魂"旅游品牌,就出口优质商品果标准等达成一致意见,联合建设了三门峡、风陵渡等五座黄河公路大桥和其他基础设施,建成了晋陕豫黄河金三角经济协作区公安协作网络等。

在此过程中,还有一些城市希望加入合作组织,但是考虑到合作组织的联系紧密性问题,四市决定暂缓扩容。

3. 成为区域合作发展先行区

2009年10月,《国务院关于促进中部地区崛起规划的批复》明确提出,"支持中部地区与西部毗邻地区开展合作,鼓励晋陕豫黄河金三角地区突破行政界限,开展区域协调发展试验"。2010年8月,国家发展改革委在《〈促进中部地区崛起规划〉实施意见》中提出,"深化中部地区省际合作,支持中部地区与西部毗邻地区开展合作,指导晋陕豫黄河金三角地区编制区域合作规划"。自此,试验区申报的进程加快。

2012年2月,山西、陕西、河南三省发展改革委以晋发改地区字〔2012〕23号文件向国家发展改革委上报了《关于设立晋陕豫黄河金三角承接产业转移示范区的请示》。2012年5月,国家发展改革委下发文件批准设立晋陕豫黄河金三角承接产业转移示范区。这是全国唯一一个跨省设立的承接产业转移示范区。国家发展改革委要求,晋陕豫黄河金三角承接产业转移示范区要建设成为区域合作发展先行区。

2014年4月,国家发展改革委批复的《晋陕豫黄河金三角区域合作规划》中将晋陕豫黄河金三角定位为首个"全国省际交界地区协调发展试验区"。2015年2月,国家发展改革委召开三省四市推进晋陕豫黄河金三角区域合作协调机制建设座谈会,通过了《晋陕豫黄河金三角区域合作协调机制》,三省建立协调领导小组,运城市、临汾市、渭南市、三门峡市建立联席会议制度,协调领导小组和联席会议下设办公室,办公室设在运城市。

第三节　中国区域治理机制的完善

随着区域经济一体化的发展，中国区域治理取得了进展。尽管不同区域治理机制有其自身的经验，但都有一些共同特点和共同难题。本节将对此进行分析，并提出完善中国区域治理机制的对策。

一、中国区域治理机制的特点

（一）政府是区域治理机制的主导者

在中国的区域治理中，政府是区域治理机制的主导者，包括中央政府和地方政府。企业和非政府组织等很少有机会参与到区域治理过程中，即使参与区域治理，也往往是通过地方政府间接参与，而且是处于从属地位。从上一节描述的中国区域治理机制案例看，区域治理是公共部门的决策过程，讨论的议题也是公共事务，只是跨越了单个行政辖区，成为区域公共事务。在地方政府决策过程中，企业和非政府组织等同样很少有机会能参与，因此它们难以参与区域治理就不足为奇。

在西方国家，区域治理非常强调企业和非政府组织参与，区域公共事务如果没有企业和非政府组织参与是很难成功的。中国的区域治理和西方国家相比有显著的差异，其关键原因是中国政府对公共事务的垄断。中国的决策机制是自上而下的，政府处于决策过程的中心，很少留下其他主体参与决策的空间。西方国家强调地方自治，决策机制是自下而上的，企业和非政府组织等一直都积极参与公共决策过程，而且它们掌握着很多的公共资源，离开它们的支持，政府就缺乏推动区域治理的能力。相比之下，中国政府掌握大量资源，可凭借自身能力主导和推动区域治理进程。

（二）中央政府参与区域治理机制

在西方国家，区域治理主要属于地方事务，中央政府可以介入区域治理，但并不是一定要介入。例如，美国联邦政府曾经在20世纪70年代对区域政府联合会予以资助，一度促进了区域治理的繁荣，进入20世纪80年代后，联邦政府削减了这一支出，很多政府联合会就很难维系下去。但即使没有联邦政府的资助，美国仍然有大量的区域治理组织活跃在区域公共事务的舞台上。

中国的区域治理组织大多需要中央政府的参与。一些区域治理组织在没有中央政府介入之前就存在，但其作用往往是非常有限的，区域治理缺乏对地方政府成员的吸引力。以较为成功的长三角和珠三角为例，尽管早就有市长联席会议这样的合作机制，但往往沦为务虚会或清谈会，实际效果有限。上一章提到的环渤海区域合作联合市长联席会尽管每年都举办会议，但几乎没有对区域治理产生影响。而区域发展战略一旦上升为国家战略，区域治理组织就能在推动区域一体化发展中发挥重要作用，承受执行中央政府规划任务的压力，使得区域治理组织成为地方政府共商区域公共事务的最佳平台。前面提到的晋陕豫黄河金三角从一开始就把区域规划纳入国家发展战略作为目标，这一目标曾一度受挫，当时在很大程度上影响了地方政府合作的积极性。

（三）区域治理机制是次优选择

中国幅员辽阔，在众多的区域中，有些选择区域治理机制，有些选择了区域协同机制。其中，选择区域治理机制的区域可以分为两种类型：其一是长三角和泛珠三角这样的区域，其上一级政府是中央政府；其二是晋陕豫黄河金三角、淮海经济区和九方经济区这样的区域，其内部的地方政府分属不同的上级政府管辖。

前一种之所以选择区域治理机制，是因为中央政府事务繁重，很难有太多精力用于协调地方政府间关系[①]，专门负责地区事务的国家发展改革委地区司的级别和职权不足以协调省际关系，因此任由地方政府自主治

---

① 京津冀协同发展是特例，是唯一一个中央政府主导的省级政府合作。

理。后一种之所以选择区域治理机制，是因为没有一个省级政府能够协调地方政府行为，因此任由地方政府自主治理。位于同一个省级政府管辖范围内的地方政府，大多选择了区域协同机制，如小珠三角、长株潭城市群、武汉城市圈、中原城市群等，都有省（区）政府直接推动区域经济一体化，并建立了相应的政府机构。之所以如此，是因为区域协同机制相比区域治理机制效率更高，因此成为区域协调机制的首要选择。

（四）市场需要是区域治理机制发展的原动力

在区域治理机制中，地方政府合作的前提是市场先行，区域经济一体化要求是地方政府合作提供区域公共物品的原动力。如果缺乏市场需要，地方政府合作提供公共物品就会缺乏动力。前面提到的几个区域治理机制案例都是如此。长三角最初是江南文化亚区，核心区是环太湖区域，区域内经济往来密切，后来扩展到更大范围，也有密切的经济联系。珠三角的核心区是粤语区，改革开放使该区域成为中国市场经济发展最早的地区，粤港澳地区经济合作密切。即使是经济发展水平不是很高的晋陕豫黄河金三角，历史上民间经济往来也非常频繁，由于都是本省的边缘地区，文化相近推动了经济相融，地方政府顺应这一需要，在区域规划共编、建立合作机制、基础设施共建、产业合作等方面取得了成绩。

二、中国区域治理机制存在的问题

中国区域治理机制存在的突出问题是效率不高、成效不明显。区域治理机制是地方政府之间进行合作、自下而上构建的机制，对参与区域治理的地方政府约束力不强，地方政府对区域治理协议的执行具有一定的投机性，容易造成区域治理成效不佳。当其与地方发展的意愿或目标相契合，协议就会被较好地贯彻执行；但当其与地方发展的目标或利益诉求相违背时，协议就会被束之高阁，或被选择性执行，导致区域共识在各地执行过程中走样，最终损害区域合作的整体效能。下面以长三角和珠三角的区域治理机制存在的问题为例加以说明。

在长三角地区,已经形成了"三级运作"的合作框架,在此合作框架下,每项专题虽然都取得了一定成果,但问题也不少。张则行从决策、协调、执行和技术四个层面将此合作框架的弊端概括为低效化运作。在决策层面,现行合作框架缺少共同领导机构,难以发挥联动协同效应。在协调层面,诸多领域缺少利益共享补偿机制,区域内恶性竞争难以避免。在执行层面,合作事项缺乏执行监督反馈平台,导致诸多专题落实困难。在技术层面,府际信息交流共享平台建设落后,难以满足无缝沟通需要[①]。

合作框架存在的问题导致诸多合作事宜难以推进。例如,区域公共物品供给不足,各地政府不愿合作供给诸如跨区医疗服务、跨境污染治理等在内的诸多公共物品,但与区域公共物品供给不足相反的是,对于诸如港口、机场等交通基础设施这样的地方公共物品却普遍存在供给过剩的现象。在产业合作专题方面,中小城市专业生产程度高却很难发挥产业集聚效应,原因是各城市政府在面临地方经济与区域经济的发展目标冲突时选择了前者。

在泛珠三角地区,区域合作十年来取得了显著成效,但丘杉等指出了泛珠三角面临的主要问题:行政壁垒影响市场统一,有形无形的行政壁垒导致区域统一市场的形成难度较大;地方本位主义影响区域产业合作共赢,导致区域产业发展模式雷同,产业同构竞争加剧,产业链分工进展缓慢;运行机制缺乏约束力,制约区域协调进程,签署的区域合作系列协议也没有形成法律约束力,导致运行机制缺乏激励和约束;企业间合作机制滞后制约其市场主体作用的充分发挥,合作机制主要是在政府合作层面建构,市场导向的企业间合作机制相对滞后[②]。

---

① 张则行. 长三角府际合作机制:困境透析与变革构想 [J]. 福建行政学院学报,2017(6):11-20.
② 丘杉,刘伟,左晓安,等. 创新"泛珠三角"区域合作市场体制新优势:"泛珠"区域合作十周年回顾与展望 [J]. 战略决策研究,2014(6):55-61.

三、中国区域治理机制问题的成因

(一)晋升博弈背景下行政区划和区域经济的矛盾

随着经济的发展,地区间的要素和人员往来必然突破行政区划的边界,在区域内部进行资源配置,进而形成区域经济。区域经济和行政区划在边界上的不一致,很容易造成行政区和经济区之间的矛盾,这是因为行政区与经济区的价值取向与行为逻辑不同(见表10-1)。作为地方政府,融入区域经济一体化可能对其有正面和负面两方面的影响。在正面影响方面,区域经济有地方经济发展所需的资源,区域公共物品能使本地区受益。在负面影响方面,区域经济即使能够使所有地区经济都受益,也存在中心和外围,中心能够从区域经济中获得最大的利益,而外围则受益较少,甚至可能出现利益受损的情况,这样会损害外围地区在区域经济中的排位。在晋升博弈的背景下,地方政府可能会缺乏参与区域合作的积极性,或者即使达成了某些协议,执行的意愿也不强烈。

表10-1 行政区与经济区的价值取向与行为逻辑对比

对比项目	行政区	经济区
治理主体	区划内政府	区域内政府
目标导向	地方利益	区域共同利益
绩效考评	部门(个人)政绩	尚无明确指标
行为动机	晋升锦标赛	实现一体化发展
管理理念	本位主义	新区域主义
发展趋向	设置行政壁垒	统一要素市场
最终结果	负外部性(恶性竞争、环境污染、公地悲剧等)	正外部性(资源共享、协同发展、同城效应等)

资料来源:张则行. 长三角府际合作机制:困境透析与变革构想[J]. 福建行政管理学报,2017(6):11-20。

（二）运行机制缺乏效率

首先，区域治理缺乏主体。在现有区域中，以下机构有可能成为区域治理主体，包括中央政府的区域管理机构、区域治理组织、地方政府。但是可以看到，目前这些组织都没有能承担起区域治理主体的责任。区域主体的缺位，造成的结果是即使达成区域合作协议，却没有执行的主体。

其次，区域治理机制通常要求一致通过。在区域治理组织中，作为参与者的地方政府都是平等的，即使有些地方政府可能行政级别更高。例如，在长三角中上海是直辖市，但是其他地方政府并不归属其管辖，因此无法通过行政命令方式进行协调，只能在平等协商的基础上达成协议。因此，区域治理要考虑所有参与者的利益，决策原则通常是一致通过。这意味着区域治理必须寻求那些能实现共赢的议题，那些影响局部利益的议题会被规避。

最后，区域治理缺乏权威性。权威性对于组织而言非常重要，对于区域治理也是如此，它有利于节约区域治理机构的执行成本，提高政策执行效率。但是，由于区域治理参与者自利的性质，再加上区域治理缺乏足够的自有资源，使得区域治理容易出现缺乏权威性的问题。在进行决策时，由于区域治理缺乏权威性，某些问题长期议而不决。

（三）缺乏企业和非营利性组织的参与

中国区域治理中最为明显的现象是地方政府对区域公共事务的垄断。西方国家区域治理中的公私伙伴关系并未形成，企业更关注的是利润，并随着赢利机会的变化不断转移自己的投资，而对深入介入区域治理兴趣并不大，也不足以在区域治理中分担政府的责任。特别是由于非营利性组织发展滞后，公众对区域治理的参与缺乏有效的途径。

区域治理的原动力来自区域内主体的需要，这种需要包括经济需要和社会需要，个人、企业和非营利性组织都应该是区域治理的参与者。在目前的区域治理机制中，实际上是地方政府代表个人、企业和非营利性组织在参与区域治理，形成委托-代理关系，而且在这种委托-代理关系中，个人、企业和非营利性组织并不能影响地方政府的决策。委托者和代理者很多情况下利益一致，但也存在利益并不一致的情况。当地方政府本位主义阻碍区域治理改进时，区域经济一体化原动力——个人、企业和非营利性组织需要——并不能有效发挥推动作用。

（四）缺乏区域治理的制度框架

传统的计划经济是一种高度集权的体制，这在区域管理上产生了问题：一是以"条条"为主进行资源配置，体制内形成在中央、省市及地方等不同区域层次上自求平衡的"条块分割"的怪现象；二是地方自主意识淡薄，不能带来区际联系的加强。改革开放以来，中央向地方放权，地方政府的经济自主权不断增加，在客观上形成横向经济联系的需要。但是，目前法律体系中关于横向经济联系的内容缺位。

地方治理中最重要的两部法律是《中华人民共和国宪法》和《中华人民共和国地方各级人民代表大会和地方各级人民政府组织法》，都没有对地方政府间关系进行规定。宪法第三十条指出，"中华人民共和国的行政区域划分如下：（一）全国分为省、自治区、直辖市；（二）省、自治区分为自治州、县、自治县、市；（三）县、自治县分为乡、民族乡、镇。直辖市和较大的市分为区、县"。这都是规定了纵向的政府间关系，对横向的政府间关系并无描述。地方组织法第五十九条指出，"县级以上的地方各级人民政府执行国民经济和社会发展计划、预算，管理本行政区域内的经济、教育、科学、文化、卫生、体育事业、环境和资源保护、城乡建设事业和财政、民政、公安、民族事务、司法行政、监察、计划生育等行政工作"。这只是限定地方政府行使职权的范围，对辖区以外的政府职权并未加以表述。

四、中国区域治理机制完善的对策

（一）构建中国区域治理机制的法律框架

区域治理发展需要构建相应的法律框架作为保障。以欧盟为例，欧盟一体化是通过一系列有法律约束力的国际文件推动的。法律具有约束力，所有国家都必须遵守，而不能单独改变或是违背。如果成员国政策与法律规定相抵触，则需要成员国作出相应调整。美国等西方国家区域治理组织的成立及其发展也都是建立在相关法律基础上的。在中国，政府具有很大的权力，如果没有相关法律的支持，区域治理的建立和发展将会遭遇众多障碍。

中国区域治理机制的法律框架应该主要包括以下内容：确定区域治理机制的目标和对象，区域治理参与者的权利和义务，区域治理组织与地方政府、省政府、中央政府的关系，区域治理组织的职能范围，协调机制和议事规则，财政来源，等等。区域治理的组织方式可以在法律中给出多种选择，这样可以兼顾多样性和统一管理。区域治理立法既可以单独立法，也可以在现有的地方组织法上增加相应的内容。区域治理立法可从国务院规章开始，在时机成熟时通过人大立法。

（二）中央政府引导区域治理机制发挥作用

中央政府在区域治理机制中发挥一定的引导作用，有利于区域治理运行效率的提高。在区域治理主体缺失的背景下，中央政府可以作为区域合作剩余的获得者，引领区域治理的发展。因此，区域治理的发展需要中央政府的支持。

中央政府可以从以下几个方面在区域治理中发挥作用。第一，制定区域发展规划，设定区域发展目标，划定区域的范围，确定区域内地方政府的任务。区域发展有了规划，地方政府就有了共同追求的目标和利益，地方政府官员会认真贯彻规划，推动区域合作。第二，通过法律法规确定区域治理组织的职能。第三，促进设立区域发展基金，或者为区域一体化发展配套相应的资金，形成区域共同利益，引导地方政府开展合作。第四，中央政府把区域治理组织纳入管理范畴，并给以正式编制，提升区域治理的权威性。

(三)创新对地方政府的考核标准

区域治理机制效率不高的关键原因与地方政府的绩效考核标准有关。现有对地方政府的考核主要是经济发展标准,即GDP增速,地方政府官员能否得到晋升,本地区经济发展速度是否快于其竞争对象是关键标准。这是即使存在合作剩余,地方政府也缺乏动力推动区域治理的原因。为此,需要创新对地方政府的考核标准。具体做法是,不仅要对地区经济增速进行考核,还要对地方政府对区域经济的贡献进行考核,如区域发展规划的完成情况,具体考核工作由区域治理组织负责。地方政府之间的互评要占考核成绩的一定比例,最终评价结果由区域治理组织协商确定。此外,除了经济指标外,也要把环境、绿色发展这样的区域公共物品指标纳入考核的范畴。考核结果将影响相关官员的晋升,并影响中央资金在各地区之间的分配。

(四)因地制宜形成区域治理机制

区域治理机制类型多样,最简单的是地方政府官员之间的非正式网络,最复杂的是由权威机构直接干预区域合作的情形,如行政区合并等。介于其中的类型包括:地方政府之间的行政协议、具有广泛代表性的区域管理委员会、省部际联席会议、由中央授权的权威性区域管理机构等,由此形成了一个庞杂的区域治理机制的谱系。不同类型的治理机制所面临的交易成本是不同的,交易成本最小的机制被称作"最优区域治理机制"。影响交易成本的因素包括区域合作性质、区域合作风险、区域差异特征、地方政府自主权。中国国情复杂,不同区域情况差别很大。因此,中国的区域治理组织不是单一模式的,而是多元模式的。中国作为一个从计划经济向市场经济转型的国家,在推进区域协调发展的进程中,应当因地制宜,探索适应区域发展的最优区域治理机制。

(五)吸纳多元主体参与区域治理机制

区域治理机制要有活力和动力,就需要吸纳多元主体参与,包括企业、居民、非政府组织等,让这些主体不仅能够通过地方政府间接参与区域治理,还能够通过一些机制直接参与区域治理,表达自己的诉求,并影响区域政策。要提高社会组织活力,可以通过创建企业、居民、非政府组织及地方政府部门之间的协商对话平台,吸引各方组织参与其中,进行主题讨论,对区域治理存在的各种问题提出相应的意见与解决方案。地方政府应针对公众知情权、参与权和管理权,通过提供公开、合法的渠道,完善公众参与机制,让公众参与到区域治理之中,为该区域的发展出谋划策。各行业协会应起黏合剂的作用,积极响应政府号召,依托企业的真实情况,协调政府与企业的关系,建立区域行业信息交流平台。企业、居民和非政府组织对区域发展有着天然的敏锐性,比政府更清楚需要什么样的区域统筹和区域协调结果。在区域治理目标的设计上,尤其是在有关公共治理的全局性、高层次、长远性问题中,多元主体作用的发挥是极有意义的。

(六)培育区域合作意识

在区域治理中,要打破地方政府自家"一亩三分地"的思维定式,通过相应措施形成培育区域合作意识的机制。包括:设立区域合作论坛,培育区域合作意识;设立区域性基金或机构,培育区域共同利益;核心城市应立足于区域经济发展,把自身发展和区域经济发展紧密联系在一起,形成区域协调发展的命运共同体;地方媒体应加大对区域事务的关注,促进形成区域意识;地方电视台、电台、报纸应该设立区域发展的专栏或版块;建立民间交流机制,促进区域文化融合。